北京政法职业学院教材建设资助项目

政府购买社会服务项目的设计与执行

刘春霞 著

郑州大学出版社
·郑州·

图书在版编目(CIP)数据

政府购买社会服务项目的设计与执行/刘春霞著. — 郑州：郑州大学出版社，2020.10(2022.12 重印)
ISBN 978-7-5645-7429-1

Ⅰ.①政… Ⅱ.①刘… Ⅲ.①社会服务－政府采购制度－研究－中国 Ⅳ.①D669.3

中国版本图书馆 CIP 数据核字(2020)第 211351 号

政府购买社会服务项目的设计与执行
ZHENGFU GOUMAI SHEHUI FUWU XIANGMU DE SHEJI YU ZHIXING

策划编辑	戚 鹏	封面设计	苏永生
责任编辑	张卫明	版式设计	凌 青
责任校对	陈 思	责任监制	李瑞卿

出版发行	郑州大学出版社	地　　址	郑州市大学路40号(450052)
出 版 人	孙保营	网　　址	http://www.zzup.cn
经　　销	全国新华书店	发行电话	0371-66966070
印　　刷	郑州宁昌印务有限公司		
开　　本	710 mm×1 010 mm　1 / 16		
印　　张	17	字　　数	321 千字
版　　次	2020 年 10 月第 1 版	印　　次	2022 年 12 月第 2 次印刷
书　　号	ISBN 978-7-5645-7429-1	定　　价	36.00 元

本书如有印装质量问题，请与本社联系调换。

序

这是生平第一次做序。

与刘春霞老师是多年的朋友,我们交流的从来都是工作。有一天,她突然说写了一本书,名字叫"政府购买社会服务项目的设计与执行",有点不好意思地问我能否为这本书写个序言。我一听本能地想推辞,因为在我的观念中,能作序的人都是学术大家,本人何德何能,有如此资格?但思忖了几秒,转念一想还是同意了。为什么?因为和刘老师相识多年,让我作序是她对我多么大的肯定,盛情难却。此外,同是高等职业院校的教师,自己也多年从事社会组织研究与教学,有一些个人的体悟,也许会有不一样的视角能够对刘老师的研究有所启发和帮助,这也是向同行学习的宝贵机会,那么,恭敬不如从命吧。

我期待着刘老师把她的书稿发来,她非常谦虚,一再说自己的理论水平不行,还要再修改修改。在书稿发来之后,还就其中的一些问题征询我的意见,我也毫不客气地说出自己真实的想法,刘老师都欣然接纳。

书稿看过之后,果然不负期待。这是一本迄今为止,在当下对于我国社会组织项目执行方面,我看到的最接地气的著作。

本书除了前几章是理论的阐述之外,之后的章节都是刘老师在多年负责的社会工作机构的一线实践经验总结。尤其是政府购买服务项目的执行这一部分内容,刘老师毫无保留地提供了北京大兴助兴社会工作事务所大量原创性的案例和表格。案例对于一线社会工作服务机构开展服务项目的设计、撰写、实施与评估等工作具有极强的借鉴作用,表格是目前这些社会组织规范与可持续发展过程中亟须的工作指引和操作指南。事实上,由于种种原因,一个机构内的案例与表格并非轻易能让外界获知。这是本书的一个亮点,也是刘老师为我国社会工作服务机构发展所做出的无私奉献,相信这一部分内容对于我国承担政府购买服务项目的社会组织的健康发展具有积极的推动意义。

本书是从政府购买服务的理论与实践两方面对社会服务项目进行了系统的论证,前面的理论部分为后面的实务部分做了知识性的铺垫,个人认为最精彩的部分是社会服务项目设计和执行两章内容,这是刘老师多年来在机构运行方面尤其是政府购买服务项目申请与实施方面亲身经验的总结、梳理与反思,对于社会工作服务机构从业者具有重要的启发意义。其中尤其难能可贵的是关于财务预算相关部分的阐述。社会组织正常运行与可持续发展一个非常重要的前提是社会组织财务制度的规范化、科学化与法治化,特别是在政府购买社会组织服务项目中,经费的合理预算与恰当执行,对于项目顺利结项举足轻重。这一部分在当前不能说没有人阐述与研究,但以往看到更多的是书本的、偏学理性或者单纯财务视角的,从财务助推社会组织服务项目规范发展与有效实施这一角度论述的并不多见,本书恰恰弥补这一空白。细心的读者会发现这一部分内容,对于如何在当下政府购买服务的政策条件下申请社会服务项目,具有很强的操作性与针对性。

政府购买服务是我国社会治理现代化的体现。社会组织作为社会力量参与社会治理,要取得理想效果,除了社会组织自身能力建设外,还与政府对社会组织的科学规范管理分不开。政府购买服务中的项目管理,对于社会组织与相关政府管理主体均具有重要意义。一方面,社会组织要按照政府购买服务相关法规政策的要求,积极申请项目才能可持续发展,为社会有需要的个人与群体提供公共服务,从而实现社会稳定和谐。另一方面,对于政府管理方而言,如何通过政府购买服务这一方式实现更好的社会治理目标,也是各级政府提升现代化治理能力的题中应有之义。

本书对于广大社会组织尤其是社会工作服务机构的从业者具有积极的参考价值,能够助其按照政府购买服务的相关要求,规范与完善相关社会服务项目的设计、策划与执行,是一本非常实用的工具参考书。本书也是众多的社会工作、公益慈善、社区管理等相关专业的教师、学生的教学参考书,可帮助其了解实务工作的运行现状与工作要求。发布服务项目的政府主管部门,也能够通过本书关于社工机构项目的具体运行过程的描述发现政策可以不断完善的地方,以便更好地实现政府职能转变。

刘老师常年投身于一线实务工作中,从本书的实务部分写作就可以看到作者的功力,本书涉及当下具体国情的部分,已初步显现出社会组织发展的中国经验,作者今后可进一步加强研究和总结,再版时希望看到有更多精彩的华章。

刘老师不仅是一名高校的社会工作教育者,还是一名积极投身社会工作的实践者。目前,高校教师领办社会工作服务机构,是中国社会工作发展道路的一个典型特征。本书是刘老师多年来的奋斗、付出与辛苦的成果,其间的甘甜苦辣只有经历者才能体会。

多年来与刘老师的交集主要是在工作层面,每次看到她的时候,感觉她身上永远充满了活力,这种积极向上让她的外貌显现出逆增长的趋势,这同她长期从事助人自助事业不无关系。只有胸中怀有公益和利他理想的人,才能心中有阳光,脸上有微笑。

是为序!

陈洪涛

2020 年 9 月 8 日于北京

目录

第一章 政府购买社会服务概述 … 001
第一节 政府购买社会服务的理论基础 … 001
一、政府购买社会服务的背景 … 001
二、政府购买社会服务的理论基础 … 002
第二节 政府购买社会服务的含义与类型 … 010
一、政府购买社会服务的含义 … 010
二、政府购买公共服务的类型 … 011
第三节 国外政府购买公共服务历史发展 … 013
一、国外政府购买公共服务概述 … 013
二、国外政府购买社会服务的方式 … 013
第四节 国内政府购买社会服务的历史发展 … 016
一、局部试点阶段 … 016
二、逐步推广阶段 … 017
三、全面推进阶段 … 019

第二章 社会组织概述 … 020
第一节 社会组织概念的界定 … 020
一、社会组织概念的首次提出 … 020
二、社会组织概念界定的代表性观点 … 021
第二节 社会组织的基本属性 … 023
一、非政府性 … 024
二、非营利性 … 024
三、独立性 … 025

四、组织性 ··· 025
　　五、志愿性 ··· 025
　　六、服务性 ··· 026
第三节　社会组织的基本类型 ································· 026
　　一、法人社会组织 ··· 026
　　二、社区社会组织 ··· 028
第四节　我国社会组织发展历史 ······························ 029
　　一、新中国成立至改革开放前(1949—1978) ············ 030
　　二、改革开放初至20世纪80年代末(1978—1989) ······ 030
　　三、20世纪80年代末至20世纪末(1989—1998) ········ 031
　　四、20世纪末至今(1998年至今) ·························· 031
第五节　社会组织在我国社会治理创新中的作用 ··········· 032
　　一、履行社会职能,提供社会服务 ························ 032
　　二、参与社会救助,彰显人文关怀 ························ 032
　　三、协调社会关系,化解社会矛盾 ························ 032
　　四、增加就业机会,扩大就业渠道 ························ 033
　　五、发挥桥梁作用,表达利益诉求 ························ 033

第三章　政府购买社会服务项目概述 ···················· 034
第一节　社会服务项目的含义与类型 ························ 034
　　一、社会服务项目的概念 ·································· 034
　　二、社会服务项目的特点 ·································· 035
　　三、社会服务项目的类型 ·································· 037
　　四、社会服务项目的要素 ·································· 038
第二节　社会服务项目的购买 ································ 040
　　一、购买主体和实施主体 ·································· 040
　　二、购买的内容和范围 ····································· 041
　　三、购买的原则和程序 ····································· 041
　　四、购买的方式 ··· 042

第四章　政府购买社会服务项目设计 ···················· 044
第一节　社会服务项目设计概述 ······························ 044
　　一、社会服务项目设计的含义 ···························· 044
　　二、社会服务项目设计的原则 ···························· 044

三、社会服务项目设计的特征 …………………………… 046

　第二节　社会服务项目设计的基本流程 ……………………… 047
　　一、明确购买方关于项目的相关要求 …………………… 047
　　二、社会服务项目的需求评估 …………………………… 049
　　三、选定服务目标人群 …………………………………… 058
　　四、确定项目实施地点 …………………………………… 059
　　五、设计项目申报书 ……………………………………… 060

　第三节　逻辑框架法在社会服务项目设计中的运用 ………… 072
　　一、逻辑框架方法简介 …………………………………… 072
　　二、项目逻辑框架分析 …………………………………… 073
　　三、逻辑框架法的目标层次 ……………………………… 080

第五章　政府购买社会服务项目执行 ……………………………… 086

　第一节　政府购买服务项目启动阶段 ………………………… 087
　　一、制订项目实施方案 …………………………………… 087
　　二、细化项目服务计划 …………………………………… 090
　　三、组建项目执行团队 …………………………………… 092
　　四、与项目执行相关方进行沟通和协调 ………………… 094

　第二节　社会服务项目实施阶段 ……………………………… 095
　　一、做好各项活动策划 …………………………………… 095
　　二、有序开展服务活动 …………………………………… 099
　　三、注重资源链接整合 …………………………………… 105
　　四、服务记录及时归档 …………………………………… 114

　第三节　社会服务项目结束阶段 ……………………………… 140
　　一、进行项目满意度调查 ………………………………… 140
　　二、项目绩效报告 ………………………………………… 142

第六章　政府购买社会服务项目管理 ……………………………… 150

　第一节　政府购买社会服务项目财务管理 …………………… 150
　　一、财务管理的原则 ……………………………………… 150
　　二、政府购买社会服务项目的预算编制 ………………… 151
　　三、政府购买社会服务项目资金管理 …………………… 156
　　四、政府购买社会服务项目会计核算 …………………… 163

　第二节　政府购买社会服务项目档案管理 …………………… 165

一、社会服务项目档案的含义与内容 ·············· 165
二、社会服务项目档案管理的重要意义 ············ 167
三、做好社会服务项目档案管理工作 ············· 168

第七章 政府购买社会服务项目评估 ················ 170

第一节 政府购买社会服务项目评估概述 ············ 170
一、社会服务项目评估的基本含义 ··············· 170
二、社会服务项目评估的主体和对象 ············· 171
三、社会服务项目评估的目标 ··················· 172
四、社会服务项目评估的原则 ··················· 172
五、社会服务项目评估的方法 ··················· 173
六、社会服务项目评估的功能 ··················· 175

第二节 政府购买社会服务项目承接方项目评估 ······ 177
一、承接方项目评估的主体 ····················· 177
二、承接方项目过程评估 ······················· 178
三、承接方项目结果评估 ······················· 180

第三节 政府购买社会服务项目购买方项目评审 ······ 181
一、社会服务项目评审概述 ····················· 181
二、社会服务项目评审实施 ····················· 199
三、评审结果及评审结果应用 ··················· 213

附录 ·· 216
北京市委社会工委市民政局2020年"牵手计划"服务项目
申报书 ··· 216
社会工作介入精神残疾青年个案服务 ················· 229
"安全之旅"——困境儿童小组活动 ··················· 236
政府购买服务管理办法 ································ 255

第一章 政府购买社会服务概述

随着我国经济发展和人民生活水平的不断提高,传统的公共服务供给模式,由于回应性不强、形式单一,越来越不能满足人民群众的社会公共需求。政府购买社会服务机制自20世纪末引入我国以来,许多地方都进行了积极的尝试,从这些年的运行情况来看,比较有效地解决了部分领域公共服务产品短缺、服务质量和服务效率不高等问题,提升了社会服务的质量和效率,满足了人民群众的服务需求,因而政府购买社会服务被公认为是实现公共服务均等化的有效方式之一。

第一节 政府购买社会服务的理论基础

一、政府购买社会服务的背景

近几年,随着学术界对政府购买服务研究的深入,我们发现在论述中经常出现"社会服务""公共服务""社会公共服务"等概念,且存在混淆使用的情况,概念界定的不清晰在一定程度上导致了"政府购买"的内涵与外延的不确定。

通过对相关资料的梳理,我们发现,政府对社会提供服务的模式并非从一而终,而是经历了多次变迁,即经历了从"社会服务"到"公共服务"再到"社会公共服务"的演变。

公共服务和社会福利真正进入高速发展阶段是在第二次世界大战结束之后,福利国家的发展大致经过了三个阶段[①]。

第一阶段,福利国家的巩固和扩展时期。这一时期政府为对抗贫困先后出台了国民保险(1946)和国民援助(1948)计划,为对抗疾病构建了国民

---

① 马春文.英国福利国家的危机和转型[D].长春:吉林大学,2008.

卫生保健服务体系（1948），为对抗愚昧重点加强对15岁以下人群的国家教育，另外还建造公有住房保障公民住所，出台政策充分调动公民就业积极性等。直到20世纪50年代末60年代初，随着凯恩斯主义理论的盛行，这一时期的福利国家也常被称为古典的福利国家或凯恩斯主义福利国家。福利国家主要包括六个方面的内容，分别为就业政策、社会保障、卫生保健服务、教育、住房和个人社会服务。随着英国的逐渐衰落，国家对政策的全面再评价导致了在政策目标和工具上的一些创新。然而之后出现并非是一个新的经济政策时代，而是扩大了的凯恩思主义的开端。

从20世纪70年代开始，情况发生了变化，福利国家的发展进入了第二阶段，即收缩阶段。此时福利国家为了巩固国家经济和社会的"现代化"，进一步促进企业文化激进的新自由主义，面对不断增长的人口压力以及老龄化等多因素，政府用于社会服务的福利开支虽然没有减少，但贫富差距却在逐步加大，具体特征表现为危机和收缩。

20世纪90年代，福利国家的发展进入了第三阶段，在这一阶段福利国家进入了转型阶段。在"第三条道路"影响下，公民和国家之间建立了一种新的契约，这也标志着进入了新的福利社会。这种新的福利社会是以工作伦理为中心，政府是一个工作福利政府。新的政策鼓励失业者进入劳动力市场，国家尽可能地投资人力资本，而不是直接提供经济支持。此后十年的时间，福利国家逐渐从古典福利国家转向了现代福利国家。

外国政府购买社会服务的实践大多始于20世纪70年代，此时这些国家面临着治理危机、财政危机、信任危机等多重压力，于是发达国家最先拉开了政府购买社会服务的序幕，并将"高回应""高效率""高质量""竞争性"作为政府公共输出的标准定位。直至20世纪90年代，政府购买社会服务逐渐取代了传统福利模式下的公共服务，并成为世界各国回应环境变化和社会需求而进行的战略性重大变革。

西方国家以"社会公共服务"为主要内容的政府购买服务为我国以"社会服务或公共服务"为主体的政府购买提供了借鉴。

二、政府购买社会服务的理论基础

（一）新公共管理理论及其研究

1. 新公共管理理论兴起的背景

西方国家为适应全球化信息化及日益激烈的国际竞争趋势，更好地满足日益增长的公共服务需求以及进一步提升政府效能，自20世纪80年代开始相继掀起了政府改革的热潮，进一步加速了传统的公共行政模式向"新公共管理模式"的转变。目前学术界对这种转变赋予了多种不同的名称：如

"管理主义""新公共管理""以市场为基础的公共行政""后官僚主义范式"或"企业家政府"等。新公共管理理论的产生并非偶然,它不仅是公共行政理论内部的一次范式转变,而且是公共行政理论适应时代发展的必然结果。

"新公共管理"运动最初源于英国、澳大利亚和新西兰,之后逐步扩展到其他西方国家。而"新公共管理"运动之所以在西方国家盛行,原因有如下几点:新公共管理产生的时代背景为全球化、信息技术的发展以及工商企业改革的成功经验;新公共管理的体制原因是传统公共行政模式与后工业社会的不适应;新公共管理兴起的内部动因是西方国家内部的财政危机、管理危机、合法性危机。

2. 新公共管理理论的主要内容

新公共管理理论的核心理念是改变以官僚制为基础的僵化的传统行政管理模式,代之为以市场为基础的灵活的新公共管理模式。主要内容包括以下几个方面:①管理主体方面更加注重多元化;②管理方法更注重采用私人部门成功的案例;③注重在公共部门中引入相应的竞争机制;④以顾客导向为主;⑤注重调整和优化政府职能。

根据西方行政学者戴维·奥斯本、特德·盖布勒的论述,新公共管理主要有以下思想:①政府管理职能应是"掌舵"而不是"划桨";②服务更注重以顾客或市场为导向;③管理更倾向于广泛采用授权或分权的方式;④广泛采用私人部门成功的管理手段和经验;⑤在公共管理中引入竞争机制;⑥重视提供公共服务的效率、效果和质量;⑦应放松严格的行政规则,实施明确的绩效目标控制;⑧公务员不必保持中立[①]。Ferrie 和 Pettigrew 在《行动中的新公共管理》一书中指出,在当代西方政府改革运动中,至少有过 4 种不同于传统的公共行政模式的新公共管理模式,代表了建立新公共管理理想类型的几种初步的尝试[②]。美国著名公共管理学者盖伊·彼得斯提出了当代西方行政改革及公共管理实践中正在出现的以新公共管理定向的四种治理模式,即市场模式、参与模式、灵活政府模式、非管制政府模式[③]。

在国内,也有很多学者对这一问题进行了深入研究。厦门大学陈振明将"新公共管理"的内容归结为如下八个方面:①让管理者进行管理(强调职

---

① 戴维·奥斯本,特德·盖布勒. 改革政府企业精神如何改革着公营部门[M]. 上海市政协编译组,东方编译所,编译. 上海:上海译文出版社,1996.

② Ferlie E, Pettifogger A. The new public management in action[M]. Oxford: Oxford University press, 1996.

③ 盖伊·彼得斯. 政府未来的治理模式[M]. 吴爱明,译. 北京:中国人民大学出版社,2001.

业化管理);②衡量业绩(明确的绩效标准和绩效评估);③产出控制(项目预算与战略管理);④顾客至上(提供回应性服务);⑤分散化(公共服务机构的分散化和小型化);⑥引入竞争机制;⑦采用私人部门的管理方式;⑧改变管理者与政治家、公众的关系[①]。

3. 新公共管理理论对我国政府购买社会服务的启示

在我国传统的管理体制下,"全能政府"过多的管制限制了社会主体的行为;政府倾向于对政策问题的关注而在提供服务方面比较欠缺,不利于回应公众的需求。面对诸多弊端,新管理主义为政府购买社会服务提供了一个新的理论视角,新公共管理理论"把公民作为顾客,主张以顾客为导向,提高服务质量"[②],在社会的不断发展、政府无法包揽所有公共事务的情况下,主张公共管理主体多元化,鼓励社会组织参与社会治理,承接政府转移的部分职能。

(二)治理理论及其研究

治理理论最初是在20世纪70年代由部分政治学研究者和行政管理学研究者提出,20世纪90年代以后,才正式在西方社会科学界特别是在政治学和经济学的研究中流行起来。

1. 治理理论的主要内容

(1)治理主体。治理的主体更加多元,既包括政府部门,也包括其他各种公共组织、非营利组织、私人部门以及社会个人等。

(2)治理对象或客体。受治理主体影响,治理对象和客体也相应增多,包括现实生产生活中所涉及的所有事务和活动。

(3)治理手段和方式。除了国家管理社会公共事务所运用的常规手段和方法外,更加强调各种治理主体,如公共组织、私人部门、社会团体之间的自愿、平等协作、资源整合与互动。

(4)治理目标。在各种不同的制度安排中,运用公共权力去引导、控制和规范公共服务的提供和公民的活动以及社会公共事务管理的过程,以进一步满足公众需求,最大限度地增进公共利益。

2. 治理理论的基本特征

治理理论具有以下几个方面的基本特征:

(1)治理主体的多元化。治理意味着来自政府但又不限于政府的社会

---

① 陈振明.公共管理学—种不同于传统行政学的研究途径[M].北京:中国人民大学出版社,2003.

② 王娜.浅谈新公共管理理论视角下的政府职能的转变[J].沈阳干部管理学刊,2013(2):36.

公共机构和其他组织。只要各种公共部门、私人部门或者非营利部门行使的权力能够取得合法性、能够得到公众的认可,这些部门或组织就可能成为治理的主体,参与到治理的过程中来。

(2)治理主体间责任界限的模糊性。治理理论不再注重政府职能的专属性与排他性,政府把原先由它独立承担的责任转移或部分转移给私营部门和第三部门。

(3)治理主体间权力的相互依赖性和互动性。任何单个的治理主体都不拥有充足的能力和资源来独自解决一切问题,而是需要各个治理主体的相互协作,使得治理过程成为一个互动协调的过程,各个治理主体之间是一种合作伙伴关系,通过这种合作关系,调动资源来共同实现治理目标。①

(4)政府作用范围及方式的重新界定。治理理论强调政府在完成或履行社会职能时,除了采用原来的手段之外,还要重新界定政府的职能和作用的范围、方式等,采用新的方法和措施,以不断地提高政府管理的效率,实现善治。

3. 治理理论对我国政府购买社会服务的启示

治理理论视角下,社会治理主体多元化,政府不再是全能政府,而是有限政府,是和第二部门的企业、第三部门的社会组织一起,都是社会治理的主体,相互之间是一种合作关系,是一种伙伴关系。为提高社会治理的效率,激活社会活力,向社会提供更加丰富的公共产品,作为有限政府,需要向市场和社会转移一些原本由政府履行的职能,其中包括把一些事务性的管理职能和公共服务职能转移给社会组织。"在政府职能转移中,以购买公共服务转移职能已成为地方政府的普遍性选择"②。

(三)资源依赖理论及其研究

1. 资源依赖理论的主要内容

资源依赖理论将企业比作是不同能力、竞争力和资源的集合体,具体观点认为,组织在不断发展的过程中,需要采取合作的方式建立利益网络,充分利用外部资源满足组织自身的需求,形成与外部环境在某种程度上相互依赖的局面。该理论成立的前提是假定组织为了不断发展都会设法与外部环境进行资源交换。这里所指的资源除了传统意义上的有形资产以外,还涵盖着各种无形资产。而后者常常是企业发展持续不断的动力来源,更是

---

① MURRAY W L,WIMBLEDON A W,WOLF J F. Rural health network effectiveness:An analysis at the network level[D]. Blacks burg:Virginia,2008.
② 石亚军,高红. 政府职能转移与购买公共服务关系辨析[J]. 中国行政管理,2017(3):12.

决定着企业发展的潜在收益。Hit 等将企业的资源从总体上划分为:技术资源、物化资源、财务资源、人力资源、商业资源和组织资源等六类①,这基本上包括了企业资源的所有内容。该理论认为,没有任何的组织主体可以在所有资源中占据绝对优势地位,即便是同一类资源在不同组织主体中也有着很强的异质性,这就构成了网络化治理中多主体合作的物质基础。由于资源在网络中的分布是不均的,各主体通过合作获取自身所缺的资源,实现资源共享,从而实现资源的有效配置。就个体而言,政府或企业等主体为了能够及时应对内外部环境变化,必然产生一定的资源需求。当这些主体自身所拥有的资源不能有效得到满足的时候,就需要与其他主体合作,寻求资源帮助。国外不同的学者对资源依赖的研究侧重点和视角有所不同。But 用"结构自主性"模式阐述了公司绩效和相互选择之间的关系②。社会网络中存在着的行动者如果能够避免依赖于其他行动主体,就能在社会网络结构中占据一个相对稀疏的(非竞争性的)位置,同时能使那些占据相对拥挤位置的行动主体对其产生依赖,最终它们将会从中获益。Zuckerman 和 Ddunno 认为,在多变、复杂和受限的环境下,组织将会与其他主体建立战略联盟,降低自身生存发展中的不确定性和依赖性,增强环境适应性③。另外,资源依赖能够让组织更易获取生存资源。Chung 等指出,企业可通过与其他市场主体组建合作联盟,依赖各自的能力、资源和技术形成战略联盟,提升绩效,创造价值④。Pfeffer 和 Salancik 认为,当组织资源短缺、无法自给时,将倾向于与掌握这些资源的组织建立合作联盟,交换所需的资源。组织间的联盟合作关系能否确立,关键在于资源依赖和相互需要程度⑤。另外,资源依赖可以提高合作网络的竞争力和整体绩效。Tee 认为,如果资源互补,尤其以知识作为组织的核心能力时,联盟双方的参与具有不可传递性与复制性⑥。资

---

① HILT M A,IRELAND R D CIRRHOSIS E. Strategic management competitiveness and globalization[M]. Saint Paul:West Publishing Company,1995.

② BURT R S. Corporate profits and capitation:Networks of market contraints and directorate ties in the american economy[M]. New York:Academic Press,1983.

③ ZUCKERMAN H S, AUNNO T A. Hospital alliances:cooperative strategy in a competitive environment[J]. Health Care Management Review,1990.

④ CHUNG S,SINGH H,LCE K. Complementarity,status similarity and social capital as drivers of alliance formation [J]. Strategic Management Journal,2000,21(1):1-22.

⑤ PFEFFER J, SALANCIK G R. The external control of organizations:a source dependence perspective[M]. New York:Harper and Row,1978.

⑥ TEECE D J. Profiting from technological innovation implications for Integration, collaboration,licensing and public policy[J]. Research Policy,1986,15(6):285-305.

源的差异性和不对称性构成了各组织的独特性。公共服务治理网络正是依托资源的这一流动特性,实现各种资源的交换,提高治理网络的整体竞争力,更好地满足公众日益增长的公共服务需求。

2.资源依赖理论对政府购买社会服务有益的启示

对政府来说,社会组织在现代社会中发挥着越来越重要的作用,是一种不可或缺的资源,在了解和反映民生需求、传送公共服务、调节社会冲突等方面充当着重要角色,特别是在政府推进社会治理现代化的进程中,社会组织更是能起到独特的作用[①]。对于社会组织来说,在我国发展的历史不长,基础薄弱,力量弱小,资源筹措能力不足,无论是生存还是发展更是特别需要政府的扶持和培育,严重依赖政府购买服务。政府和社会组织的这种差异性和互补性,决定了双方有必要建立合作联盟,交换各自的优势资源,在满足人民群众日益增长的对美好生活的需要中贡献各自的力量。

(四)委托代理理论

1.委托代理理论及代理问题

委托代理关系起源于"专业化"的存在。当存在"专业化"时就可能出现这样一种关系,在这种关系中,代理人由于相对优势而代表委托人行动。授权者就是委托人,被授权者就是代理人。委托代理关系在社会中普遍存在,如国有企业中国家与国企经理、国企经理与雇员、国企所有者与注册会计师、公司股东与经理、选民与官员、医生与病人、债权人与债务人等,都是委托代理关系。

委托代理理论最早由詹森(Jenson)和梅克林(Meckling)于1976年提出来,主要涉及企业资源提供者与资源使用者之间的关系,其基本内容是,委托人聘用代理人完成某项工作时的委托代理关系的成立及代理人为了委托人的利益应采取何种行动,委托人相应地向代理人支付何种报酬,即通过委托人和代理人共同认可的契约来确定它们各自的权利和责任,委托人为实现既定的目标,通过一系列激励机制使代理人与委托人的利益尽可能地趋于一致,以促使代理人会像对待自己的工作一样去采取行动,最大限度地增进委托人的利益。这也是一种均衡的委托代理关系[②]。但在实际经济活动中,这种"均衡状态下的委托代理关系"存在着四个方面的"非均衡性",主要体现在:利益的非完全一致性、风险的非完全共同性、信息的非均衡性、环境的非确定性,因委托人不能直接观测到并证明代理人实际选择的努力水平,

---

① 谢舜,王玉生,傅金鹏.发挥社会组织在社会治理中的重要作用[N].广西日报,2014-04-23.

② 王立华.企业人力资源外包决策模型研究[D].北京:华北电力大学,2009.

这也就为代理人的"规避责任"提供了方便。从代理人角度讲,由于这四个非均衡性的存在,容易产生"逆向选择"和"道德风险"这两个典型的代理问题①。逆向选择指的是在信息不对称的条件下,合约当事人的一方(主要是代理人)可能隐瞒自己的信息,并借助提供不真实信息的手段来追求自己的效用最大化,但这种行为却会损害另一方(主要是委托人)的利益②。道德风险指的是在非对称信息条件下,合约当事人在双方签订合约之后,由于其行为的不可完全监督性合约设计不佳,极可能引起一方浑水摸鱼,另一方利益受损的情况③。

2. 委托代理理论与公共服务外包

就公共服务外包而言,政府作为一个特殊的公共组织,其内外存在多重的委托代理关系。第一层是公众与政府之间的委托代理关系,政府是受公众委托来管理公共事务的组织,公众是委托人,政府是代理人。第二层是政府与公务员之间,公务员作为政府机构意图的具体实施人,政府必须对其进行有效的控制,在这里,政府是委托人,公务员是代理人。而当公共服务外包被引入公共领域,成为公共服务提供的一个方式时,政府与服务商之间即形成委托代理关系,政府必须对其进行监督和控制,促使承包人以最小的成本实现组织的目标——公共服务的高效率和高质量,在这一层上,政府是委托人,服务商是代理人④。在委托代理合同中,由于委托人和代理人双方之间存在信息不对称、不完备契约及项目本身的不确定性等问题,双方的委托代理关系也会比较紧张,易引发委托人和代理人之间的冲突和矛盾。如代理人过度追求个人利益而影响或损害了委托人利益,这将导致委托人不能最大限度地实现其经济利益。

除此之外,公共服务外包中的委托会存有以下问题:如权力寻租引发腐败问题;委托人与代理人合谋;偷懒(政府对经营者监督不力)、渎职、玩忽职守等。公共服务外包中的代理会存有以下问题:招标过程中的逆向选择、企业道德风险竞争者缺失等。因此面对防范公共服务外包中的委托代理问题,我们必须要在事前决策时充分地考虑服务商资质、信用等问题。对此,

---

① 袁竞峰,贾若愚,刘丽.网络型公用事业PPP模式应用中的逆向选择与道德风险问题研究[J].现代管理科学,2013(12):113-115.

② 陈柏福.企业契约理论中的"柔性"问题研究个柔性契约的分析框架[J].求索,2010(11):48-50,92.

③ 皮建才.关系、道德风险与经理人有效激励[J].南开经济研究,2011(1):89-101.

④ 陈振权.政府投资项目管理中的委托代理关系研究[J].中国铁路,2004(11):56-58.

政府在进行公共服务外包决策时,应该充分考虑可能产生的委托代理问题,做出理智的公共服务外包决策。可以从以下几个方面进行防范:第一,服务外包时要对代理人的信息进行甄别和遴选;第二,实施公平、公平的招标程序;第三,规范合同内容。

3. 委托代理理论对我国政府购买社会服务的启示

如何规避委托代理关系的非均衡性及其容易导致的"逆向选择"和"道德风险"问题?委托代理理论为我国政府购买社会服务提供了有益的启示和借鉴。

(1)要对社会组织进行严格的遴选。可以从社会组织资质、社会组织服务品牌和信誉度等方面,进行认真、细致的考查和遴选。

(2)严把项目立项评审关。目前项目立项主要有两种方式,一种是在政府发布购买社会组织服务公告后,由政府部门组织专家组对申报的项目进行评审,确定立项项目,发布立项公告;第二种是政府委托招标公司进行公开招标,由招标公司操作,确定中标项目。不管是哪一种形式,都必须保证购买服务行为的公开、公平和公正。

(3)严格合同约定。除对双方的权利和义务以及资金拨付方式进行规定以外,最重要的是对项目服务的内容做出清晰、明确的约定,特别是项目要达到的目标、项目的产出和预期成效等方面,要有明细,有指标,可衡量,并且要制定专门的管理制度和办法。

(4)履约验收环节。项目执行过程要监管到位,项目绩效评估要科学、专业,项目评估内容进行包括社会效益、经济效益、工作绩效在内的总体评估,项目评估结果要公开向社会做出交代。

(五)合作主义理论

19世纪70年代,斯密特系统地概括了合作主义思想。合作主义理论认为,由私人或者小部分人设立的社会组织,其目的是为了维护某一特定范围的群体利益,但是这并不妨碍该社会组织承担公共职能,相反,社会组织对公共职能的承担更能够让公共职能得到有效的实施,并且社会组织能够在国家与社会之间起到对利益的组织和协调作用。合作主义理论指出:社会组织要想获得政府的支持并在其领域内得到国家的认可,就要受到政府一定程度上的管控,由此社会组织才能获得更多的与政府沟通和影响政府决策的机会,并使政府更多地考虑社会组织的意见与建议。合作主义代表了国家和社会因素的重合,国家的力量与社会的力量在其中的位置非常微妙,主张国家的适度干预,政府与社会组织建立相互信任的合作关系,二者相互包容,不可或缺。

总之,政府购买公共服务是合作治理背景下政府履职方式上的一种创新。随着公共事务的日益增多、复杂且专业化,政府也随之转变管理理念,政府为了实现行政目的,在行为方式上享有自由选择权,通过法律形式将部分或全部行政职能转移给社会组织、市场主体代为履行,政府提供的公共服务既可以从其他组织获取,也可以授权不同生产者的形式得以实现,此时政府提供的公共服务更加多元,政府自身的角色则由具体的"掌舵者"与"划桨者"转变为方向上的"掌舵者",由此政府购买公共服务应运而生。

第二节 政府购买社会服务的含义与类型

一、政府购买社会服务的含义

政府购买服务兴起于 20 世纪 70 年代末的新公共管理改革浪潮。这里所提到的"服务",指的是"公共服务",主要是指在公共服务供给领域实现政社合作,即政府出钱,服务机构出力,二者签订公共服务委托合同。这是体现政府与非营利组织互动的主要形式。

政府购买社会服务在我国的兴起较晚。从社会福利的历史发展来看,首先是由地方创新性的开展政府购买公共服务,带具有明显成效后才在全国范围内予以推广。国务院办公厅于 2013 年公布的《关于政府向社会力量购买服务的指导意见》,开启了在全国范围内全面推广政府购买公共服务之门。随后,党的十八届三中全会明确提出,凡属事务性管理服务,原则上都要引入竞争机制,通过合同、委托等方式向社会购买。由此,公私部门之间的"合作治理"模式为各国所采用,以推动政府职能的"市场化"为目标,应对日益多样化、复杂化的福利需求[①]。

政府购买公共服务作为近年来推动政府职能转变、优化公共服务供给、创新社会治理方式的重要形式,在社会福利领域中彰显了政府与社会组织的角色重构。就其本质而言,政府与社会组织虽分工不同,但共同担负着公共服务"供给端"的重任,"需求端"则为公共服务的对象。而政府购买公共服务则使政府在与社会组织合作生产的过程中,从服务生产中分离出来。在此过程中,政府扮演安排者的角色,仅决定并安排为谁而做、如何去做、做到什么水平以及购买过程中如何去付费,而提供服务的社会组织则扮演服务的生产者的角色,直接组织生产。

由此可以看出,政府购买公共服务是指基于社会公众对公共服务的需

---

① 敬乂嘉.合作治理:再造公共服务的逻辑[M].天津:天津人民出版社,2009:171.

求,政府通过市场机制向社会组织购买公共服务的治理模式。通过市场路径,按照一定的方式,遵循特定的程序,把本应由政府向民众直接提供的一部分公共服务事务,交由具备一定资质的社会组织承担,同时约定服务的数量与质量并向其支付相应的费用。政府为购买主体,社会组织为服务提供者,合同为购买形式,公共财政为其资金来源。

政府购买公共服务供给机制创新性地将市场机制引入到行政服务中,将部分政府职能交由社会组织,明确购买公共服务中"政府引导"的边界,在提高政府行政效能的同时,有助于回应供给结构中公众的需求,以促进公共服务的优质效能。

二、政府购买公共服务的类型

政府购买是公共服务市场化、民营化与社会化的重要手段,在提高公共服务提供的效率和质量上有着重要的作用。目前政府购买社会服务的类型主要包括公办民营、项目委托、直接补助和志愿服务四种。

(一)公办民营

公办民营与公建民营、公设民营、公有民营等意思相同,主要是指基于人力、物力和财力的考量,原本应由政府设置专门机构去运作的公共事务,转而由政府提供硬件等相关设施以及经费,由民间非营利机构来提供福利服务性的服务,政府就其所提供的设施或服务,酌情收取必要的费用,属于机构委托的形式。公办民营是基于双方相互信任的基础,在追求共同利益的目标和平等互惠、共同参与及责任分担的关系下,通过相互合作达成最优的产出与服务,通过提高产品或服务的质量,进一步控制生产成本并提升公民参与公共事务的机会。

在公办民营中,政府的角色仍十分强势,转移的只是提供服务的部分,而非政府责任的转移。公办民营能帮助扩大公共服务的范围,提升公共服务的效益,同时能间接增强政府部门对公共服务的回应力,社会组织也能通过生产和输送公共服务来实践公共利益。在公办民营的关系中,由于社会组织所具有的"非营利性""公共性"而产生的社会公信力,相较于其他营利组织,则较能够保障公共服务中的"公共利益"的特性。然而公办民营的形式也会遇到一些困境,如政府机构层级复杂,社会组织难以配合或贯穿;过程监督、约束过多,易削弱竞争性;政府与社会组织对公共事务认知存在差距;信息具有垄断性,无法有效流通;可能产生寻租行为;等等。

事实上,在公办民营的关系中,政府仍具有决定性的作用,社会组织在功能上仍要受到很大约束,且在管理上也会出现双方"权力与责任"难以界定的问题。这些困境和局限的解决,需要政府以更加开放的态度鼓励社会组织的参与,同时也要以谨慎的态度确保参与的社会组织的资格和产出能符合公共目标及公共利益,还应该更加清楚地界定双方在运作上的权责,强化彼此间的沟通协调。

(二) 项目委托

项目委托与合同外包、服务外包等意思相同,泛指政府机关组织通过契约关系将部分公共服务或产品,委托民间个人、团体、企业主负责提供或办理,即由政府机关组织向另一个人、团体或企业主购买服务或约定提供货物给社会大众的服务传送方式。对这种模式主要有如下不同的分类:根据购买过程中政府与社会组织关系和购买程序两个维度划分为独立关系竞争性购买、独立关系非竞争性购买、依赖关系非竞争性购买(王春婷,2012;韩俊魁,2009;王浦劬、萨拉蒙,2010)三种模式;以政府采购的操作类型划分社会组织视角下的政府购买公共服务为公开招标、单一来源、竞争性谈判和邀请招标四种方式(岳经纶、谢菲、2013;顾平,2008;高海虹,2014;易志坚、汪晓琳、王从虎,2014);等等。

合同外包是创造竞争并使其制度化的重要手段,是鼓励良好绩效的核心因素,具有提高生产率、节约成本和操作透明的优点。公共服务外包让各种社会组织进入公共服务领域,形成竞争机制的效果(李军鹏,2013)。在公开竞争的情况下,政府会针对一些特定服务主体或具体项目,编列计划经费并公开招标,由社会组织申请,经评审后交由获选的社会组织来执行。另外,在小范围的遴选情况下,有时由政府主动选取一些过去有过良好合作,或口碑较好、资质较佳的社会组织,将项目委托给它们。有些社会组织是因为组织所倡议的议题与项目相关度高,而较容易获得政府青睐而被交予委托项目。还有些是由社会组织主动申请,通过递交计划书来争取政府的委托项目。合同外包已成为世界各国政府治理的重要工具之一。

(三) 直接补助和志愿服务

直接补助和志愿服务两种形式属于单线型的互动,形成机制和实现过程较为简单。直接补助即政府对社会组织提供人力、物力、财力上的补助,帮助社会组织更好地提供公共服务。志愿服务是一种自发自愿的行为,采取的形式是直接提供服务是社会组织及其个体对政府公共服务进行有益的补充。

志愿服务是在利他的精神驱动下,服务者基于自主性的意愿及对社会的关怀所采取的"个别"或"集体"的行为,该行为基于自我认知,而非针对获取个人实质的好处,或是接受他人的命令及压力。通过这种社会性的参与,志愿服务者在组织中与其他成员互动、共同行动,既可以增进人际关系,也可降低社会疏离感。当前,伴随时代的多元发展,志愿服务的内容也日趋多样化,在数量上也随政府职能和角色的调整而有所增加。

与此同时,志愿服务的形式也存在一些局限。第一,地区的资源分配不均。依据马斯洛的需求理论,这种自发型的公共服务与社会或地区的发展程度有着很强的关联性。第二,志愿服务的管理难度大。一方面体现在专业管理、培训方面,既需要资本注入,同时参与受训的目的也不纯正,如其中有些人参加受训是为方便自身学习工作所需知识而非完全出于服务他人的目的,这会导致一定的成本沉没;另一方面体现在与志愿服务者间的沟通协调难度大。第三,志愿服务的形式多以"捐款"为主,真正提供服务的比例很少。因此,志愿服务的内涵和功能很难提升或扩大,且减少了在实践中开创有创造性及差异性的志愿服务的机会。

第三节　国外政府购买公共服务历史发展

一、国外政府购买公共服务概述

政府购买服务起源于西方国家,在美国被称为购买服务合同或合同外包,我国香港则称之为社会福利服务资助,我国内地一般称之为政府购买服务。

19世纪末20世纪初,工业化的加速发展带来了贫困、疾病和失业等社会问题,为解决这些问题,英、德等西方国家开始出台各种社会保障政策,逐渐承担起为社会成员提供福利的责任。二战以后,受贝弗里奇模式的影响,西方国家政府在福利管理和供给方面的干预成为重要的治理模式,主要体现在政府对经济和社会生活的干预范围和力度不断加强,社会保障范围不断扩大,公共福利开支大幅度上升。20世纪60年代,西方福利国家发展兴盛,相关制度法规建设日益完善,社会保障和社会服务内容几乎覆盖所有领域。到了20世纪70至80年代,随着政府在社会服务方面开支日益庞大,政府机构从事社会服务的效率日益低下,于是为了控制财政赤字,各国政府开始大规模削减福利支出。在西方国家经历福利危机之后,纷纷进行大规模福利改革,正式开始走上了"第三条道路",从"福利国家"走向"多元福利",强调国家不再是唯一的福利提供者,把市场与非营利的志愿性组织引入福利供给,实行国家、集体和个人共同参与、共担风险的积极福利政策。政府购买服务正是在这样的历史背景下产生和发展起来的。

二、国外政府购买社会服务的方式

政府购买社会服务的方式繁多,各国根据自身条件和能力来选择适合自己的购买方式,如合同、政府资助、服务券等,其中合同方式是各个国家使用最为普遍一种方式,每种方式各有利弊,现将广泛使用的几种方式简要介绍如下:

(一)合同

合同是政府购买社会服务最为普遍也是最为典型的一种方式,首先由政府确定某种公共服务的项目规划和标准,然后向民营企业或者非营利性社会组织招标,通过招投标,夺标的一方与政府签订公共服务购买合同,并按照合同规定的标准向社会公众提供公共服务和产品,最终由政府向提供者支付费用。在此过程中,政府通常会选择最为优质的社会组织,充分利用专业技术和人力资源优势来更好为社会公众服务。合同涉及内容非常全面,包含从政策制定到后期测评的全部过程,一般来讲,主要有:提供社会服务的范围和有效期限、服务和产品的标准、价格和收费的确定方法、设施的权属与处置、设施维护和更新改造、安全管理、履约担保、违约责任、争议解决方式以及合同双方约定的其他事项[①]。详细的合同通过约定明确的合同双方权利义务,能够最大限度地减少了将来发生纠纷的可能性,双方按照合同约定方式及程序履行,从而降低了交易成本,减轻了政府的负担,也进一步提高了生产效率和顾客的满意程度,同时也给服务的提供者带来了收益,因此是各国普遍采用的一种方式。

(二)政府资助和拨款

政府资助和拨款在20世纪七八十年代最为盛行,适用范围远高于合同的适用。这与当时的经济体制相关,大部分国有企业都是在政府的支持下才得以存活。市场经济体制逐步建立之后,这种方式的使用逐渐减少,但仍然存在。一般情况下,政府会在不干涉社会组织运作的前提下对需要扶持的领域进行一些资助,资助的形式既有资金上的支持,也有物资上的资助,还包括政策上的优惠。虽然资助往往为社会组织开展活动,而不是为政府自身采购服务或商品,但究其本质还是一种变相的购买,而且政府最先扶持的是社会需求比较大的或者某一新兴产业。就公共服务而言,自然是社会公众需求量高且原有的规模很难满足市场需求,但由于自身条件的限制又不可能马上扩大规模的产业。所以政府通过资助或者拨款的方式对该产业进行财政上的扶持,一方面可以更好地满足社会公众的需求,同时也可以帮助提供公共服务的组织渡过难关,能够进一步的发展。从各国实践情况来看,一些国家从政府总预算中自动拨款给社会组织,如德国,历史上政府对

---

① 杨寅.公共服务政府与行政程序构建[M].北京:法律出版社,2006:448.

"免费福利机构"的支持大部分都采用这种直接拨款的形式,以支持基本的组织运作。

(三)服务消费券

服务消费券的方式是指政府部门为符合条件的受益人发放的消费券,受益人在政府指定的公共服务提供者那里消费,然后政府用现金兑换各社会组织收的消费券。此种消费券一般适用于食品、住房、医疗、保健、教育、家庭护理、老年项目、娱乐和文化等项目。在此过程中,各个服务提供者会为争取受益者手中的消费券而展开竞争,以此来促进公共服务水平和质量的提高,消费者在此过程中可以自由选择所需要的各种服务。政府在此过程中需要做好"认证"工作,即对符合条件的社会组织在特殊情况下进行实地考察,防止该社会组织欺诈或滥用此权利。这样政府部门不仅对社会组织的实力有清晰的了解,而且也可以对该社会组织的企业文化有初步的印象。这就决定了"消费券"的方式不适合政府与社会组织一对一地进行,政府应该尽可能多的选择有实力的社会组织来提供公共服务,这样通过多家供应方能够激发竞争,为公民提供更优的公共服务,同时也能尽量减少对社会组织实力错误估计所造成的损失。

(四)税收优惠

税收优惠是指针对税法中对各种私人团队或者机构提供的一种优惠特殊条款。这些优惠方式可以采取税收抵免、课税减免、延期缴税、税收减免等。税收优惠与政府拨款和赞助一样都是不直接购买,而是通过间接方式对公共服务提供方给予帮助,而税收优惠又不同于政府拨款和赞助,税收优惠通过税收上的减免,公共服务提供方得到了资金上的赞助,从而也能相应地降低公共服务或者产品的价格,也就能使更多的公民有机会享受该公共服务,而政府也并没有实际支出,只是减少了一部分的税收收入,而这小小的牺牲却换来了公共服务三方主体的共赢。

(五)政府和社会组织的公私合作

政府和社会组织的公私合作一般情况下有以下三种方式:

(1)LBO(lease-build-operate),即租赁-建设-经营,这种合作是一种长期的合作,政府将一地段出租给民营企业,企业可以利用自己的资金建设并经营,收回投资并获得报酬的同时向政府支付租金,租赁到期后,企业的建设和经营权都被政府收回。

(2)BTO(build-transfer-operate),即建设-转让-经营,这种合作方式与LBO恰好是相反的,是由民营企业建设好后租赁给政府进行经营的模式。

(3)BOT(build-operate-transfer),即建设-经营-转让,这是目前较为常

用的公私合作方式,在政府授予的特权下,民营企业可以建设、拥有和经营这些基础设施,期限结束后也要归政府所有。

由此可见,政府与社会组织之间的合作与合同的方式存在一定的交叉与重合,可以说所有合同的方式都是政府与社会组织合作的结果,但并不是所有的公私合作都需要有合同的存在,当然,公私合作的方式运用的比合同更为广泛。国外的公司合作方式还包括外围建设,即基础设施的附属设施的建设;BBO(buy-build-operate,即购买-建设-经营)、BOO(build-own-operate,即建设-拥有-经营);等等。

第四节 国内政府购买社会服务的历史发展

政府购买社会服务被认为是推动政府职能转变和服务型政府建设的重要途径,是创新公共服务供给模式的主要手段。随着国外政府购买社会服务的高速发展,我国各级政府也对该方式所具有的重要作用逐渐重视起来,近几年对公共服务的探索也逐步活跃起来。

20世纪90年代,我国政府购买服务最早在深圳和上海以公共领域引入政府购买服务的方式率先开始。经过近30年的发展,我国政府购买服务的流程愈加完善,从购买主体、承接主体、购买内容、购买方式以及绩效评估在制度设计上都具有较为细致的规定。有学者将2003年实施的《中华人民共和国政府采购法》(2002年6月29日)以及2013年颁布的《国务院办公厅关于政府向社会力量购买服务的指导意见》(2013年9月26日)作为我国政府购买服务的关键节点,我们也在此基础上对我国地方政府购买服务的历史阶段进行划分。

一、局部试点阶段

局部试点阶段以深圳和上海为等沿海地区为代表,对政府购买社会服务进行了有益的探索和实践。但总体来看这一时期的实践尝试较为零散,政府购买服务的制度性、规定性与规模性还有所欠缺。

以1994年深圳罗湖区政府为代表,当时出于改善环境卫生的目的,深圳罗湖区政府开始引导环卫工人自己成立独立的环卫公司,之后政府再向这些公司购买环卫服务。相比原来的方式,此种购买环卫服务的方式不仅节省了财政资金,环卫的服务质量也得到了明显提高,可见此次尝试取得了很好的效果。

1995年,上海浦东新区社会发展局构建了一个综合性的市民社区活动中心——罗山会馆,并将其委托给具有非营利性质的上海基督教青年会进行管理,共同开创了"政府主导、各方协作、市民参与、社区管理"的模式。之后上海各级政府在居家养老、义务教育、就业、医疗卫生、社区文化、社会安全、行业性服务等多个领域开展了政府购买服务的探索实践(王乐夫,2008)。

1998年,深圳市人大通过了《深圳经济特区采购条例》,以法律的形式规定了深圳市政府可以通过招标等方式向社会采购服务类项目,而此部法规也成了与采购服务有关的第一部地方法规。2002年8月上海市开展了社区矫正的试点工作。在试点过程中,引入社会治理的理念指导社区矫正试点工作,重视社会组织和专业社会工作者在社区矫正试点工作中的作用,并在全市范围内培育成立了上海市新航社区服务总站,以政府购买服务的形式来推动社区矫正工作。同月卫生部也发布《关于加快发展城市社区卫生服务意见的通知》,进一步提出引入政府购买服务模式。

二、逐步推广阶段

2003年1月1日,《中华人民共和国政府采购法》正式实施,为我国政府购买社会服务的规范管理提供了最基本的制度规范,标志着我国政府购买服务进入了新的时期与阶段。

该阶段特点之一就是相关政策逐渐出台,进一步规范和指导本地区的政府购买服务工作。例如,在省级层面上,上海、广东等地先后出台了《关于发展和规范广东省社会组织的意见》(2008年9月28日)、《关于进一步加强上海市社会组织建设的指导意见》(2011年沪委办发〔2011〕19号)、《广东省关于政府向社会组织购买服务暂行办法》(2012年5月24日),为当地政府购买社会服务提供了政策依据。在市级层面上,深圳市先后出台了《关于加强社会工作人才队伍建设推进社会工作发展的意见》(2007年10月25日)、《关于进一步发展和规范我市社会组织的意见》(2008年9月24日)、《深圳市推进向社会组织购买服务工作的实施方案(试行)》(2009年),完善了社会组织的培育、岗位人才的培养、政府购买公共服务的规范等内容,推动了深圳市政府购买公共服务的进程;《成都市关于建立政府购买社会组织服务制度的意见》(2009年12月14日)也为当地政府购买公共服务提供了制度和政策保障。事实上,在快速发展期,地方政府也专门针对不同公共服务领域出台了规范性文件。例如,上海市早期出台的《政府购买禁毒、社区矫正、社区青少年社团服务考核评估办法(草案)》(2006年)以及《社区居家养老服务规范》(2010年)等。伴随着地方实践的快速发展,中央层面的政府购买服务也逐步走向规范化,我国地方政府购买服务在中央层面进行了多次制度规范设计,政府购买服务的实践呈现地方与中央齐头并进的状态。

在实践方面,政府购买社会服务这一方式也呈现从点到面的发展趋势,上海、深圳、天津、长沙、重庆、武汉以及成都等地都对政府购买公共服务的实践进行了不同程度的探索,为政府购买公共服务的推进积累了大量的实践经验。

2003年,上海市委政法委在对城市犯罪问题研究后发现,吸毒戒毒人员、社区服刑和刑释解教对象、社区闲散青少年是引起城市犯罪的主要对象,需要对其进行有效监控和帮教,因而提出了构建"预防和减少犯罪工作体系"的总体思路,通过政府购买服务的方式,支持社会组织在政府的委托和授权下对特殊人群开展多样化、全方位的帮教服务工作。

2006年8月29日,天津市政府为加快社区服务建设,提升社区服务质量,出台《天津市人民政府关于进一步加强社区建设的意见》,提出要不断改进政府公共服务方式,整合政府各部门在城市基层的办事机构,积极推进"一站式"服务,提高为社区及居民提供公共服务的水平,并通过政府购买服务的形式,鼓励社会组织为社区提供服务。

2007年10月25日,深圳市出台了推进社会工作发展的"1+7"文件,即《关于加强社会工作人才队伍建设推进社会工作发展的意见》,以及《深圳"社工、义工"联动工作实施方案(试行)》《深圳市财政支持社会工作发展的实施方案(试行)》《深圳市发挥民间组织在社会工作中作用的实施方案(试行)》《深圳市社会工作人才专业技术职位设置及薪酬待遇方案(试行)》《深圳市社会工作专业岗位设置方案(试行)》《深圳市社会工作人才教育培训方案(试行)》《深圳市社会工作者职业水平评价实施方案(试行)》7个配套文件,而这些文件对社会工作的管理体制、运作机制、具体操作等做出制度性安排,确立了"社工组织民间化运作,政府购买服务"的改革思路,并为政府向民办社会工作机构购买岗位服务奠定了良好的基础。

2007年,重庆市在主城和6个区域性中心城市全面启动社区卫生服务试点工作,并在经费上予以补助,初步建立起社区卫生服务体系。试点的最大创新在于采取了政府购买公共服务的方式,实现从养人办事到办事养人的创新。2010年,武汉市政府开始推行政府购买专业社工服务,以武汉儿童福利院为试点,由市民政局直接出资,向武汉楚馨社会工作服务中心购买儿童福利项目,主要是在儿童福利院开展少儿服务项目。

2010年,北京市开始实行政府购买社会组织服务,主要以项目运作为导向,购买领域从之前的扶贫、养老、助残等领域,逐步延展至社区发展、社区矫正、文化、公民教育、环保、政策咨询等方面。经过多年的实践,北京地区购买服务的规模、数量、内容以及流程都相对比较规范,产生了良好的社会效益。如完善了"枢纽型"社会组织服务网络;扩大了专业化社会服务的有效供给和覆盖面;激发了社会组织的创新活力。

2011年5月30日,成都市在《深化社会体制改革加快推进城乡社会建设五大实施纲要(2011—2015年)》中提出大力发展社会组织的要求,规定从2012年起,成都市凡符合政府购买社会工作服务范围的项目,原则上须安排不低于20%的项目资金向社会组织购买服务,并纳入部门年终目标考核。2012年11月,天津市政府成立了滨海新区社会组织管理服务中心,并授权该中心处理新区范围内所有政府购买的公益服务项目。服务中心成立以后,已经承担了培育孵化社会团体、发布政府购买服务信息、公开招标公益岗位、服务审核民办非营利机构等职能,并在服务政府、服务社会、服务民生方面起到了重要的作用。

三、全面推进阶段

2013年9月26日,国务院颁布了《国务院办公厅关于政府向社会力量购买服务的指导意见》,对政府向社会力量购买服务的各方面进行规范和要求。由此开始,我国地方政府购买公共服务进入全面推进与创新的阶段。在中央政策影响下,财政部、民政部、住建部、人社部、文化部、工商总局等机构都开始在不同领域、不同方面对政府购买公共服务进行了制度化设计,同时地方政府购买社会服务也开启猛增式的发展。

以北京为例,为贯彻落实财政部、民政部《关于支持和规范社会组织承接政府购买服务的通知》(财综〔2014〕87号)精神及市政府有关规定,北京市政府于2015年出台《北京市承接政府购买服务社会组织资质管理办法》,进一步规范了政府购买服务资质的社会组织的资质等条件。2016年为贯彻中共中央办公厅、国务院办公厅《关于改革社会组织管理制度促进社会组织健康有序发展的意见》(中办发〔2016〕46号)精神,落实财政部、民政部《关于通过政府购买服务支持社会组织培育发展的指导意见》(财综〔2016〕54号),北京市出台了《北京市社会建设工作办公室关于通过政府购买服务支持社会组织培育发展的实施意见》,为进一步做好政府购买社会组织服务工作,加大对社会组织培育扶持力度提供了制度依据。

除此之外,天津市还先后出台了《天津市财政局关于推进天津市服务服务类政府采购改革与发展的指导意见》《天津市人民政府办公厅处的收关于政府向社会力量购买服务管理办法的通知》《天津市政府向社会力量购买服务指导性目录》《2014年天津市政府向社会力量购买服务指导性目录》四项政策文件,上海、重庆、湖南、广东、四川以及辽宁都制定了关于推出政府购买服务工作的实施意见。

第二章 社会组织概述

政府购买社会服务,准确地说应该是"政府购买社会组织服务",指的是政府向社会组织购买服务,政府是出资方,政府将面向公众提供的公共服务事项,通过直接拨款或公开招标并以市场化、契约化的方式,交给有资质的社会组织来完成;社会组织是服务提供方,社会组织按照与政府的约定,提供一定数量和质量的社会服务,并按照一定的程序和标准接受政府的监测和评估。因此,要解读政府购买社会服务项目,有必要了解社会组织的概念、特点、种类及其在现代社会中的重要作用。

第一节 社会组织概念的界定

一、社会组织概念的首次提出

作为一场全球性"结社革命"的领军者——社会组织,其带来的政治、经济及社会影响可谓深远。何为社会组织?这是在对社会组织展开研究之前不可回避的一个问题。

"社会组织"一词最初于1945年6月签订的《联合国宪章》第71款中正式使用,通过这一条款,社会组织得到国际法律的正式承认。该条款授权联合国经社理事会"同那些原本与理事会所管理的事务有关联的社会组织进行磋商同时还应作出适当的安排"[1]。1952年,联合国经社理事会于第288(X)号决议中定义社会组织"任何不是根据政府间协议建立起来的国际组织均被视为社会组织"[2]。1996年,联合国经社理事会通过决议,扩大社会组

---

[1] 赵黎青.非政府组织与可持续发展[M].北京:经济科学出版社,1998:229.
[2] 李铁成主编.世纪之交的联合国[M].北京:人民出版社,2002:380.

织的成立及活动范围,同时赋予了社会组织在联合国经社理事会中的话语权。

由于联合国这一强大的助推力,社会组织迅速发展,范围远远超过了成立之初的国际性的民间组织,更包括了发源于各国民间的社会组织,同时社会组织的地位及影响力更是得到了极大地提升。作为独立于市场及政府的社会组织,其对于市场经济的发展有着显著的推动作用,对于公共政策、社会福利的制定和执行有着深远的影响。

2006年党的十六届六中全会《关于构建社会主义和谐社会若干重大问题的决定》中首次提出"社会组织"这一名词概念。之后,社会组织开始逐渐受到研究者们的重视。在此后的十七大报告中,提出社会组织主要是指除政府和市场以外的"非营利组织、民间组织、第三部门与非政府组织"的统称,不包括各类的营利性企业组织、政党组织、宗教组织和家庭组织,国家民政部作为社会组织的主要登记管理部门,决定不再沿用过去"民间组织"的称呼,开始使用"社会组织"这一新概念。

二、社会组织概念界定的代表性观点

近几十年中,社会组织一词在各个国家的各领域广泛使用,然而由于不同国家的政治制度、经济制度、文化涵养及公共政策、社会福利的差异,世界各国对社会组织的定义和称谓各不相同,如"非政府组织(non-governmental organization)""非营利组织(non-profit organization)""第三部门(the third sector)"及"志愿部门(voluntary sector)"等,不同国家、不同学术领域、不同组织机构中有不同的解释。正如萨拉蒙教授提出的"每一种称呼都会至少部分地误导着人们的视线,但又可以看到每一种称呼又反映了这个领域的某一方面的性质"[①]。

纵观国际上对社会组织的各种界定,笔者选取了其中几种代表性观点。

（一）依据资金来源的界定

依据联合国国民经济核算体系(标准),经济活动可划分至五大类:即金融机构、非金融企业、政府、社会组织(非营利组织)和家庭。如果一个组织大部分的收入是来自于以市场价格销售商品从而获得的收入,那么该组织即为所谓的营利部门。而如果一个组织大部分收入不是来自于以市场价格出售的商品和服务所得到的收入,而是来自于组织内部成员缴纳的会费和

[①] 莱斯特萨拉蒙.非营利组织及其存在的原因[M].//李亚平,于海.第三域的兴起:西方志愿工作及志愿组织理论文选.上海:复旦大学出版社,1998:31.

支持者的捐赠,那么该组织便是所谓的社会组织①。

(二)依据功能和特征的界定

相对于以资金来源为核心的前述定义,此种界定方法以社会组织的内在机理为切入点,从本质入手。美国学者沃夫概括了社会组织的五大特征,即以为大众服务为宗旨、以非营利为目的的组织结构、以严格公正为标准的管理制度加之合法的免税地位及可提供捐赠的减免税的合法地位,若符合这几大特征便被认为是社会组织。

(三)依据"结构—运作"方式的界定

这种定义的创始者是来自美国霍普金斯大学社会组织比较研究中心的萨拉蒙教授,其认为社会组织应包含七大特性,即组织性、民间性、非营利性、自治性、志愿性、非宗教性及非政治性。组织性,即社会组织应拥有自己独立的组织结构;民间性,又称为非政府性,即社会组织发源于民间,区别于政府;非营利性,即社会组织的成立不以营利为目的,区别于企业;自治性,即社会组织具有独立的决策和执行能力;志愿性,即社会组织成员参加社会组织是出于自愿,具有人文关怀精神;非宗教性,即社会组织是区别于宗教组织的组织;非政治性,即社会组织与政党组织是不同的两类组织②。

上述的三种定义方法从不同的侧面揭示了社会组织。正如第一种来自世界银行的定义,侧重于经济角度,具有专业性,以"利润""营利"这样的核心词语区分社会组织与其他组织,更彰显了严肃性。第一种和第二种观点分别是从资金来源和功能、特征的角度定义社会组织。第三种观点则是目前国际上较为权威的观点。笔者也认为相较于前两种定义方法,以"结构—运作"方式来定义,更具有包容性,七大特性较为全面地涵盖了社会组织的基本属性。但是由于各国国情的不同,社会组织的成长环境也是不同的,因此制定一个全面准确的涵盖各国社会组织的定义太过于牵强附会。

面对这种复杂的情况,国内的学者又是怎样看待的呢? 笔者选取了几种较为代表性的观点。

第一种观点,以王名为代表。王名教授认为无论在中国还是在国际上,在定义社会组织的概念时,不同国家根据本国不同的实际情况都会有所侧重。王名教授认为不以营利为目的,却具有正式的组织结构、属于非政府体系的自治组织便是社会组织,除此之外自治性、志愿性、公益性可作为社会

---

① 邓国胜.非营利组织评估[M].北京:社会科学文献出版社,2001:23.
② 张清.社会组织的法治空间:一种硬法规制的视角[M].北京:知识产权出版社,2010:40.

组织的特征①。

第二种观点,以秦晖为代表。其在《第三部门、文化传统和中国改革》一文中,简单而又精准地概括了政府部门、企业部门和第三部门。其中政府部门是指强制提供公益的部门;市场又或是企业部门则是志愿提供私益;而提供公益是出于志愿目的的部门,即为第三部门。

第三种观点,以王绍光为代表。其在《多元与统一:第三部门国际比较研究》中简单介绍了西方社会的非营利组织,指出"在西欧和北欧,活跃在国际舞台上的为非营利组织;在东欧和苏联,慈善和非营利组织的总称即为非营利组织;而在第三世界国家,它指专门以促进发展为目的的民间组织"②。

以上是三种具有代表性的观点,当然除了这几种观点之外还有很多的定义方法。梳理这几种观点,可以发现社会组织确实有着不同称谓,但这些称谓并不妨碍对于社会组织本身的探讨,上述定义存在一些共同之处,亦即这几种定义方法都展现了社会组织的非营利性、自治性和组织性等。由此笔者认为,社会组织是区别于政府、企业的独立的民间组织,同时其自身具有的某些特性又使其承担了某种责任。

结合萨拉蒙教授的"结构–运作"定义方法和王名教授的定义,笔者认为,社会组织应包含四个方面的内容:

社会组织是一种发源于民间的社会组织,其成立方式区别于政府。社会组织是以非营利性为其运行目的,其非营利性的特征区别于企业。社会组织有着独立的运作体系,即正式的组织机构,成文的章程制度及固定职员,有别于普通的公司。社会组织的宗旨是致力于社会公益,为社会提供公共物品,承担社会责任。

笔者认为,社会组织是发源于民间,区别于政府及企业,由社会公民个人自发成立的,不以营利为目的,具有自己的组织机构,致力于社会公益的志愿性自治组织。

第二节 社会组织的基本属性

正如对社会组织的概念有着众多解读一样,不同学者对社会组织的特性也有着不同的见解。美国萨拉蒙教授概括出社会组织有七大特征,即组

---

① 王名.中国NGO的发展分析[J].管理世界,2012(6):31-33.
② 王绍光.多元与统一:第三部门国际比较研究[M].杭州:浙江人民出版社,1999:37.

织性、民间性、非营利性、自治性、志愿性、非宗教性及非政治性[①];日本重富真一则认为社会组织应该具有"非政府性、非营利性、自发性、持续性、利他性和慈善性等特征"。笔者综合多位学者的观点,认为社会组织的特征可分为非政府性、非营利性、自治性、组织性、志愿性等特征。

一、非政府性

非政府性,顾名思义,社会组织与政府是相分离的两个个体,社会组织不是政府的附属机构或下设部门,是一种主要的社会力量存在。这种特性可体现为三个方面:第一,从决策运行方式看,社会组织的决策运行方式是自治的和独立的。社会组织与政府不同,社会组织完全依靠自身的能力,有着完全的决策能力和执行能力,具有完全的自治性。第二,从组织机构看,社会组织的组织机构是横向的网状结构。这一点也与政府不同,如果把政府比喻为一个庞大的机器的话,政府的组织机构是自上而下的金字塔式,结构清晰,纪律严明;而社会组织则是横向式、网状式的运行结构,这种结构体现出民主性和平等性,便于公民的参与和发展。第三,从获取资源的方式看,社会组织获取资源的方式是成为有竞争能力的公益组织。这一点也不同于政府,政府可以通过垄断的方式获取资源,而社会组织采取的是各种竞争性同时又是公益性的手段来获取必需的公共物品,譬如,社会组织通过招投标的方式或项目申报的方式获得政府购买资格。

二、非营利性

非营利性即不以赢利为目的,这是社会组织区别于企业的重要特性。在社会组织自身发展的愿景中,奉献精神[②]既是其获得成功的重要因素,也是其自身追求的最终目的。社会组织营利活动的宗旨与企业有着本质区别,赢利所得不能用于分红。

社会组织的非营利性特征,体现在两个方面:一是社会组织不以营利为目的。企业最根本的目的是营利,而社会组织不同,其成立的宗旨是致力于社会公益,根本目的不是营利,而是为社会提供公共服务,具有公益性。二是社会组织不进行利润的分配。这一点也不同于企业,企业在赚取了高于成本的利润后,必定进行利润分配,分配的对象是对企业进行投资的股东。非营利性并不是说社会组织就不能从事营利活动,社会组织可以提供收费

---

① 张清.社会组织的法治空间:一种硬法规制的视角[M].北京:知识产权出版社,2010:40.
② 彼得·德鲁克.非营利组织的管理[M].北京:机械工业出版社,2009.

服务或是进行营利活动,如韩红基金会曾委托中国农业银行、上海浦发银行、招商银行、中国建设银行、建信信托有限责任公司购买理财产品,但其赢得的利润是为了能够保证自身组织的运转,而不是进行利润分配。

三、独立性

独立性是社会组织区别于政府的一个判断标准,它体现了社会组织在发展过程中完全作为一个独立的部门进行运作,不受任何其他个人或团体的影响。独立性不仅体现在社会组织的领导体制、决策机制、执行过程等方面的独立,而且也体现在社会组织的财务会计体制和预算制度的独立。例如,社会组织设计服务项目,开展服务活动,需要整个组织的决策和执行运作,从前期筹备到中期的执行再到后期的评估,都由社会组织自我管理和调控。这种独立的自我管理系统,不仅有利于交流信息,而且有利于发挥整个网络的力量,真正动员和组织民众的参与。

四、组织性

组织性是社会组织的固有属性和本质属性。社会组织是由有共同志趣和爱好的个人或群体在民政部门依法注册登记成立的组织,它有完善的组织架构,有一套完整的领导和执行体系,并制定有完整的组织章程和组织制度,有组织发展的宗旨和使命。社会组织的组织性体现在以下几个方面:第一,社会组织必须在民政部门登记注册,即必须经过法律上认可,才可以取得合法的身份;第二,社会组织必须制定自己的章程和工作制度,并按照章程来组织活动;第三,社会组织有独立的组织结构,有一定的人员规模,有必需的工作场所和配套的设备,并且有特定的资金来源。

五、志愿性

志愿性,是社会组织最具人文关怀色彩的一个特性。这一特性所体现出的是加入社会组织的成员是志愿或自愿的,有着共同的信念、目标和兴趣,是基于这种精神上的共同性而结合在一起的。企业的结合,即使有着共同的信念,但是利润的驱动是最核心的因素。政府的构建,权力的运用却是最根本的因素。相较于政府、企业,社会组织是最具有纯粹志愿精神的社会公共组织。这种志愿精神的体现在以下两个方面:第一,社会组织的成员,从事各项活动的目的是致力于社会公益,是无偿的服务而不求取任何回报,是纯粹的服务;第二,社会组织开展的各项活动是为了更好地服务于社会,因此,社会组织的各项活动是公开与透明的,随时接受社会的监督。

六、服务性

服务是社会组织的核心使命，它贯穿于社会组织运作的整个过程，因此，服务性是社会组织与企业组织或商业组织的本质区别和主要标志。也正因社会组织提供的服务可以减轻政府公共服务的供给压力，可以承接政府部门的部分服务职能，政府才会向社会组织购买服务。没有了服务性，社会组织也就失去了存在的意义。

第三节 社会组织的基本类型

根据不同的分类标准，社会组织可以分为不同的类型。根据主体地位的不同，社会组织可分为在登记管理机关（民政部门）登记的法人社会组织和在基层备案的社区社会组织。

一、法人社会组织

法人社会组织包括社会团体、基金会、社会服务机构（民办非企业单位）三类。

（一）社会团体

社会团体，是社会组织中最具代表性的，也是资历最为悠久的社团组织。我国最早的关于社会组织的法规见于1950年10月19日政务院公布的《社会团体登记暂行办法》，社会团体亦即依法规进行登记成立，成员基于共同意愿，自愿按照章程进行活动的非营利性社会组织，是符合登记管理法规中的社团法人。社会团体包括各种商会、行业协会和社会中介组织，如工会，妇联，共青团，律师协会、社会工作者协会，等等。

（二）基金会

基金会与社会团体、社会服务机构（即《慈善法》出台前的民办非企业单位）都是具有严格的组织性和法律资格的社会组织。自2004年6月1日起施行的《基金会管理条例》（中华人民共和国国务院令第400号）指出，基金会是利用自然人、法人或者其他组织捐赠的财产，以从事公益事业为目的，按照条例的规定成立的非营利性法人。[①]

[①] 参见《基金会管理条例》第二条，2004年3月8日由国务院令第400号发布，2004年6月1日起施行。

1. 基金会的发展历史

1981年4月4日,我国第一家公募地方性基金会——浙江省妇女儿童基金会成立。不久,1981年7月28日,全国第一家公募基金会——中国儿童少年基金会成立。之后,随着社会发展和政府政策的变化,我国基金会获得了长足的发展。我国基金会行业发展经过了以下几个阶段:

第一阶段:1981年—1987年,起步阶段。基金会经历了从无到有的过程,关于基金会的运作管理尚无相关法规。

第二阶段:1988年—1996年,三重监管阶段。1988年,《基金会管理办法》出台,确立了三重监管制度,严格限制基金会的发展。

第三阶段:1997年—2003年,清理、整顿阶段。1996年,中共中央办公厅、国务院联合下发《关于加强社会团体和民办非企业单位管理工作的通知》,开始对基金会进行清理、整顿,基金会发展处于停顿状态。

第四阶段:2004年至今,快速发展阶段。2004年《基金会管理条例》出台,条例明确规定了基金会内部治理、财务会计制度和善款使用等内容。基金会发展速度加快,社会影响力进一步提升。近年来,政策的变化进一步促进了非公募基金会的发展。全国很多省份下放基金会登记管理权限,在市县级民政部门就可以注册非公募基金会。十八届三中全会报告中明确规定,要进一步促进社会组织的发展,中国基金会进入了快速发展阶段。

2. 基金会的类型

根据基金会登记管理机关的不同,基金会可分为在民政部登记注册的全国性基金会和在地方民政部门成立的地域性基金会;根据基金会是否具有公开募捐资格,基金会可分为具有公开募捐资格的基金会和不具有公开募捐资格的基金会,公募基金会按照募捐的地域范围,分为全国性公募基金会和地方性公募基金会;根据基金会资金使用的方式,基金会又分为运作性基金会和资助型基金会;根据基金会的宗旨和业务范围,可以分为环保类基金会、儿童保护类基金会、养老服务类基金会、综合类基金会等;从基金会设立的背景,基金会可以分为企业背景基金会、个人背景基金会、政府背景基金会、高校背景基金会等。

(三)社会服务机构

1. 民办非企业单位:社会服务机构的前身

随着1998年10月25日《民办非企业单位登记管理暂行条例》(国务院令第251号发布)的出台,民办非企业单位被认定为我国社会组织的一种组织形态。根据条例规定,民办非企业单位是指企业事业单位、社会团体和其他社会力量以及公民个人利用非国有资产举办的,从事非营利性社会服务活动的社会组织①。民办非企业单位是我国社会组织中一类十分具有代表性的组织,需要经过我国法律规定的双重登记和双重审批制度。民办非企业单位规模较小,成立的宗旨比较纯粹,主要类型包括各类民办的学校、医院、福利院、文艺团体、科研院所、体育场馆、职业培训中心、人才交流中心以及后来出现比较多的社会工作机构,等等。

2.《慈善法》:开启社会服务机构新时代

2018年9月开始实施的《慈善法》第八条规定:"慈善组织可以采取基金会、社会团体、社会服务机构等组织形式"。

为什么《慈善法》用"社会服务机构"取代"民办非企业单位"的名称呢?原因主要是:第一,民办非企业单位是一个否定式的命名,只说了不是什么,而没有说清楚它是什么。从字面理解,容易涵盖其他组织,例如基金会、社会团体等组织也都是民办的,也都是"非企业";第二,民办非企业单位没有说清是什么,从名称中很难知道这类机构是干什么的,不能反映这类组织提供社会服务、从事公益事业等特征。第三,过于强调民办,而"民办"本身就没有清晰的界限。非国有资产占比多少才算民办呢?如果有国有资产的成分怎么算?尤其是当下政府购买服务、官办民营、民办公助、事业单位转为社会组织等方兴未艾,"民办非企业"的概念很难适应实践的发展。基于以上原因,许多专家学者、社会组织从业人员都建议对名称进行调整,在《慈善法》的起草过程中,这一意见得到了认可,并在《慈善法》中正式将"民办非企业单位"更名为"社会服务机构"。

社会组织的存在具有悠久的历史,或以说,自从有了人类社会就有了社会组织。社会组织是社会力量兴起的重要标志,是解决社会问题的重要工具,在现代社会中发挥着积极的作用。因此,近些年来党和政府高度重视社会组织的培育和发展,采取多种措施,从政策和资金方面加以扶持,社会组织迎来了发展的"黄金时代"。据《慈善蓝皮书:中国慈善发展报告(2019)》数据,截至2018年年底,全国社会组织总数量为81.6万个,其中,基金会7027个,社会团体36.6万个,社会服务机构44.3万个,分别比2017年增长11.4%、3.1%、10.8%。

二、社区社会组织

2017年12月27日,民政部发布《关于大力培育发展社区社会组织的意见(民发〔2017〕191号)》指出,"社区社会组织是由社区居民发起成立,在城乡社区开展为民服务、公益慈善、邻里互助、文体娱乐和农村生产技术服务

---

① 参见《民办非企业单位登记管理暂行条例》第二条。

等活动的社会组织。"可见,社区社会组织的举办者是社区居民,活动范围是城乡社区,提出要"充分发挥社区社会组织提供服务、反映诉求、规范行为的积极作用",大力培育社区社会组织,"力争到 2020 年,培育发展初见成效,实现城市社区平均拥有不少于 10 个社区社会组织,农村社区平均拥有不少于 5 个社区社会组织"的总体要求和目标。

根据活动内容,社区社会组织可分为以下几类:

(1)公益慈善类。主要是指从事扶贫济困、救孤助残、助老扶弱、赈灾救援以及教育、卫生、环境保护等公益服务活动的社区社会组织。如志愿者协会、邻里互助组织、慈善会、爱心组织以及各种爱心志愿服务队等。

(2)生活服务类。是指面向社区,为满足社区居民生活的多样化需求、促进社区和谐发展,以提供、开展或参与公共服务、志愿服务、便民利民服务为主要内容的社区社会组织。如社区卫生服务机构、民办幼儿园、老年人服务中心、法律服务咨询机构等。

(3)文体活动类。指的是由社区居民根据兴趣、爱好自愿组织起来的文化、体育类的社区社会组织,目前社区社会组织大多是这一类,如楹联协会、诗词社等文化类组织,合唱团、模特队等艺术类组织,太极队、空竹队等体育类组织等。

(4)教育培训类。这类社区社会组织比较常见,如各种培训班、老年大学等。

(5)权益维护类。这类社区社会组织以业主委员会、居民自我管理委员会等各种利益诉求群体居多。

总的来看,教育培训类、生活服务和文体活动类社区社会组织较多,公益慈善类的较少。有些城市,教育培训类的占 50% 以上[①]。

第四节 我国社会组织发展历史

我国社会组织的发展有着一段曲折经历,究竟是什么样的发展历程,有哪些不同于西方国家的发展经过?笔者综合国内学者的分析和考察,大致总结出我国社会组织的三大发展阶段。

---

① 夏建中,张菊枝.我国城市社区社会组织的主要类型与特点[J].城市观察,2012(2):25.

一、新中国成立至改革开放前(1949—1978)

这一阶段是社会组织发展停滞的阶段。新中国成立以后,我国实行计划经济,国家对社会生活实行全面干预与控制,经济上的严格计划与政治上的制度监管,使得整个社会生活被严格控制着,社会组织的发展十分缓慢。虽然1950年《社会团体登记暂行办法》的出台和1951年《社会团体登记暂行办法实施细则》的颁布,制定了社会团体登记的分级管理体制,但是这两个法律条文的最终目的,旨在建构国家政权之下的社会团体,并以社会主义价值观为发展宗旨,取缔了一系列与社会主义价值观不相符的社会组织。这种做法保证了党和国家的高度统一性,但是却造就了"强国家—弱社会"的高强度的国家管理模式[①]。政府职能的扩张和泛化,社会力量的弱小和限制,使得社会组织的发展具有浓厚的政治色彩,社会组织的发展进入了停滞期。

二、改革开放初至20世纪80年代末(1978—1989)

这一阶段是社会组织恢复发展的阶段。改革开放以来,社会组织进入了平稳发展阶段,最主要的原因在于国家经济体制和政治体制的改革。经济体制改革,计划经济向市场经济转变,所有制结构发生改变,打破了原有的单一和僵化的局面,形成了经济领域中的自治力量。这种经济体制的变革带来了巨大的经济效益,社会组织以此蓬勃发展。政治体制的变革,则主要体现在了部分国家权力从经济领域逐步退出,打破了国家垄断资源的局面。1978年2月国家民政部成立,社会组织管理权限交给了包括民政部在内的各部门。由于没有统一的管理,一方面导致了合法社会组织大量成立,另一方面也导致了非法社会组织数量猛增。1984年中共中央和国务院下发了《关于严格控制全国性组织的通知》,国家体改委针对社会团体的问题进行政策性调整,取得了一定成效。但由于根本问题没有解决,各个政府部门都根据本部门的利益需要随意审批和管理民间组织,另外还存在相当数量根本不进行任何注册的非法组织,社团超速发展的势头难以控制,到1989年,我国全国性的社会团体数量达到1800个左右,比"文化大革命"前增长16倍;地方性社会团体数量达到近20万个,比"文化大革命"前增长33倍[②]。社会组织开始承接政府的部分职能,得以发挥积极作用。因此,在这一时期,社会团体的数量呈现迅猛发展的态势,可称之为社会组织高速发展的

---

① 周佑勇.公共行政组织的法律规制[J].北方法学,2007(1):94.
② 黄晓勇.中国民间组织报告[M].北京:社会科学文献出版社,2008:68.

阶段。

三、20 世纪 80 年代末至 20 世纪末(1989—1998)

这一阶段是社会组织整顿治理的阶段。1989 年 10 月国务院通过了《社会团体登记管理条例》,该条例把民间组织登记管理监督管理和相应的处罚权集中交给了民政部,由内设的民间组织管理司专门负责这项工作,并对社会团体进行清理整顿和重新登记。到 1992 年底得到确认登记的全国性社团有 1200 个,仅为 1989 年的 2/3,得到确认登记的地方性社团有 18 万个,为 1989 年的 90%。1993 年到 1995 年,由于受当时宏观环境过热的影响,社会团体的发展又出现了膨胀。截至 1996 年 6 月,全国性社团又增加到 1800 多个,地方性社团再度接近 20 万个[①]。由于数量庞大,鱼龙混杂,特别是西方敌对势力插手一些社会团体,非法社会团体不断出现,给我国政治、社会稳定带来重大隐患。1996 年 8 月中共中央办公厅、国务院办公厅下发了《关于加强社会团体和民办非企业单位管理工作的通知》,确立了我国社会团体和民办非企业单位管理的体制,提出了加强我国社会团体和民办非企业单位管理的具体内容和措施。

四、20 世纪末至今(1998 年至今)

这一阶段是社会组织规范发展的阶段。1998 年 10 月,新的《社会团体登记管理条例》颁发。新条例延续了分级双重管理体制和限制竞争原则,对业务主管部门和民间组织管理机构的权限和职责进行了明确划分,并增加了社会团体的会员人数和资金下限等基本进入规制。同年发布《民办非企业单位登记管理暂行条例》(国务院令第 251 号),对民办非营利的实体性机构进行民间组织的登记。两个条例的颁布,使社会组织的发展逐步法制化、正规化,社会组织也获得了快速发展。以社会工作服务机构为例,据《2018 年度中国社会工作发展报告》统计数据显示,截至 2018 年底,各地共成立社会工作服务机构 9793 家,各地在城乡社区、相关事业单位和社会组织等共开发设置了共开发了 38.3 万个社工专业岗位,比 2017 年增长 3.7 万个。另外,全国社会工作服务站已经达到 5.1 万个。社会工作行业协会数量增幅明显,截至 2018 年底,全国 34 个省级、241 个地市级、592 个县级社会工作行业协会共计 867 个,较 2017 年增加了 14.7%。

[①] 黄晓勇.中国民间组织报告[M].北京:社会科学文献出版社,2008:69.

第五节　社会组织在我国社会治理创新中的作用

社会组织在我国社会治理创新中的作用主要表现在以下五个方面：

一、履行社会职能，提供社会服务

随着社会的不断进步，一方面，人们生活水平逐步提高，需求越来越多样化，对政府的社会服务能力提出了更高的要求，而政府由于其宏观性和行政性，很多方面存在做不了、做不好的情况，比如，对于解决困难群体的需求问题，政府只能出台最低生活保障政策，这样一个"一刀切"政策，只能解决困难群众经济方面的部分困难，满足其最基本的温饱需要，至于由于经济困难而带来的其他方面的困扰，则顾及不到了，而这方面恰恰是社会组织的长项。社会组织以其自身的灵活性、公益性、专业性和服务性的特性，可以很好地为民众提供社会服务，在社区养老、残障康复、环境保护、公共卫生、社会救助、就业及法律方面提供社会服务，并且结合社会组织自身的专业性还可以保障社会服务的质量，解决更多公民关心的民生问题。

正因如此，政府提出推进治理体系和治理能力现代化，不断推进职能改革，转变政府职能，解决好应该做什么、不应该做什么的问题，真正处理好政府、市场、社会的关系，对部分公共事务进行放权，由社会组织承接这部分职能。

二、参与社会救助，彰显人文关怀

从社会组织的发展历史看，其最开始的初衷便是扶弱济困，可以说，社会组织最先发挥作用的是社会救助。从目前社会组织服务的主要对象和服务内容来看，主要是为空巢老人、困境儿童、残疾人等弱势群体提供帮助，这本身体现出来的是人文关怀。此外，从社会组织的资金来源看，基金会的资金不论是公募是私募，都属于"善款"；社会团体和社会服务机构的资金，主要来源于政府购买，其用途主要是社会服务。以社会工作机构为例，其"助人自助"的价值理念，集中体现了对人本身的关怀、关注、尊重和重视，其专业价值观和职业伦理要求注重人的尊严、人的价值、人的意义，注重人的心灵和精神关怀，着眼于生命关怀，着眼于人性，关注人的生存与发展。

三、协调社会关系，化解社会矛盾

社会组织在社会上起着桥梁和纽带的作用，主要体现在以下两个方面。

从纵向看,社会组织处于政府和民众之间,一方面,将政府的政策及时下达给民众,使其看到政府的努力,另一方面又将民众对政府的诉求及时传达给政府,使政府能够听到民众的呼声,及时地回应民众的需求,使得民众与政府的沟通渠道更加畅通。从横向看,社会组织能够疏通公民与社会其他主体的关系,通过为需要帮助的人提供帮助,缓解社会的冲突和矛盾,稳定和协调社会关系。例如,北京市公益法律服务促进会作为一家市级"枢纽型"社会组织,通过进驻市级公、检、法、司法信访接待场所开展释法说理、思想教育、心理疏导、教育稳控以及参与疑难复杂信访矛盾化解等工作,自2015年成立至2019年5月底,先后接待信访群众3.3万人次,通过信息平台预约接待信访群众400余人次。通过第三方专家工作后,有30%左右的初访群众不再来访,通过预约接待有近50%的信访群众不再来访。

四、增加就业机会,扩大就业渠道

近年来,随着社会组织的蓬勃发展,社会组织在创造就业机会、吸收就业方面,发挥着越来越积极的作用。《2018年度中国社会工作发展报告》显示,截止到2008年底,全国共有社会组织(社会组织)41.4万个;涉及的业务范围领域十分广泛,包括科技、教育、文化、卫生、劳动、民政、体育、环境保护、法律服务、社会中介服务、工伤服务、农村专业经济等各个方面,吸纳社会各类人员就业475.8万人。

五、发挥桥梁作用,表达利益诉求

社会组织是公民基于共同的兴趣和志向而自发组成的,一方面,社会组织能够表达其成员的利益诉求,直接参与政治生活;另一方面,社会组织作为政府与公众之间的桥梁和纽带,了解基层群众的疾苦,能够及时、准确地把群众的呼声传递出去。如中国青少年发展基金会、中国红十字会等社会组织本身有着一定话语权。即使普通的草根组织也可以表达民众的诉求,如社会工作机构,有的开展留守儿童、留守老人、留守妇女等"三留守"人员的服务项目,有的开展外来务工人员和流动青少年的服务项目,有的开展空巢老人和失独老人的服务项目,等等。社会服务的过程同时也是社会工作者进行评估和研究的过程,在此过程中,社会工作者深切地了解到不同群体的社会境况,发现社会政策的优劣之处,社会工作者写成理论文章,供政府有关部门决策和参考。

第三章 政府购买社会服务项目概述

目前,社会组织大多采取项目化的运作模式,即通过实施由政府、基金会或其他组织购买社会服务项目的方式,获取资金以维持机构的正常运转。本书以社会组织中的社会工作服务机构为例,重点论述社会工作专业服务项目的设计、执行、管理与评估。鉴于目前社会服务机构执行的项目绝大多数是政府购买项目,为简便起见,以下称"社会服务项目"。

第一节 社会服务项目的含义与类型

一、社会服务项目的概念

(一)社会服务

社会服务是指以提供劳务的形式来满足社会需求的社会活动,有广义和狭义之分。广义的社会服务包括生活福利性服务、生产性服务和社会性服务。生产性服务指直接为物质生产提供的服务,如原材料运输、能源供应、信息传递、科技咨询、劳动力培训等。社会性服务指为整个社会正常运行与协调发展提供的服务,如公用事业、文教卫生事业、社会保障和社会管理等。社会服务按服务性质可分物质性服务和精神性服务。正如蒂特马斯的定义,社会服务是指通过将创造国民收入的部分人的收入分配给值得同情或救济的另一部分人而进行的对普遍的福利有贡献的一系列集体行动。狭义的社会服务指直接为改善和发展社会成员生活福利而提供的服务,如衣、食、住、行、用等方面的生活福利服务。根据国际劳工组织(LO)的定义,社会服务是指面向弱势群体的需求和问题所进行的干预,包括康复服务、家庭帮助服务、收养服务、照料服务,以及由社会工作者或相关职业提供的其他支持服务。本书指的是狭义的社会服务。

社会服务运动始于1884年英国伦敦成立的托因比服务所。1889年后在芝加哥西区成立了赫尔大厦服务社。此后社会服务运动迅速传到西欧大部分国家以及东南亚、日本。中国的社会服务和社会治理是社会工作的重要组成部分,主要内容包括:社会保障福利服务、社会风俗改造等精神文明服务,基层社会群众自我教育、自我管理等民主建设服务,社会团体管理等社会行政管理性服务,以全体社会成员为对象的普遍服务,以烈属、军属、复员退伍军人、老年人、残疾人、无依靠儿童、贫困者等为对象的特殊服务。以这些社会服务为内容的社会工作,在预防、解决社会问题,处理社会矛盾,调整社会关系,改善社会生活方式,完善社会制度,减少社会发展的障碍因素等方面,具有其独特的、重要的作用。

(二)社会服务项目

项目是指一系列独特的、复杂的并相互关联的活动,这些活动有着一个明确的目标或目的,必须在特定的时间、预算、资源限定内,依据规范完成。

本书的社会服务项目是指政府(也适用于基金会,因其购买方式、管理办法与政府购买社会服务大体相同)通过服务外包或资助,由社会组织承接,为满足特定服务对象的需求,在一定的时期内,运用一定的资源,按照预定的服务目标、服务内容和服务要求所设计、实施的公益性的服务项目。如民政部实施的"牵手计划"项目,针对贫困地区在社会工作培训、机构、人才和服务方面的需求,从2017年到2020年,用三年时间,从社会工作先发地区遴选300家社会工作服务机构一对一牵手帮扶贫困地区,培育发展300家社会工作服务机构,培养1000名社会工作专业人才,支持贫困地区为特殊、困难群众提供300个社会工作服务项目。民政部实施的中央财政支持社会组织参与的社会服务项目,重点资助全国性社会组织和有较大影响力的地方性社会组织在西藏、四省藏区、南疆四地州以及四川凉山州、云南怒江州、甘肃临夏州(以下简称"三区三州")等深度贫困地区开展社会服务等活动,内容包括扶老助老服务项目、关爱儿童服务项目、扶残助残服务项目、社会工作服务项目、社会组织能力建设和人员培训项目等五个方面。

二、社会服务项目的特点

社会服务项目具有其他一般项目的共性,又有不同于其他项目的个性特征。笔者认为,主要有以下几点:

(一)公益性

公益性是指社会服务项目符合社会公共利益的特性。从组织行为的价值判断看,是做好事、行善举的;行动的结果看是向非特定的社会成员提供公益产品。因其有利于社会大众、集体和社会发展,也可以称之为社会性。

(二) 独特性

社会组织根据政府购买的要求,结合机构的性质、业务范围、熟悉的服务人群和特长申报服务项目。在项目策划时,项目构思、内容设计乃至撰写项目方案的行文都是不一样的,体现了设计者的独特风格;项目执行时,即使同一个项目书,实施起来也会因工作人员和服务对象的不同而不同,其过程具有独特性;项目最终是要交付成果的,其成效如何,服务对象的反应和改变会因为工作人员的经验和技术熟练程度的不同、影响力的不同而不同,会因为服务对象自身独特的性格特征、学习能力等多种因素而不同,这些都体现了社会服务项目的独特性。

(三) 周期性

社会服务项目与其他项目一样,有明显的时间特征。社会服务项目都有实施周期,有明确的起点和终点,从项目启动到项目收尾。项目目标实现后,项目收尾工作完成即标志着项目结束,因此,项目是不重复的,有些书里也称为"一次性",这并不意味着项目周期短,持续几年的项目也很普遍;也不意味着项目成果是临时的,社会服务项目有短期成效、中期成效和长期成效,对服务对象的影响和改变来说,项目完成后所创造的成效是持久的。

(四) 目标性

项目目标指的是实施项目所要达到的期望结果,即项目所能交付的成果或服务。社会服务项目有明确而清晰的目标。社会服务项目的实施过程实际就是一种追求预定目标的过程,因此,从一定意义上讲,项目目标应该是被清楚定义,并且是可以最终实现的。社会服务项目目标包括总目标(专业社会工作服务项目往往表述为"目的")和具体目标,总目标是总体上要达到的成效,一般不可测量;具体目标往往有可测量的指标。社会服务项目目标也包括进度、技术和质量等目标。

(五) 系统性

社会服务项目的系统性表现在以下几个方面:第一,从项目执行的过程来看,分为依次相连的环节,项目从策划到立项到执行再到结项、评估,构成一个完整的系统,各个环节又分为不同的步骤,构成一个个次系统。第二,从项目实施的内容来看,分为调研活动、个案服务、小组活动、社区活动等不同的部分,各部分之间有着密切的关系,甚至有着严密的逻辑关系,有实施的先后顺序。第三,从项目管理的角度看,包括人员管理、质量管理、进度管理、财务管理、档案管理、风险管理等,构成一个管理体系。

(六) 效果不易评价

判断项目是否成功的一个重要标准就是看预定的目标是否达到。譬如工程建设项目,评估方只关注在规定的时间内,项目建设方是否保质保量地完成了项目方案中承诺的建筑施工,并如期交付使用。但是,社会服务项目则不同,由于它涉及的面比较广、项目范围不易确定、易受其他因素的影响,所以项目结果的评价较为困难。例如困境儿童社会服务项目,服务提供者关注的是服务对象是否满意、项目设定的内容是否完成;购买方在关注项目目标实现的同时,还考虑是否有足够的宣传力和影响力;服务对象则希望获得更多的实惠并尽可能减少媒体曝光。项目利益相关方的评价标准不同,造成评估结果也不一样。

三、社会服务项目的类型

根据不同的标准,可以把社会服务项目分为不同的类型。

(一)专业服务项目和非专业服务项目

根据项目的专业化程度,社会服务项目可以分为专业服务项目和非专业服务项目。专业社会服务项目是政府购买社会组织服务时,有时会有明确的专业要求。例如,中央组织部、教育部、科技部、民政部、财政部、人力资源社会保障部、农业部、文化部、卫生部(国家卫生计生委)共同印发《边远贫困地区、边疆民族地区和革命老区人才支持计划实施方案》,实施"三区"人才计划。目标是:从2011年起至2020年,每年引导10万名优秀教师、医生、科技人员、社会工作者、文化工作者到"三区"工作或提供服务。每年重点扶持培养1万名"三区"急需紧缺人才,选派的全是各方面的专业技术人员,提供各种专业服务。政府购买有时会明确要求采用某种专业方法进行服务,如民政部的"牵手计划"服务项目,从全国遴选300家社会工作服务机构,采用社会工作专业方法开展服务。非专业服务项目,是指专业化程度要求不高或没有特别要求专业方法或技术的社会服务项目,例如,政府向社区社会组织购买的志愿服务项目。

(二)专项项目和综合性项目

根据服务对象和服务内容来划分,社会服务项目可以分为专项项目和综合性项目。专项项目,也就是单项项目,有明确的服务方式、服务对象和服务目标。例如,民政部的"牵手计划"服务项目是专门针对贫困地区,服务方式是采取社会工作先发地区的社工服务机构一对一牵手接受援助的贫困地区的社会组织,服务对象是受援地牵手组织和各类弱势群体,目标是帮助受援地培养社会工作人才,培育社会组织。这类项目由于服务对象明确具体,因此决定了资源的投入方向和重点。民政部的"三区计划"也属于专项项目。随着社会的发展,专项项目会不断增多,政府和社会组织在服务的过程中会发现某个群体的某种需要,就会去设计或开发某些专项项目加以满足。综合性项目则是一个平台,可以把各类服务放到这个平台上来,可以整合各种各样的资源,并根据服务对象的不同需要提供不同内容的服务。例如,深圳市推行的社区服务中心项目和广州市家庭综合服务中心项目就是综合性的项目,它们被作为一个整体打包并发包给社会组织,由社会组织承担一定区域范围的面向社区居民的综合服务。服务内容包括:党、团、工会和妇联活动,老人、妇女、儿童、青少年服务和家庭综合性服务。

(三)实体性项目和非实体性项目

根据服务项目有无固定的场所,社会服务项目可以分为实体性项目和非实体性。实体性项目有进行日常服务的实体或载体,这些实体包括服务机构自有的办公和服务场所。例如,深圳社区服务中心和广州市家庭综合服务中心都有专门的办公和活动场地,他们的项目都属于实体性项目。社会组织有自己能够控制的服务场地,不但能降低因为协调场地而增加的成本,而且有助于社会组织开展专业化服务。非实体性项目则是没有固定的服务场所的服务项目。目前,很多社会组织承接的服务项目都需要临时借用政府部门如街道和社区的场地开展活动,都属于非实体项目。

(四)主项目和子项目

根据项目的大小和隶属关系划分,社会服务项目可以分为主项目和子项目。主项目也可以称为打包的服务项目。在政府购买社会组织服务时,一些"枢纽型"社会组织、主责单位会申报一些项目资金和实施规模比较大的综合性的项目,获得立项后再以子项目的形式由几个社会组织共同完成。例如,2014年北京市利用市级社会建设专项资金面向北京地区各级各类社会组织购买500项社会公共服务项目,内容涵盖了社会公共服务、社会公益服务、社区便民服务、社会治理服务、社会建设决策咨询服务共5大类37个方向。以××区社会建设工作办公室名义申报的重点项目"拆迁区域社会服务管理项目",立项后分为空巢老人服务、青少年服务、就业服务、心理服务等四个部分,分别由区社会建设办公室主责的四个社会组织承接。再如,笔者所在的社工机构执行的"社区社会组织培育和能力提升项目",为提升入驻孵化基地的四个社区社会组织的项目化运作能力,社会工作者根据其各自的特长,设计了四个子项目,由四家社区社会组织分别实施、完成。一个大的社会服务项目,可以划分为若干个较小、较易实施和管理的部分,即若干个子项目。因此,子项目可以称之为服务计划中的计划。

四、社会服务项目的要素

(一)项目周期

时间是项目的一个重要因素,没有充足的时间,服务质量则不能保证,所以,有时因种种原因导致项目不能如期进行,项目实施方则需要申请延期。项目是一个完整的过程,从需求评估开始,经过项目设计—项目确立—项目执行—中期评估—最后的总结评估,表现为一个流程(见图3-1)。

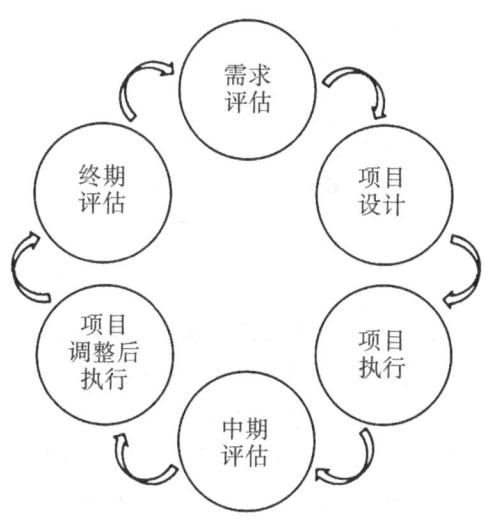

图3-1　项目周期图

(二)实施地点

社会服务项目都是要在一定的地域范围内实施的,社会服务项目实施地点的选取直接影响到项目实施的可行性,它不仅关系到项目实施范围的大小,还关系到社会组织实施项目距离的远近,影响到项目的成本和效率。扎根于项目实施地中的社会组织,能与项目相关方保持密切的联系,协调起来更加畅通;能随时掌握服务对象的情况,服务起来更加便捷。

(三)服务对象

所有的社会服务项目都有固定的服务群体,包括目标人群即直接受益群体、间接受益群体和边际影响人群;都有项目的执行团队,包括专家团队、专职工作人员队伍和志愿者队伍(见图3-2)。

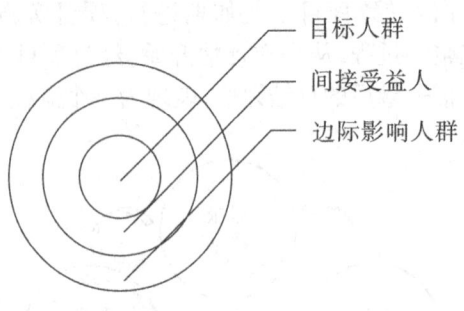

图3-2　服务人群图

(四)服务内容

服务包括三个方面:一是为什么开展服务项目,即项目要有明确的项目目标;二是服务做什么,即要有项目策划的各种活动和服务;三是服务怎么做,即采用什么方法和技术,要有具体策划的活动和服务以及服务的进度安排。根据服务对象需求评估确定的目标,按照预定计划,通过有针对性的、专业性的服务活动,达成服务对象的改变以及环境和政策的改变。

第二节　社会服务项目的购买

社会服务的购买需要按照财政部、民政部、工商总局联合发布的于2015年1月1日起施行的《政府购买服务管理办法(暂行)》(财综〔2014〕96号)进行。

一、购买主体和实施主体

社会服务项目的购买主体(简称购买主体)是政府各级行政机关和具有行政管理职能的事业单位以及党的机关、纳入行政编制管理且经费由财政负担的群团组织。此外,基金会等其他组织也可以根据实际需要向社会组织购买服务。

社会服务项目的实施主体即为社会组织,也叫承接方,是向社会提供公共服务的法人实体,即承担原来由政府包办的社会服务。承接主体需要具备以下条件:①依法设立,具有独立承担民事责任的能力;②治理结构健全,内部管理和监督制度完善;③具有独立、健全的财务管理、会计核算和资产管理制度;④具备提供服务所必需的设施、人员和专业技术能力;⑤具有依法缴纳税收和社会保障资金的良好记录;⑥前三年内无重大违法记录,通过年检或按要求履行年度报告公示义务,信用状况良好,未被列入经营异常名录或者严重违法企业名单;⑦法律、法规规定以及购买服务项目要求的其他条件。

二、购买的内容和范围

政府购买服务的内容为适合采取市场化方式提供、社会力量能够承担的服务事项。政府新增或临时性、阶段性的服务事项,适合社会力量承担的,应当按照政府购买服务的方式进行。政府购买社会服务时需要制定指导性目录,在充分征求相关部门意见的基础上,确定政府购买服务的种类、性质和内容,并根据经济社会发展变化、政府职能转变及公众需求等情况及时进行动态调整。目录的范围包括:①基本公共服务。公共教育、劳动就业、人才服务、社会保险、社会救助、养老服务、儿童福利服务、残疾人服务、优抚安置、医疗卫生、人口和计划生育、住房保障、公共文化、公共体育、公共安全、公共交通运输、三农服务、环境治理、城市维护等领域适宜由社会力量承担的服务事项。②社会管理性服务。社区建设、社会组织建设与管理、社会工作服务、法律援助、扶贫济困、防灾救灾、人民调解、社区矫正、流动人口管理、安置帮教、志愿服务运营管理、公共公益宣传等领域适宜由社会力量承担的服务事项。③行业管理与协调性服务。行业职业资格和水平测试管理、行业规范、行业投诉等领域适宜由社会力量承担的服务事项。④技术性服务。科研和技术推广、行业规划、行业调查、行业统计分析、检验检疫检测、监测服务、会计审计服务等领域适宜由社会力量承担的服务事项。⑤政府履职所需辅助性事项。法律服务、课题研究、政策(立法)调研草拟论证、战略和政策研究、综合性规划编制、标准评价指标制定、社会调查、会议经贸活动和展览服务、监督检查、评估、绩效评价、工程服务、项目评审、财务审计、咨询、技术业务培训、信息化建设与管理、后勤管理等领域中适宜由社会力量承担的服务事项。⑥其他适宜由社会力量承担的服务事项。

三、购买的原则和程序

1. 购买原则

购买主体根据购买内容的供求特点、市场发育程度等因素,按照方式灵活、程序简便、公开透明、竞争有序、结果评价的原则组织实施购买服务。

2. 购买程序

(1)购买主体按照政府采购法的有关规定,采用公开招标、邀请招标、竞争性谈判、单一来源采购等方式确定承接主体。

(2)购买主体应当及时向社会公告购买内容、规模、对承接主体的资质要求和应提交的相关材料等相关信息。

（3）按规定程序确定承接主体后，购买主体应当与承接主体签订合同，合同应当明确购买服务的内容、期限、数量、质量、价格等要求，以及资金结算方式、双方的权利义务事项和违约责任等内容。

四、购买的方式

（一）社会服务项目是政府购买的主要方式

政府购买社会服务的方式主要有两种：一种是购买社会工作岗位，一种是购买社会服务项目。

政府购买岗位是指政府向社会工作服务机构发布政府购买服务岗位的竞标信息，由中标的社会工作服务机构派驻社会工作者到岗位工作。如北京市开展的"一街一社工"社区服务模式、北京团市委开展的"社区青年汇"项目，就是典型的政府购买社会工作岗位的方式。

政府购买社会服务项目是指政府向社会发布购买社会服务项目的公告，组织竞标，由中标的社会服务机构执行项目。这种方式比较普遍，目前社会服务机构开展的社会服务绝大部分是这种方式。

笔者认为，购买社会工作岗位，归根结底，政府购买的仍然是社会服务项目。以"一街一社工"社区服务模式为例，政府为了推动街道或社区的专业社会服务，引导并提升基层社区的社会服务专业水平，通过向社会工作机构购买社会工作岗位的方式，由机构向项目覆盖区域内的每个街道派驻一名专业社会工作者，完成项目约定的服务内容，其实质是"购买社会工作岗位项目"。社会工作者到岗位后，工作的内容仍然是以针对不同群体的社会服务项目的方式进行的，有学者称之为"岗位+项目"模式[1]，但说到底，政府购买的仍可以说是社会服务项目。

（二）社会服务项目化运作的优势

项目化运作的具有以下优势：

（1）更好地满足服务对象需求，有针对性地解决问题。社会服务项目都是对特定对象需求的回应，针对特定问题，有明确的服务目标，这样使服务更有针对性，更加精准，因此会更加富于成效。

（2）多种专业服务手法并用，提供综合性的集成服务。在服务过程中，社会工作者会根据服务对象的需求和问题，决定采取适当的工作方法，而不

---

[1] 王倩倩."岗位+项目"政府购买服务模式下草根性社工机构发展的挑战：以北京某社工事务所为例[J].时代报告，2013(2):211.

是单纯地运用某一种服务方法去解决问题。譬如,对社区内有特殊需求的人提供个案辅导,对有共同需求的服务对象开展小组工作,对有共同问题的事项开展社区服务。以社区内的空巢老人为例,他们面临很多生活问题,包括孤独和寂寞等情感问题、生活照顾问题、经济压力问题,等等。面对这种综合性的问题,社会工作者通过综合评估空巢老人们的需求,分析产生问题的成因,以社会服务项目的形式回应其需求,提出解决问题的目标和策略,整合各种服务资源,建立社区老年人支持系统,以"个案辅导+团体工作+资源链接+社区照顾+社区支持网络"等多种服务方法,真正帮助服务对象解决问题。

(3)责任更加明确,有助于提高服务质量。政府购买社会服务项目时,都会与项目承接单位签订服务协议,对项目的目标、产出、管理和成效做出明确的约定。合同对双方都有法律的约束力,能够更好地严格责任,有助于保证服务的质量,向社会做出负责任的交代。

第四章 政府购买社会服务项目设计

作为社会服务的承接主体,社会服务机构必须根据政府购买服务的要求、基金会资助和企业资助情况,结合机构的专业服务能力、机构可利用的资源等情况,综合进行项目申报。项目申报书是项目申报的前提,项目申报书包括项目实施单位信息、实施团队、服务对象需求评估、项目实施内容、风险评估、项目财务预算等内容。这样就必须进行项目设计,这是社会服务项目最重要的一环。

第一节 社会服务项目设计概述

一、社会服务项目设计的含义

设计,借用工业设计师 Victor Papanek 的定义,设计(design)是为构建有意义的秩序而付出的有意识的直觉上的努力。更详细的定义,包括两个步骤,第一步,理解用户的期望、需要、动机,并理解业务、技术和行业上的需求和限制;第二步,将这些所知道的东西转化为对产品的规划(或者产品本身),使得产品的形式、内容和行为变得有用、能用、令人向往,并且在经济和技术上可行。这是设计的意义和基本要求所在。尽管社会服务的关注点从形式、内容到行为上与 Victor Papanek 所说的设计有所不同,但笔者认为这个定义对于社会服务领域具有借鉴意义。

本书中社会服务项目设计,是指社会组织在一定的时间内,运用一定的资源,按照预定的服务目标、服务内容和服务要求,通过有目标、有计划地进行技术性地创作与创意活动,对服务对象美好未来的规划与预见。社会服务项目设计不仅需要合理的、秩序的、创意的设计策划与观念来协调,而且还需要有严密的、系统的、规范的组织与管理来安排。

二、社会服务项目设计的原则

在设计社会服务项目时要遵循一定的原则,这些原则包括:社会性原则、可行性原则、经济性原则、灵活性原则和信息性原则。

（一）可行性原则

社会服务项目必须符合可行性原则。可行性可以分为主观的可行性和客观的可行性。主观的可行性是指社会组织具有做该项目的知识储备，即以现有的人力的知识结构等能够完成该项目，社会组织在该服务领域比较擅长，组织机构的员工比较认同该项目所秉持的理念，项目符合组织的定位。客观的可行性是指项目的策划必须是本机构的人力、物力资源等所能实施的，即在组织机构的能力范围之内，组织机构能达到该项目的目标。

（二）创新性原则

创新是指以现有的思维模式提出有别于常规或常人思路的见解为导向，利用现有的知识和物质，为满足社会需求，而改进或创造新的事物、方法、元素、路径、环境并能获得一定有益效果的行为。创新包含三层含义：一是更新，二是创造新的东西，三是改变。项目设计时，要根据具体的目标进行精准的切入和指向，要有创意，这样才能突出本项目的特色，例如，有的项目改变了传统的公益模式，提倡"自助助人"和"公益循环"新的公益理念；有的项目对志愿者采用"时间银行"的方法，激励志愿者参与公益活动的积极性；有的项目率先使用"社会组织+社工+义工"的"三社联动"方式开展社会服务，有的弥补了公益领域的空白，有的创造了新的服务模式，从而使其具有独到之处。只有这样，策划才能别具一格，与众不同，吸引人，打动人。

（三）信息性原则

信息是项目策划的起点，具体包括以下几项要求：

(1)收集原始信息力求全面。即我们在收集原始信息时，范围要广，防止信息的短缺与遗漏。

(2)收集原始信息要可靠真实。原始信息一定要可靠、真实，要经过一个去伪存真的过程。脱离实际的浮夸的信息对项目策划来说毫无用处，一个良好的项目策划必然是建立在真实、可靠的原始信息之上的项目。

(3)信息加工要准确、及时。信息不是一成不变的，过去的信息可能在现在派不上用场，现在的信息可能在将来毫无用处，因此对项目策划者来说，掌握信息的时空界限，及时地对信息加以分析，指导最近的行动，从而使策划效果更加完善。

(4)任何活动本身都具有系统性与连续性，尤其作为策划的一个具体分支——项目策划更是如此，对一事物发展的各个阶段的信息进行连续收集，从而使项目策划更具有弹性，在未来变化的市场中，更有回旋余地。

（四）经济性原则

社会服务项目的设计必须符合经济性原则，即项目的实施必须用较少的投入获得较多的社会效益。政府购买社会组织的服务,将公共服务的任务交给社会组织来提供,社会组织必须满足政府以较少的投入撬动更多的社会资源加入的要求,达到比政府自身直接提供服务更好的效果。

(五)灵活性原则

灵活性也可以说是变通性。社会服务项目设计只是一个构想,是一个计划,项目的设计要具有灵活性。事物都是不断发展变化的,在项目的具体实施过程中,我们有时会发现项目并没有像我们预计的那样发展,有可能达到新的目标,因此设计不是一成不变的教条。比如,资金预算没必要细化到每次活动的每个环节,因为我们在进行活动时,有可能根据形势的变化,适当地调整活动的时间和地点,或者调整活动的类型,因此,社会服务项目在设计时必须留有空间,体现灵活性的原则。

三、社会服务项目设计的特征

(一)公益性特征

公益性项目是以谋求社会效应而不以追求经济效益为目的的项目。社会服务项目利用社会建设资金或民间资源,为社会上有需要的人群提供社会服务,主要提供的是社会照顾服务和人身社会服务,表现为服务者为主、需求导向以及个别化特点[①],以谋求社会效益为目的。因此,社会服务项目在目标定位上,要具有非营利性和社会效益性,即公益性特点。

(二)社会性特征

社会组织提供的服务必须是社会性的,资金来源于政府、基金会和企业,属于社会资金,应该接受社会的监督。社会服务项目必须是社会性的,为社会上的困难群体,如长期无家可归者、精神病患者、独居的老年人、残疾人以及贫困家庭等提供公共服务。社会服务为困难群体提供无偿或低偿的专业性服务,改善其生存状况,帮助其提高抵御社会风险的能力。社会服务不是追求经济效益,而是把社会效益放在首位。

(三)超前性特征

社会服务项目要想达到预期的目标,实现预期效果,必须具有超前性。项目策划要具有超前性,必须经过深入的调查研究。没有调查,就没有发言权。要使项目策划科学、准确,必须深入调查,占有大量真实全面的信息资料,必须对这些信息进行去粗取精,去伪存真,由表及里,分析其内在的本

---

① 王川兰.社会服务的价值意涵和制度模型构建:基于平等机会与多样性的研究路径[J].社会科学,2014(9):92.

质。完成一项策划活动,必须预测未来行为的影响及其结果,必须对未来的各种发展、变化的趋势进行预测,必须对所策划的结果进行事前事后评估。超前性是项目设计的重要特性。

(四)时效性特征

政府在购买社会组织服务时都有明确的时间要求,不仅有明确的申报起止时间,也有项目获得立项后完成的周期。因此,项目设计自然具有时效性特征。项目设计要考虑两个因素,一是在时间方面,要体现时代特征,把握行业前沿,引用最新的数据,体现最新的政策因素。二是在内容方面,要考虑时间节点,例如,设计青少年安全教育项目时,可以策划在消防日前后进行消防安全培训、消防演练等活动;设计为老年人服务项目时,可以在母亲节、重阳节前后举行敬老、孝老等活动;设计弘扬优秀传统文化项目时,可以充分利用我国的传统节日,每个节日都有一个特定的时间。

此外,社会服务项目设计还具有整体性、社会资源整合利用性等特征。

第二节 社会服务项目设计的基本流程

项目设计是在前期评估的基础上,从当地或目标人群的实际情况出发,预测未来实施的项目将通过什么样的方式回应目标人群的需求的一种活动。有的书中也用"项目策划"这个概念。

在项目申请之前,需要经过一系列的流程,主要包括了解购买方要求、项目需求调研、选择目标人群、选定项目实施地点、设计项目申报书等环节(见图4-1)。按照项目申报的流程进行设计和策划,是项目申请的基础。

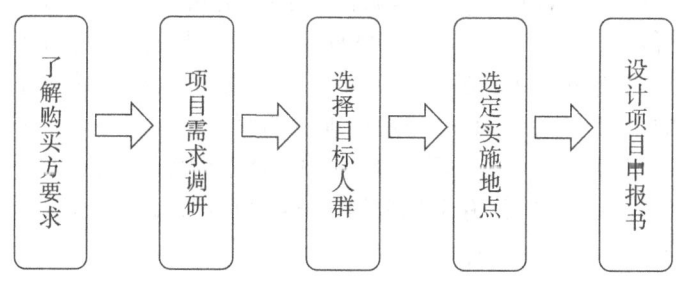

图4-1 项目设计流程图

一、明确购买方关于项目的相关要求

进行项目设计,首先要明确购买方的相关要求。一般情况下,政府作为

购买方在购买服务前,都会在媒体公开发出公告,让社会组织周知,提出明确的要求。根据政府向社会组织购买服务项目的申报及管理,可以分为以下两种情况。

(一)民政部实施各地(市)具体组织的项目

国家级如民政部组织实施的社会组织服务项目,一般会同时向各地(市)等民政部门发出通知,通知中提出明确的目的、任务和要求,由各地(市)等民政部门负责具体组织、管理和评估工作。以社会工作服务机构"牵手计划"项目为例,2017年10月,民政部向各省、自治区、直辖市办公厅(局)发出《民政部办公厅关于做好首批社会工作服务机构"牵手计划"实施工作的通知》(民办函〔2017〕号),提出了主要任务是,2017年,民政部将从社会工作先发地区遴选100家社会工作服务机构一对一牵手帮扶贫困地区(包括国家扶贫开发工作重点县、集中连片特困地区覆盖县和国家深度贫困地区覆盖县)培育发展100家社会工作服务机构,培养300名社会工作专业人才,支持贫困地区为特殊、困难群众提供100个社会工作服务项目,提高社会工作服务水平,搭建社会工作服务东西协作平台,推动社会工作专业力量在打赢脱贫攻坚战中发挥更大作用。在通知中要求各有关省(区、市)按照《首批社会工作服务机构"牵手计划"任务分配表》,制定实施方案,落实帮扶任务,做好考评工作。

根据《通知》精神,各有关省(区、市)具体负责,组织实施牵手计划。以北京市为例,成立北京市民政局社会工作服务机构"牵手计划"领导小组,下设办公室设在局社会工作处;明确市民政局负责统筹管理,遴选确定援派机构,协调组织对接受援方,共同签订帮扶协议;落实本市"牵手计划"项目资金,做好项目资金监管;协调受援地县级民政部门做好实施保障;调动本市社会工作行业组织等社会力量参与计划实施,做好机构推选、资金筹措、项目管理、宣传推广等工作。为此,市民政局向各区(县)民政局和社会组织发出通知,以项目申报的方式遴选32家社会工作服务机构,对接河北省和内蒙古自治区的32个社会组织,明确规定项目的服务内容及指标,制定《"牵手计划"项目实施管理办法》《"牵手计划"项目档案管理标准》《"牵手计划"服务项目财务管理标准》等,并汇编成册——《北京市民政局"牵手计划"项目管理手册》。

(二)政府部门直接向社会组织购买服务

政府直接发布购买社会组织服务的公告,社会组织进行项目申报。如2017年12月4日,北京市大兴区社会建设工作领导小组办公室在网上公布《2018年大兴区社会建设工作办公室购买社会组织服务项目公告》提出,为深入贯彻和落实党的十九大精神,推动社会治理重心向基层下移,充分发挥社会组织作用,提高政府社会管理、公共服务的效能和水平,2018年大兴区社会建设工作领导小组办公室将继续利用区政府专项资金,面向社会组织购买社会基本公共服务;公告对申报主体、申报流程、申报时间、注意事项、申报条件等提出具体的要求。如申报条件,不管是哪一级政府购买社会组织服务,都会对社会组织的资质提出明确要求,包括实质性证明文件和非实质性文件。从长远来看,社会组织不仅要做好服务,更要提升自身的资质。

社会组织只有研究清楚项目购买方公告的目的、内容等相关要求,特别是政府购买社会服务项目指南的内容,才会真正明白政府的需求,才好进行社会服务项目申报,才会有比较大的成功的概率。

知识拓展4-1

社会组织要注重资质提升

社会组织资质提升的渠道主要有:①参加等级评估。社会组织等级是民政部门对经各级人民政府民政部门登记注册的社会组织进行客观、全面的评估后做出的评估等级结论,评估等级证书可以作为信誉证明。一般情况下,政府购买服务要求社会组织获得3A以上的评估等级,因此,社会组织要积极参加等级评估,努力提升社会组织等级。②树立服务品牌。加强人才队伍建设,特别是专职社会工作者队伍建设,提升社会服务的专业性和服务成效,产生品牌效应。③加大宣传力度。要注重组织形象,重视媒体宣传,通过报纸、电视、网站、微信公众号等媒介宣传开展的服务和组织的活动。④赢得各种荣誉。一直以来,政府部门在购买社会组织服务后都会有评估,对获得优秀的项目、优秀案例等会给予奖励,对优秀社会工作者会授予各种荣誉称号或给予表彰。笔者认为,社会认同是对社会组织最高的荣誉和奖励,只要社会组织为社会提供专业、优质、高效的服务,自然会赢得服务对象和相关方面的肯定和认可,从而赢得荣誉。

二、社会服务项目的需求评估

需求评估是一个项目信息收集和分析的过程,其结果是对个体、机构、共同体或社会需求的确定。笔者认为,在设计社会服务项目前,除了首先要进行服务对象的需求评估以外,还应对服务购买方、项目实施相关方、社会组织以及项目的预期效果、主要风险、社会工作者的资质和能力等进行评估。

(一)服务对象的需求评估

服务对象的需求评估是社会服务机构对潜在的、实际的服务对象的需求所进行的调查研究和评判,是开展社会工作的前提。

社会服务项目存在的目的与意义是为了解决服务对象存在的问题或满足服务对象的需要,如果未能够解决存在的问题或满足需要,抑或并不存在问题或需要,那么这个项目则无存在的价值和意义。通过需求评估,识别出所服务群体存在的问题及其需求,对产生的问题及需求的原因进行分析,确定介入的目标及方向,进而制定总体目标与过程目标,并设计与之对应的计划与服务方案。譬如,判断所要开展的项目是否有足够的服务对象参与,有多少服务对象可以从项目中获益;确定谁应优先获得服务和资源;确定项目服务应定为于哪个群体;如何迎合该群体需要;说明潜在服务对象的地理分布和社会人口特征;判断潜在服务对象是否可获得其他干预和服务;判断如何公布和宣传服务等。

需求评估的程序一般包括四个步骤。第一步,设计需求评估方案;第二步,实地开展需求调查;第三步,开展需求分析;第四步,形成评估报告。

第一步:设计需求评估方案

需求评估方案应包括评估目的、评估对象、评估时间、评估内容以及收集评估数据的工具和方法。例如,某社会工作机构拟设计一个服务对象为疫情期间被隔离人员的情绪管理的服务项目,评估的目的是了解其情绪状况,是否有负面情绪;评估的对象除了被隔离人员以外,还应该有相关管理人员;评估时间安排在项目申报前的两周;评估的内容围绕疫情期间被隔离人员是否出现焦虑、抑郁等负面情绪问题以及产生这些问题的原因等方面设计问题;收集资料的工具可以采取量表、调查问卷等;采取线上问卷调查、电话访谈等方法进行。评估方案还需要做好需要评估的准备工作,包括提前调研计划、问卷设计、问题的准备,等等。

第二步:实地开展需求调查

需求调查阶段须厘清:为什么要做此次调查?调查的目标是什么?调查需要多长时间?要调查多少人?调查哪些人?使用什么工具、方法,是问卷调查法还是访谈法?问哪些问题?谁来问这些问题?等等。

以上问题确定之后,一般要经过拟定调查草案—试调查—修改调查方案—正式进行需求调查。调查过程中要注意:基于服务对象的特殊性和差异性,贴近调查对象的日常生活场景,减轻他们参与调查的成本和压力,鼓励他们充分表达自己的真实需求。

资料收集方法主要有两种:一种是量化研究方法,一种是质性研究方法。

1. 量化研究方法

量化研究方法也叫定量研究方法,一般是为了对特定研究对象的总体得出统计结果而进行的。在定量研究中,信息都是用可测量的数字来表示的,评估问题通常以数字形式表示,例如大小、范围、规模、程度、持续时间。主要适用的范围包括评估关注服务规模、效果大小、程度,以及效率等问题。常见的方法有:问卷调查法、实验法、量表法,等等。

2. 质性研究方法

质性研究又称质的研究或定性研究,是对某种现象在特定情形下的特征、方式、含义进行观察、记录、分析、解释的过程(Eininger, 1985),具有探索性、诊断性和预测性等特点,它不追求精确的结论,而只是了解问题之所在,摸清情况,得出感性认识。

质性资料的收集方法:与几个人面谈的小组访问,要求详细回答的深度访问等。社会工作者需要深入研究现场,不同程度地参与到所研究的活动中,采用非结构式或半结构式观察、访谈、录音、录像、记录等方法。一般来说,质性研究方法更加耗时且成本高昂。它的优点是在相对自然环境下与调查对象沟通,有利于从对方的角度观察和理解他们的行为、态度和动机,比量化数据更为丰富,涉及文字、声音、思想、情感等,允许更深入的理解。缺点是难以得到普遍性的结论,而且定性数据通常被视为更主观的,受到研究者主观感受和认知的影响。

需要注意的是,不存在最好的数据收集方法,每种方法都有优势与不足。量化方法强调事实的客观性,而质性方法强调对象的主观意向性;量化方法注重经验证实,而质性方法注重解释建构。

3. 混合数据收集方法

在需求评估的实践中,通常使用典型的混合数据收集路线,也就是质性—量化—质性的方法。首先以质性数据收集为起点,如用焦点小组展开讨论或进行深度访谈,研究者在这个过程中发现应该用问卷调查探索的问题。其次,设计问卷调查,进行数据收集。最后,回到焦点小组讨论或做个案深度访谈,澄清和解释问卷调查的结果。以笔者所在北京市大兴区助兴社会工作事务所实施的"流动青少年"服务项目为例。

案例展示4-1

流动青少年服务项目需求调查

项目实施地选在地处城乡接合部地区、外地务工子女比较多的L中学,服务对象是中学生。中学生处于认知水平发育阶段,思考能力进一步加深,开始关注自身,例如出现的叛逆期就是中学生思考能力加深的具体体现。在这个阶段,中学生需要正确的思想引导。在他们自身出现困惑的时间节点,如果没有正确处理好这个问题,例如老师的管教方式、家长的教育理念和管理方法、从出生所处环境的一种认知熏陶,以及自身的思考是否产生了社会越轨等等,都构成了中学生可能会出现问题的因素。因此,在需求评估收集资料阶段,社会工作者首先与项目实施地的学校领导和老师包括校长、政教主任和班主任老师进行焦点小组讨论和重点访谈,之后进行问卷调查,设计了学生卷、家长卷和教师卷三套调查问卷,从三个方面进行需求调研。学生卷围绕学生的认知水平以及心理发育阶段特征来设计,语言通俗易懂,避免直接提问敏感问题,收集学生的需求信息;家长卷的设计分两部分,一是在家庭视角下孩子的状况,对解决中学生问题的根源收集资料,二是以发展为设计倾向,比如,"在管教孩子上,你希望在哪些方面进一步提升?"以提升家长填写问卷的积极性,问卷语言要通俗易懂;教师卷的设计同家长卷一样,也要坚持发展倾向,而不是问题倾向,因项目实施需要老师的合作、支持与配合,因此,社会工作者更多的是帮助老师提升自我,而不是暗示老师存在许多的不足。

问卷调查时要注意以下问题:①学生卷的调查,调查的方式最好是现场调查,中学生因为理解力有限,可能对问卷会存在一些疑问,社会工作者在现场,不仅可以指引学生填写问卷,还可以及时地回答学生的问题,问卷的回收率和有效性能够得到保证;②家长卷的调查,最简单实用的办法是让学生把问卷带回让家长填写,但这样的结果,一是问卷不一定能完好无损地带回家,二是家长有可能不理解而答非所问,回收率和有效性都会出现问题。最简便可行的方式,社会工作者可以利用学校定期召开家长会的机会,给家长派发问卷,让家长现场填写,效率最高。对家长访谈,社会工作者可以通过家访的方式进行,如果家长介意社会工作者上门探访,社会工作者可以将家长约到学校进行访谈;要充分尊重家长的意愿,做好调查工作,保证了解到服务对象的真实需求。③教师卷的调查,如果教师的数量不多,可以进行全部调查,如果人数比较多的话,首先选择班主任作为调查对象,再增加其他调查对象。

做完样本抽样之后,要了解学校的课程安排表,提前与老师和学生约好适合的访谈时间,让访谈对象在一个比较轻松的环境中进行访谈,这样对方会比较自然表达自己的意见,社会工作者才可以获得更真实的需求信息。例如,针对问卷调查中发现的亲子关系比较突出的问题,再进行重点访谈、查阅资料等其他方式,以便收集的资料更加全面,了解的情况更为详细。

第三步:开展需求分析

收集资料之后,要对资料进行分析。资料本身不会说话,需要通过分析使其具有意义。分析方法主要有两种,一种是数据资料的分析,包括统计方法、数理模型等;一种是文字资料的分析,包括比较法、构造类等等。

1. 量化资料的分析(定量研究)

量化资料的分析通常可以借助 SPSS、SAS 统计软件。笔者认为,作为专业的社会工作服务项目运用专业的 SPSS 统计分析软件是个不错的选择。社会服务项目在实施的过程中,经常运用问卷调查法,来了解服务对象的需求,回收的问卷少则几百份,多则上千份,这些数据分析起来,工作量非常庞大,采用 Excel 进行统计分析,不仅要录入数据,还要准确无误的撰写计算公式,在生成统计图表时也会遇到许多问题。如果社会工作者掌握了 SPSS 统计软件的统计、分析方法,录入数据后系统会自动生成统计分析图,可以在比较短的时间内形成一份高质量的统计分析报告。

2. 质性资料的分析(定性分析)

社会工作者对质性资料的整理分析过程是一个分类、推理解释的过程。质性研究的目的是对研究的对象进行解释性理解,而不是为了对某些假设进行证实,因此应该选择对社会工作者和被调查者来说有意义的问题:社会工作者对该问题确实不了解,希望通过此项目对其进行认真的探讨;该问题所涉及的地点、时间、任务和事件在现实生活中确实存在,对被调查者来说具有实际意义,是他们真正关心的问题。

质性分析整理通常包括两个阶段:①资料的整理与初步分析。首先,要转化笔录,以文字类资料为例,记录要尽量详细,不仅要记录访谈对象的语言,还包括肢体语言,如哭、笑、叹气等;要及时转录,除了尽量避免遗漏信息以外,还可以为下一步的资料收集提供方向和聚集的依据。其次,要深入资料,重复阅读文本和聆听录音资料,在此过程中不断地思考访谈者呈现了什么内容,认真、仔细地体悟、觉察自己读了以后和听了以后的感觉,并及时把自己的思考、灵感和想法记录下来。②资料的归类与深入分析。在反复阅读文稿和思考的基础上形成分类纲要,将文本资料根据分类纲要进行编码,将问题一一录入访谈记录表里。编码之后就是分析,质性研究重点分析的不是现象而是现象背后的原因。

第四步：形成评估报告

1. 发现问题，识别原因

通过整理和分析资料，会对服务对象的总体情况有一个完整的了解，发现服务对象的问题，识别并找出那些形成问题或者缓解问题的因素，进而确定导致问题的原因。例如，通过调研分析，发现疫情期间被隔离人员存在负面情绪，问题原因包括信息不明确、缺乏医疗知识、缺乏心理应对机制等。

2. 解释问题，认定需要

解释就是对所获得的有关服务对象系统的资料以及社会工作者对服务对象问题与需要的认识进行整理和组织，形成概念性的认识。对资料的解释即赋予资料以含义。例如，社会工作者通过对困境儿童及其家庭在新冠肺炎疫情防控中需求调查资料的综合分析，发现普遍存在以下问题：家庭收入减少造成经济困难问题、生存压力加大引发焦虑情绪问题、学校网上授课影响孩子学习问题、监护缺失可能引发的安全隐患问题，等等，由此认定其需要经济帮扶、心理减压、学习辅导、安全教育等。再如，疫情期间被隔离人员的需要提供清晰的信息、相关医疗知识、情绪辅导和心理支持，等等。

3. 撰写需求评估报告

认定问题和需求以后就可以写需求评估报告了。需求评估报告也叫需求调查报告，其内容要清楚地表达对服务对象问题与需求的认识和理解，其目的是为购买方、社会工作服务机构和社会工作者以及与服务对象有关的系统提供关于服务对象需要与问题的准确信息，是下一步制订项目服务计划和服务方案的依据。

需求评估报告的结构一般应包括四大部分。第一部分，项目背景和意义。主要描述项目提出的原因和重要性。第二部分，调查的方法和目的。这部分需要简要介绍调查的方法以及调查的过程，说明调查的目的。第三部分，收集的资料和事实。首先要确定报告使用的资料，把资料组成有意义的不同部分；将事实与资料分开；重点是对问题的呈现，包括问题发生的时间、涉及的人和系统，以及服务对象和问题的反映等；第四部分，专业分析和判断。这部分是报告最重要的部分，要阐述清楚以下几个方面的内容：一是社会工作者对资料的理解，二是对服务对象问题的评估，三是对形成问题及其原因的分析以及对问题原因的理解和解释，四是确定服务对象的需求。

（二）服务相关方的需求评估

服务相关方是服务项目实施地的组织和社区，包括街道办事处相关部门、社区居委会、社区社会组织等，如果项目实施地在学校的话，服务相关方还包括学校。社区、学校都是社会基层的组织。社会服务项目的实施最终都会落在基层，能否与项目相关方建议良好的合作关系，能否进行顺畅的沟通,能否进行有效的协调,对项目的执行至关重要。因此,在项目设计前就对项目相关方进行需求评估,做到心中有数,可以对以后项目的实施打下扎实的基础。

布拉德肖(Bradshaw)把需求分为规范性需求(cnormative need)、感受性需求(felt need)、表达性需求(expressed need)和比较性需求四种需求。规范性需求是指由专家学者或政府部门界定的需求,根据专家学者或政府部门制定的标准,如果实际情况与标准存在差距,那么就说明存在着规范性需求。感受性需求是指通过对服务对象进行相关的调查后,所获得的服务对象所感知的需求。表达性需求是指服务对象提出申请、使用的需求以及被服务的提供者所表达出的需求。比较性需求是指将部分服务对象的需求推广到社区中同类型人群中,相互之间通过比较所显现出的需求。总之,人的需要是相当复杂的,只有对其进行科学的调查、分析、评估,才能确定项目服务的任务和方向,才能是最大限度地满足服务对象的需求(见表4-1)。这一分类在社会服务中比较实用,较有可能得到准确的测量和分析。

表4-1 布拉德肖的需求类型

需求类型	定义	范例
规范性需求	个人或群体实际生活低于社会已经建立的标准而产生的需求	例如,上级要求社区有社会组织,但本社区没有;要求中小学建立社会工作服务站但本学校没有
感觉性需求	人们切身地感觉到实际生活未能达到应该达到的水平而产生的需求	例如,街道办或社区认为,他们辖区的社会组织没发挥什么作用或发挥的作用不够好
表达性需求	通过某种方式向社会表达出来,并要求改变这种状况的需求	例如,社区居委会向社会工作者反映,希望社工能培育社区社会组织,以便居民们的生活丰富多彩
比较性需求	通过横向比较产生的需求	例如,社区居委会向社会工作者反映,希望社工能培育社区社会组织,以便居民们的生活像其他社区一样更加丰富多彩

社会组织在设计、执行项目时必须考虑到服务相关方的具体需求。如某社会工作服务机构在进入某社区为残障人士提供服务时,必须考虑到社区的具体要求。社会工作者首先要认真考虑社区希望服务我们能给服务对象带来什么改变、对社区工作能有什么帮助、对我们所进行的工作有什么看

法或建议等。服务相关方的需求的满足,是项目能够落地的重要保证,否则项目在执行过程中将遇到很大的阻力。

相关方的需求评估,可以采取问卷调查的方式进行,但实务中大多采取访谈的方法,优点在于在项目实施前就已经与相关方进行了对接和协调,避免项目实施后可能会出现的不能落地的风险以及开展活动可能遇到的障碍。

(三) 项目总体可行性评估

在进行项目设计前,除了要进行服务对象需求评估、相关方需求评估之外,机构的资源如何,能否有足够的保证?是否具有合理性?还要进行全面的项目可行性分析。社会服务项目设计必须考虑社会环境的状况,包括具体的政策环境和所处的人文地理环境、文化环境等。

1. 政策环境评估

在项目设计时必须进行政策评估,保证将要开展的项目一定是政府和社会提倡的,响应国家现有的政策,无疑会为项目的可行性提供足够的保证。例如,2016年8月,中共中央办公厅、国务院办公厅印发了《关于改革社会组织管理制度促进社会组织健康有序发展的意见》(中办发〔2016〕46号)。《意见》指出,以社会团体、基金会和社会服务机构为主体组成的社会组织,是我国社会主义现代化建设的重要力量。《意见》第一部分就强调要"大力培育发展社区社会组织",要求"降低准入门槛","积极扶持发展","增强服务功能",可见,培育发展社区社会组织已成为新时期构建具有中国特色的社会组织发展之路的"必修课"和战略选择。同年10月31日,民政部、中央组织部、中央综治办、国家发展改革委等十四部委联合发布《城乡社区服务体系建设规划(2016-2020年)》(民发〔2016〕191号)又进一步明确提出:"力争到2020年,城市社区平均拥有不少于10个社区社会组织,农村社区平均拥有不少于5个社区社会组织",要求大力孵化、培育社会组织。在这样的政策环境下,社会组织设计社区社会组织培育项目无疑具有很强的社会需求,项目自然就比较容易获得政府购买。

2. 社区环境评估

(1) 地理环境,包括区位与边界、环境设计、基础设施、社会服务和经济等。譬如社区的基础设施如何,有没有足够的活动场地?项目实施地是否在社会组织所在辖区,如果在外辖区,需要考虑项目实施的时间成本和交通成本。

(2) 人文环境,主要包括社区内的总人口数、性别比例、年龄分布、居住群体的特征等,掌握这些资料,可以对社区居民可能的需求以及可开发的人力、物力、财力资源有更准确的了解。例如,在某小区进行"社区社会组织培育项目"前期环境评估时,发现有一个小区,有三幢楼是以前区卫生局的家属楼,有部分老人退休前是医院的大夫,社工认为这是这个社区一个非常难得的资源。

(3)文化环境,包括社区的社会融合度、社区内居民与社区居委会之间的关系等等,这些直接影响到未来项目能否顺利实施。

3. 机构资源评估

机构在进行项目设计时,必须首先考虑机构可利用的资源,包括组织资源、人力资源、物力资源以及财力资源等,因社会组织大多通过政府购买获取项目资金和物资,故在此重点进行社会组织的组织资源和人力资源评估。

(1)机构的组织资源评估。组织资源是指机构总体水平上的资源与能力指标,是个体资源的应用与整合,主要体现在机构文化与精神风貌、机构形象与声誉、组织的协调能力、学习能力与应变能力等方面。例如,机构在长期提供社会服务的过程中,形成了自己的服务品牌,逐渐形成了组织的定位,明确了组织发展的方向、服务的重点领域,从而在行业中形成明显的特色。比如有些社会组织比较擅长青少年服务项目,有些组织擅长老年人服务,有些则定位于司法社会工作领域。

(2)机构的人力资源评估。包括员工数量、资质情况、学历结构、专业结构、男女比例、年龄结构,等等。要注意以下几个问题:一是员工的资质评估。有的政府购买服务项目对员工的资质有明确的要求,如"××市公安局关于政府购买禁毒持证社会工作者项目",如果机构没有持证社工或持证社工人数达不到要求的话,就不能进行项目申报。二是员工的专业结构。在目前我国社会工作刚刚起步的阶段,专业社会工作者紧缺,一些社会工作服务机构缺乏专业社会工作者,因此,就不能申报政府购买的专业社会工作服务项目。三是员工的性别结构评估。有些项目对员工的性别有要求,如妇女社会工作,在通常情况下,此项目的执行人员最好是女性而不是男性,因为女性之间比较容易彼此理解,涉及的话题也是共同关注的问题,如"流动女童性自护项目",男性社会工作者就不合适。四是员工的年龄结构。团体的有效力量,往往来自合理的梯队形结构,老中青三结合的团队当然是最理想的团队。年轻人组成项目执行队伍比较适合儿童、青少年服务项目,他们与服务对象有共同语言,容易得到服务对象的信任;而社会组织培育、社会工作人才队伍培养项目,最好有年龄、资历比较老的员工带领或由经验丰富的专家督导。五是员工的特长。有些员工擅长儿童、青少年服务,有些员工擅长老年人服务,而有些员工喜欢社会救助社会工作,社会组织在选取、申报服务项目时,可以根据机构员工的特长、兴趣,有选择地策划项目。

三、选定服务目标人群

项目服务目标人群的确定,是一个项目最核心、最重要的内容,它不是拍脑袋就能选定的事儿,而是一个科学的决策过程,其流程包括社会工作者发现某种现象或问题、进行社区调研、进行需求分析、确定服务对象等环节(见图4-2)。本书结合笔者所在机构开展的"流动青少年服务项目"为例加以说明。

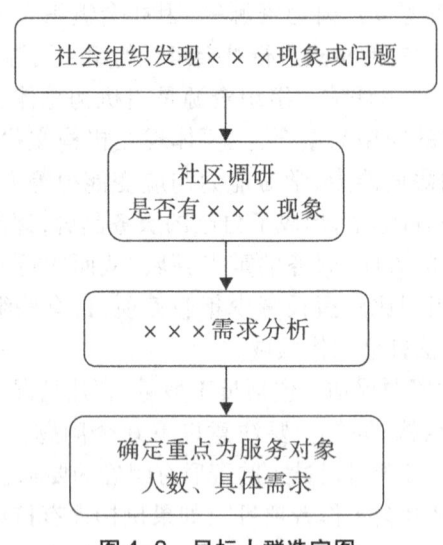

图4-2 目标人群选定图

第一步:发现问题或现象

笔者所在单位地处北京市五环与六环交接地区,是典型的城乡接合部地区,那里聚集着大量的外来人群。经预估认为,机构可以开展以外来务工人员为服务对象的项目。

第二步:进行社区调查

外来务工人员按群体划分,可以分为外来务工人员群体和外来务工人员子女群体两个群体,也就是说,机构开展以外来务工人员为服务对象的项目可以分为两个目标群体,一个是外来务工人员服务项目,一个是外来务工人员子女服务项目。那么,到底是开展哪一个呢?还是开展一个服务项目,两个群体都作为服务对象呢?这就需要进行社区调查。

经初步调查,周边地区没有一个外来务工人员相对集中的单位,外来务工人员分散于各行各业的各个单位,除个案服务外,活动难以开展,而外来务工人员子女则集中于中小学,这样,调查的目标集中于附近的中小学,调查目标一下缩小了很多。在调查到 L 中学时,校方反映,他们学校四分之三以上的学生都是外来务工子女,而他们也非常欢迎社会工作者对学生提供服务。

第三步:进行需求分析

L 中学是一所公办普通初级中学,现有 12 个教学班,350 名学生,正式教职工 46 人。学校地处城乡接合部地区,生源情况复杂,成长环境特殊,80% 以上的学生为打工者子女。通过与该校领导和班主任座谈、问卷调查等方式,对该校外地学生的基本情况和存在的主要问题进行了前期的资料收集和调查工作。通过调查了解,发现该校很多外地学生的问题既有很多共性的特质,同时有些青少年的问题又存在个别化特征,急需得到学习、生活、人际关系调适和心理健康等方面的专业帮助和辅导。在当代中国城市化快速发展的大背景下,L 中学问题的呈现无疑具备典型意义,对于我们从社会工作的专业角度去思考和解决城乡接合部地区外地学生(项目定义为"流动青少年")的发展问题具有鲜明的现实意义。

第四步:确定服务对象

经过 L 中学外地学生需求调查和分析,服务项目可以回应其在学习、生活、人际关系调适和心理健康等方面的需求,项目的服务对象确定为 L 中学的 280 名外地学生。最后,机构策划了"伴你飞翔——城乡接合部地区流动青少年帮扶计划"。

四、确定项目实施地点

项目实施地点的选择对项目的顺利执行具有重要的意义,它直接关系到项目活动能否顺利开展。在这一方面,南方的广州、深圳等地具有独特的优势,每个街道家庭综合服务中心都有充足的服务场地,这些场地社会工作者能自行支配,不存在借用街道或社区的场地的问题,因此,他们的项目实施地可以在家庭综合服务中心内实施。但对大多数社会组织来说,没有这样的条件,需要选择项目实施地的问题。以流动青少年服务项目为例,目标地域要满足以下条件:

(1)有足够的符合要求的目标人群。对于儿童、青少年服务项目来说,学校和社区都可以作为项目的实施地,工作日在学校,节假日在社区;老年人服务项目,项目实施地只能在社区;而残疾人服务项目,街道的温馨家园则是不错的选择。

(2)有合适的开展活动的场所。社会服务项目产出的重要成果之一是大量的活动,因此,活动场地对项目的完成具有重要意义。对于儿童、青少年服务项目来说,实施地选在学校,有优越的条件,活动开展有天然的优势。

(3) 有相关方的积极支持和配合。项目活动内容的设定、活动开展的时间、地点以及服务对象的招募等，都需要与项目实施地相关单位进行协商，有些活动还需要取得有关单位的协助才能进行，例如社区老年人服务项目，刚开始活动时需要社区居委会发出通知，需要利用社区居委会的活动室，等等。因此，在选取项目实施地点时，要考虑与项目相关方的态度，考虑相关方是否支持项目的实施，这对于项目的顺利开展至关重要。

五、设计项目申报书

不同地区、不同级别、不同组织的社会服务项目申报书样本各有不同，但基本上包含了以下几个方面：封面、机构信息、项目概要、项目描述、项目预算及附件。本书北京市民政局2019年社会工作服务机构"牵手计划"服务项目申报书为例，谈谈如何设计项目申报书。

北京市民政局2019年社会工作服务机构"牵手计划"服务项目申报书项目申报书的内容由项目名称、机构信息、项目信息和申报单位意见四部分组成（见附录1项目申报书案例）。

（一）项目名称

项目名称是项目目的和内容的高度概括，是项目封面的主要内容。人们给社会工作下的定义有一百多种，其中一种是"社会工作是一种艺术"，笔者认为，给项目起名称就体现了这一点。在如今申报项目竞争激烈的情况下，如何给项目起一个响亮的好名字非常重要。一个好名称要具备以下特点：第一，要优雅醒目，让人过目不忘，让人一看到项目名称就想继续看下去；第二，要贴切项目内容，项目名称是对项目内容的高度提炼，文字简洁，内涵丰富；第三，积极正向，传播正能量，能够带给人积极向上的力量。项目名称要体现服务对象并回应存在的问题和需求，设计名称按照以下的公式进行，即"区域+服务对象+项目方向+项目"，例如北京市大兴区助兴社会工作事务所设计的2019年"牵手计划"项目名称："牵手同行　赋权增能——锡林郭勒盟太仆寺旗社会工作助兴计划"，直接服务对象是受援地的牵手组织，项目内容是培养社会工作人才、培育社会组织，最终目标是推动受援地社会工作的发展。再如助兴社会工作事务所2015年开展的"与你同行　牵手明天——福利机构孤残儿童增能项目"。

（二）机构信息

机构信息主要包括：一是社会组织的信息，如组织名称、成立时间、登记证号、年检情况、社会组织等级、开户银行及银行账号、通信地址、项目负责人等，主要反映社会服务机构的资质，也是机构合法性的证据；二是机构愿景与使命、业务范围、市级荣誉，有助于购买方或专家预判该机构的发展方向与申报项目的方向是否一致;三是单位曾获政府购买的公益服务项目。也许有的单位获得的政府购买的公益服务项目比较多,要尽量填写执行过的同类项目,如果执行过的同类项目获得政府奖励或被评为优秀项目,要写清楚,这样可以体现本单位工作人员能力以及在这方面服务的经验,可以让购买方放心地把项目委托给申报单位。

(三)项目信息

1.项目基本信息

主要包括:申报资金和时间、项目实施地域、服务聚焦的人群、内容、项目负责人和联系人、项目概述。这里需要注意两点,一是项目实施地域,要尽量详细,写清楚项目服务的区、街道、社区名称;二是项目概述,要简明扼要,概述项目希望解决的问题,以及计划通过何种方式达到什么目标。包括服务理念与方法、服务对象与内容、服务模式、服务过程、服务目标等,要求语言精练,字数不宜多,准确表达意思即可。

案例展示4-2

牵手计划项目概述

本项目运用社会学习理论、生态系统理论和优势视角理论等理论,秉持社会工作专业价值理念,紧紧围绕宣传社会工作、培养社会工作人才、培育社会工作机构的三大工作目标,针对当地政府、社会组织及服务对象的需求,在2018年服务取得成效的基础上,着重开展以下三个模块的工作:一是社会工作人才培养模块,在牵手组织所在地和受援地两地开展社会工作专业培训和社会工作师职业水平考试辅导,培养社会工作人才。二是社会组织培育孵化模块,对筹备期社会组织进行信息咨询和注册指导,并帮助初创期社会组织和受援组织完善内部治理,加强团队建设。三是困境儿童服务项目模块,协同、指导牵手组织实施服务项目,在具体的项目执行中对其进行专业督导,逐步提高其服务能力。

通过以上三大模块的工作,一方面帮助社会组织及其工作人员树立社会工作专业价值观,掌握社会工作专业知识和方法,逐步学会用专业方法开展社会服务,提升其服务能力;另一方面,通过带动和指导牵手组织和新成立组织实施服务项目,服务困境儿童及其家庭。

2. 项目主要信息

1) 项目背景

第一，项目需求分析。首先，要描述项目实施的社会背景，详细介绍存在的问题及为什么要设计这个项目来解决这些问题，充分说明开展本项目的重要性和紧迫性。其次，进行项目需求分析。在进行分析时，最好提供相应的数据论证，提出项目设计的基本依据。为此，需要进行项目前期需求调研，获得明确的、翔实的数据，以增加项目实施的说服力。

案例展示4-3

牵手计划项目背景-需求分析

为响应民政部《社会工作服务机构"牵手计划"实施方案》（民发〔2017〕160号）的精神，落实北京市社会工作服务机构"牵手计划"项目具体部署和工作要求，助兴社会工作事务所联合牵手组织××协会对受援地××旗进行了需求调研工作。经评估，确定其问题与需求如下：

（1）在2018年工作的基础上，目前受援地××旗有一家社会组织正在筹备注册中，需要进行注册指导和团队建设。

（2）牵手组织××协会，业务范围除志愿服务以外，还包括社会工作专业服务，非常期待能开展社会工作专业活动。

（3）××属于国家级贫困县，当地有许多困境儿童家庭，生活非常困难，有的甚至拿不起学费。据2018年调查，全旗有困境儿童731人，其中，××镇417个，××镇35个，××镇73个，××乡5个，××镇31个，××乡3个，××××苏木6个，××镇4个。在这些困境儿童中，需要重点帮扶的建档立卡贫困户学生150人。当地一些爱心人士自发地选择一些特困儿童进行捐资助学，但仅限于经济方面的资助。困境儿童缺乏精神帮扶，特别是心理健康方面，缺乏专业社会工作服务。

第二，受益群体描述。要清晰界定本项目聚焦的人群、组织或社区，描述其基本特征、社会服务需求及其依据，受益群体描述包括受益群体的人数、基本特征和具体需求等信息。

案例展示 4-4

牵手计划受益群体描述

（1）筹备期社会组织。××旗当地原来有一些民间爱心人士，他们志愿对困境儿童进行帮助，主要方式是捐资助学，项目组 2018 年已经对这些志愿者们进行了指导，引导其队伍核心成员组织起来，成立机构，以便在帮助困境儿童时发挥更大的作用。

（2）××协会。协会是一个充满正能量的志愿者组织，有注册志愿者 800 余人。经过 2018 年的牵手工作，2019 年有十多位会员报名参加社会工作师职业水平考试。他们反映，特别需要专业的系统培训。

（3）××旗政府工作人员、教师和社区工作者。作为国家级贫困县，贫困户 2020 年要在全部脱贫，扶贫任务繁重，但绝大多数人不知社会工作为何物，民政局的局长和主管副局长 2018 年刚刚熟悉社会工作，2019 年初又调走了，新领导刚刚到任；还有学校的教师和社区工作者，也迫切需要把社会工作专业理念和方法注入日常服务之中。

（4）××旗的特困儿童。当地政府非常重视义务教育工作，专门建设两所小学，把分散在广大农村的 7~12 岁的儿童集中起来上学，因此，困境儿童大多集中在这两所学校。据我们近期的调查，S 小学共有建档立卡的困境儿童 96 名，其中特困儿童 19 名，具体情况如下：1~2 年级 1 人，3~4 年级 9 名，5~6 年级 9 名；父母亲大病重残的 9 人，本人残疾的 3 人，留守儿童 7 人，单亲儿童 4 人（其中 2 名是单亲+留守），孤儿 1 人。他们除经济方面的困难以外，急需学习辅导和心理健康辅导等专业社工服务。本项目将选择 S 小学作为项目实施地，依托 2018 年在四小建立的社工服务站，把特困儿童作为重点服务对象（3~4 年级和 5~6 年级两个小组），实施规模为 96 名困境儿童及其家庭。

2）项目方案

这是项目的主体内容，包括：

第一，项目目标。项目目标（project objectives）就是实施项目所要达到的期望结果，即项目所能交付的成果或服务。项目的实施过程实际就是一种追求预定目标的过程，因此，从一定意义上讲，项目目标应该是被清楚定义，并且可以是最终实现的。在制定项目目标时，要注意写清楚总体目标和具体目标、长期目标和阶段性目标。从时间概念分析,项目目标可以分为长期目标和短期目标。长期目标是一个长期的、宏观的、比较抽象的描述,如促进困境儿童健康成长;短期目标是在项目实施过程中的每一个阶段要完成的任务,如在项目执行的第一阶段完成服务对象需求调研。从服务内容的描述看,项目目标可以分为总体目标和具体目标。总体目标也称为目的,是希望能都达到的长远效果,可以是几个月、一年甚至几年;总体目标是整个项目实施的最终方向,它可以分解为一系列具体的、可测量的、可实现的具体目标。具体目标也叫目标,指工作员期望于项目完成后的指定时间内服务对象达到的改变。制订项目目标可以使用SMART目标制订工具,即目标需要是具体的(specific)、可量度的(measurable)、可达成的(achievable)、符合现实的(realistic)、有时限的(time-defined)5个准则。

案例展示 4-5

设定项目目标

总目标:通过项目的实施,宣传社会工作理念,培养社会工作专业人才,培育社会工作服务组织,提高公众对社会工作的认知度,以专业服务的方式进行精准扶贫,开启牵手社会组织和受援地社会工作新局面。

具体目标:①不少于50人获得社会工作专业的系统培训;②为一家筹备期社会组织提供注册指导服务;③指导牵手社会组织开展一个服务项目。

第二,项目执行产出/成功指标/目标评估指标描述。项目产出是项目呈现的形式,即机构或组织预想通过什么方法、提供哪些方面的服务以解决项目提到的问题,达到既定的目标。项目产出一般以活动的方式呈现出来,在制定计划时,要制定可量化的、具体的指标,并明确从哪些方面考察项目目标得以实现。同时,要写明什么样的信息或资料能证明该指标得以实现,以及从哪里获得这些信息/资料。

案例展示 4-6

项目执行产出/成功指标/目标评估指标描述

产出指标(从哪些方面考察项目目标得以实现？主要为可量化的、具体的指标):			信息/资料来源(什么样的信息或资料能证明该指标得以实现？从哪里获得这些信息/资料？):
培养社工人才	项目宣传 3 次		宣传折页、宣传展板等宣传材料、活动简报、照片等
	培训和辅导 8 场		活动方案、照片、录像、满意度调查资料等
培育社会组织	培育 1 家社会组织		注册资料、照片或录像等
	社会组织能力提升	1. 督导活动 6 次	督导记录、照片、录像等
		2. 团队建设 4 次	总结、照片或录像、满意度调查资料等
指导牵手组织和培育开展 1 个服务项目	牵手社会组织项目书、活动方案、活动照片等		
	需求调研 1 次		活动简报、照片、出调研报告 1 份等
	个案辅导 1 例 10 次		服务记录等档案资料、照片等
	小组活动 2 个系列 12 次		活动方案、服务记录、照片、录像、满意度调查等
	社区活动 3 次		活动总结、照片、录像、满意度调查资料等
	家庭教育讲座 2 场		活动总结、照片、录像、满意度调查资料等
项目书面成果 1 套			项目绩效报告等结项材料

第三，拟投入的资源，包括机构自有资源和可以整合的各类资源，并列明这些资源的名称和内容。

案例展示 4-7

拟投入的资源

(1) 人力资源：社工团队5人，社工专家1~2人，教育专家1~2人；

(2) 财力资源：除本项目资金×万元外，还有主要由牵手组织实施的项目资金（具体数额暂时未定）。

(3) 物力资源：动员爱心人士捐助衣物一批。

第四，项目实施计划。项目实施计划是项目最核心、最主要的部分，包括拟投入的服务和开展的时间和内容，包括目的、形式、地点、参与人数等。可以从四个方面进行操作：①活动时间。要按照项目活动开展的逻辑顺序进行合理安排工作流程，反映项目的进度。②活动内容。要写清楚开展什么活动，为什么要开展这个活动即活动要达到什么目的，在什么地方开展，大概有多少人参与，等等。③资金安排。包括人力成本、活动物资、交通费和餐费、管理费、税费等支出。④预计成效。包括短期、中期和长期效果。需要注意的是，项目内容要有分层，项目内容与实施方案以及财务预算要能够很好地结合起来，即活动的时间、参与的人员、服务的内容、所用的物资以及支出的费用要匹配。

案例展示 4-8

"牵手计划"项目实施计划(5-6月份)

	计划开展的服务			
	活动时间	活动内容(包括活动目的,形式,地点,参与人数等)	资金安排	预计成效
项目实施计划	2019年5月	活动内容: 1.规划和设计服务项目、制定实施方案 2.制作项目横幅和旗子 3.制作项目宣传折页 4.制作项目宣传展板(橱窗) 5.制作调查问卷、培训学习和考证辅导材料 目的:做好项目实施准备工作 形式:文案设计 地点:办公室和受援地 参与人数:2~3人	工作人员保险费:××元	为牵手计划的全面展开做好准备
	2019年6月	活动内容: 社区宣传活动3次 目的: (1)宣传社会工作,让人们对社会工作有所认识 (2)宣传民政部的"牵手计划"及其意义 (3)宣传社会工作与精准扶贫的关系 (4)宣传困境儿童服务项目 形式:社区宣传 地点:S小学 参与人数:1300余人	1.人工成本:××元 2.宣传活动用品: (1)横幅:××元 (2)旗子:××元 (3)宣传折页:××元 (4)宣传展板:××元 (注:资金安排均须列出明细)	配合项目活动进行宣传,扩大活动影响力,同时,提高人们对社会工作的认知度,让人们了解牵手计划

关于项目计划,不同的项目书版本差别比较大,譬如北京市政府购买社

会组织服务项目申报书,这部分的内容是以项目论证的方式,要求论述项目实施具体的方法途径以及实施进度。在服务方法上,要说明使用方法的优越性,说明所选择的方法是最科学、最有效、最经济的;在服务方向上,要阐述针对某一问题,预想从具体的几个领域和方向来实现服务目标。

第五,风险分析及应对预案。项目风险是指在整个项目生命周期中可能存在的风险,这些风险可能会导致项目运行的不确定,如项目进度落后、成本超支、质量下降等。社会组织在项目运营管理中既面临自身内部成员带来的挑战和风险,也面临来自服务对象、合作伙伴、社会环境等方面带来的风险和挑战,小到一次活动、一个场地的安全,大到服务对象的权益保护和整个项目运营,都可能存在不确定性。因此,在进行项目设计时,要对项目实施过程中可能遇到的风险进行全面的预估,对未来项目中可能的负面影响进行分析、预测,并针对不同类型的风险准备相应的应对措施。在项目实施过程中,应对预案不仅能够不断提醒管理者和服务人员增强风险意识,而且能使工作人员知道该做什么以及如何去做。

案例展示 4-9

风险分析及应对预案

(1) 技术风险:需要组织有资质且有责任心的社工团队。

应对措施:事务所主任亲自参与制定项目方案、指导社工制定具体活动方案,并及时跟进督导,以保证服务的专业性和效果。

(2) 队伍风险:牵手组织锡林郭勒盟暖心协会所在地距离受援地太仆寺旗 260 余公里,目前只有会长一人是专职工作人员,其他人员到受援地服务的时间难以保证。

应对措施:在受援地招募工作人员。

(3) 资金风险:牵手组织要在当地开展服务项目,前提是要有项目资金,但直到目前,是否有项目资金,从政府相关部门到牵手组织,都不清楚。2018 年牵手项目刚开始时,大家干劲很足,决心很大,有一名会员辞了职加入进来,但因项目资金迟迟不到位,生计问题解决不了,今年又回原单位上班了。

应对措施:向受援地政府争取。

第六,项目预期成效。项目预期成效是指在项目设计时预计服务服务活动可能会给服务对象带来的成效,它包括项目完成时候所实现的经济效益和社会效益。项目预期成效也称为项目服务成效(service effctiveness),陈锦棠认为,"服务活动所取得效果,指的是指活动和服务为个人、家庭、组群、社区和机构所带来的益处和转变,甚至是一些长远的影响,其中所产生的转变可分为长、中和短期的成效,而这些成效所带来的转变可以是增长或减少的"[1]。政府购买社会服务项目因其公益性、社会性等原则,更强调社会效益。项目预期成效主要从以下三个方面进行阐述:一是预计的目标人群,最好写清楚直接受益人及其数量和间接受益人及其数量,因为这直接关系到项目投入与产出的效益;二是预计对受益对象经济状况、行为能力、心理状况等方面可能带来的改变。注意,这里的改变是正向的改变或变化,是项目结束后购买方绩效评估的核心的内容。三是预计对社会带来的影响,包括对机构和工作人员的影响,对相关方的影响和对社区居民的影响等。

案例展示 4-10

"牵手计划"项目预期成效

1. 预计的直接受益人数和间接受益人数量

(1) 直接受益:困境儿童96人;××协会会员及筹备期社会组织成员、参加培训的政府工作人员、社区工作者、教师等50余人。

(2) 间接受益:困境儿童的家庭成员,学校师生,参与项目活动的志愿者,培训、宣传活动覆盖的社区居民1000余人。

2. 预计对受益对象经济状况/行为能力/心理状况等方面可能带来的改变

(1) 困境儿童:可以通过个案辅导、系列小组活动、搭建社会支持网络等方式,提高其自我效能感和自信心。

(2) 牵手组织:通过培训帮助受训对象树立社会工作专业理念,掌握社会工作知识和方法并运用到服务工作中,同时帮助1~2名参训人员取得社会工作师职业资格证书;通过团体活动,为牵手组织和筹备期社会组织成员提供帮助,提高团队的凝聚力和整体服务能力;指导牵手组织开展一个以困境儿童为服务对象的服务项目。

3. 预计对社会带来的影响

社会工作在受援地还是新生事物,通过本项目的实施,帮助人们认识社会工作,接受专业服务,开启社会工作之先河。

第七,项目创新性和推广性:创新性重点描述项目的新观点、新内容、新方法、新途径、新角度,项目独创的内容,如项目的理念、方法、模式、项目的

---

[1] 陈锦棠.香港社会服务评估与审核[M].北京:北京大学出版社,2008:80.

特点及与其他同类社会服务项目的区别和与众不同之处；项目的推广性重点描述项目能对其他社会组织或同类服务群体的示范意义，或项目的模式具有的可复制性，也可以写上项目可推广的地区和领域。

案例展示4-11

"牵手计划"项目创新性和推广性

项目的特点：①覆盖区域广。从北京到××旗再到××地，直线距离达600余公里。②参与组织多。京蒙两地多家政府部门频繁沟通，民间多家组织深度合作。③实施难度大。社会工作者与项目实施地、牵手组织及其成员与项目实施地距离遥远，服务对象居住分散，这些都增加了项目实施的难度。

项目的创新之处：①合作方式创新。以专业社工机构为主导，整合京蒙两地政府部门、专业社会工作组织和志愿者组织，多方通力合作，专业互补，形成合力。②服务模式创新。采取直接服务方法，通过对牵手组织和新成立组织的直接服务活动，现场示范教学，为其骨干成员自我感悟、自我体验提供空间，使其所学内容在思考中融会贯通，促使其整体服务能力得到提升；采取间接服务方法，通过指导牵手组织和新成立组织实施以困境儿童为服务对象的服务项目，改变困境儿童的境遇，帮助其健康成长。

项目的可复制性和可推广性：项目秉持社会工作助人自助的专业理念，回应服务对象的需求，通过培养社会工作人才，培育社会组织，打造服务品牌，形成示范效应，有利于形成模式，便于复制推广到其他贫困地区，实现精准扶贫，智力扶贫。

3. 项目团队

项目团队是为实现项目目标而建设的，它不同于一般的群体或组织，是一种按照团队模式开展项目工作的组织，是项目人力资源的聚集体，按照现代项目管理的观点，项目团队是指项目的中心管理小组，由一群人集合而成并被看作是一个组，他们共同承担项目目标的责任，是为完成项目特定任务而组织起来的临时组织，强调合作精神。项目团队要有足够的能力圆满完成项目任务。因此，在组建项目执行团队时，要注意团队成员的能力结构，以助兴社会工作事务所实施的"牵手计划"项目为例，在组建"牵手计划"项目团队时，有擅长小组活动的社工，有擅长组织协调的社工，有实务能力强的督导，如三位督导都是省、市社会工作领军人才；在撰写项目申请书时，要注意：一是项目负责人信息及其相关经验描述，二是项目团队成员信息及其职务和分工,三是外部支持团队信息,主要是项目聘请的专家和督导。另外,还需要注意的是,项目团队成员构成要符合项目内容,如果是社会工作服务项目,应该有社会工作师参加,如果是心理咨询项目,要有心理咨询师参加。

4.项目预算

项目预算是一系列有目的的、有序的、在一定时期内待完成的活动的财务计划,是基于为达成项目目标而撰写的项目活动方案,合理地规划出人力、物力等直接成本,以及相应的间接成本,包括管理费和不可预见费,对于整个项目的顺利实施非常重要。编制项目预算要注意以下几个方面:

(1)项目预算编制要符合基本要求。项目预算书应根据项目标、设计内容、执行周期、参加人员、考核指标等内容,按照有关财务制度的规定认真编制;项目预算书及其附表的相关数据应保持一致,做到准确、无误。

(2)项目预算编制要有依据。要严格按照购买方的项目管理办法或项目指引规定的标准进行预算,如果违规,则项目很难立项。如北京市委社会工委市民政局制定有明确的《"牵手计划"服务项目财务管理标准》,明确规定"临时聘用人员项目劳务费可按天或按月计算,原则上每人每天不超过150元。志愿者补贴标准为每人每天不超过50元(包含餐费、交通、水费等),提供用餐、用水、交通的,原则不再给予相应补贴";专家费标准"两天以内的,高级专业技术职称人员800元/人·天、其他专业技术人员500元/人·天;超过两天的,第三天及以后的咨询费标准,高级专业技术人员400元/人·天、其他专业技术人员300元/人·天","高级技师、技师每人每月不超过130元,其他工勤人员每人每月不超过80元"。

(3)项目预算支出结构要合理。项目经费支出由以下三部分组成:一是业务活动成本。主要是为了实现项目目标、开展一系列活动或者提供服务所发生的费用,包括人员劳务成本、能力建设成本、专家讲师费用、志愿者补贴、培训费、物料等费用,且需详细说明这些相关业务费的预算理由、依据及计算方法。项目经费原则上不得用于购买固定资产。对于必须购买固定资产的项目,按照固定资产的一年折旧成本列在管理费用中,并需单独列示。二是管理费用。项目管理费是指在实施项目过程中发生的管理费用,如办公室费、财务人员和行政人员人力成本、财务费、邮电费等。购买方不同,管理费的规定可能不同,如北京市2010—2016年政府购买社会服务项目明确规定项目管理费不得超过项目资金总额的2%;北京市社会工委市民政局组织的"牵手计划"项目则规定"项目管理费不得超过项目总经费的5%"。总体上看,项目管理费预算比例一般不得超过业务活动总额的10%的标准。三是税费。主要是指为申报项目运营产生的营业税及附加,需按照国家规定的税率提取编报。这项不普遍适用于所有的项目,各机构项目负责人可对照各项目的要求自行添加。有的政府购买服务项目还有人工成本的规定,如大兴区社会建设工作办公室购买社会组织服务指导手册(2018年),以人力成本为主的服务活动(以区社会建设工作领导小组办公室认定为准),如专业社工服务、心理服务等,劳务费原则上不超过项目总经费的70%;其他服务活动(以区社会建设工作领导小组办公室认定为准),劳务费原则上不超过项目总经费的40%;鼓励更多地采取志愿服务方式。

撰写完项目申报表后,还有一个环节,就是进行项目申报,申报单位按照购买方要求提交电子版和纸质版材料,在此就不加以赘述了。

第三节 逻辑框架法在社会服务项目设计中的运用

社会服务项目设计是一种用科学的方法和艺术的手段去规划服务项目的工作,它具有一套独特的工作原则、步骤和方法,是在科学的理论指导下,科学评估服务对象的问题和需求,根据需求设定目标、制定服务计划的专业性活动。本节重点介绍逻辑框架法在社会工作服务项目设计中的应用。

一、逻辑框架方法简介

1970年美国国际开发署(USAID)开发并使用一种设计、计划和评价的方法,称为"逻辑框架方法(logical framework approach)"。"逻辑框架方法"是一种概念化论述项目的方法,它基于项目逻辑模型建立,即用简单的框图来清晰地分析一个复杂项目的内涵和关系,是一种设计、管理和评估项目的方法学,也是一种通过识别并分析给定的环境来定义目标以及改善现有环境的技巧。目前大部分的国际组织把它作为社会发展项目的计划、管理和评价方法。

逻辑框架方法从确定待解决的核心问题入手,向上逐级展开,得到其影响及后果,向下逐层推演找出其引起的原因,得到所谓的"问题树"。将问题树进行转换,即将问题树描述的因果关系转换为相应的手段——目标关系,得到所谓的"目标树"。目标树得到之后,进一步的工作可以通过"规划矩阵"来完成(见表4-2)。

表 4-2　逻辑框架的基本结构表

层次纲要	客观验证指标	指标验证方法	重要外部条件
目标/影响	目标指标	监测和监督手段及方法	实现目标的主要条件
目的/作用	目的指标	监测和监督手段及方法	实现目的的主要条件
产出/结果	产出物定量指标	监测和监督手段及方法	实现产出的主要条件
投入/措施	投入物定量指标	监测和监督手段及方法	落实投入的主要条件

如表 4-2 所示，规划矩阵是一个 4×4 矩阵，矩阵自下而上的四行分别代表项目的投入、产出、目的和目标的四个层次；自左而右 4 列则分别为各层次目标文字叙述、定量化指标、指标的验证方法和实现该目标的必要外部条件。

逻辑框架汇总了项目实施活动的全部要素，并按宏观目标、具体目标、产出成果和投入的层次归纳了服务项目的目标及其因果关系。

二、项目逻辑框架分析[①]

逻辑框架的分析分为六步：第一步，利益群体分析，确定服务目标群体；第二步，识别服务方向，确定服务领域；第三步，问题分析（反映实际情况），构建"问题树"；第四步，目标分析（提出未来改善的情形），构建"目标树"；第五步，对策分析（针对特定状态，比较不同的选择），构建"对策树"；第六步，综合分析，形成项目方案。

第一步：利益群体分析

1. 利益群体分析的目的和含义

利益群体分析的目的是通过对项目活动所有相关者（个人、单位）的利益分析（直接、间接、正面、负面），来确定项目的长远目标和宏观影响，明确项目的最高目标和主要受益群体。

在利益群体分析中要研究项目应采纳谁的目标，即谁的利益和观点应该优先。多数情况下采用集中主要群体利益为主导的方法。要认真考虑引起的对立，是否可以避免或缓解，如果不能避免或缓解，分析受损者（如征地搬迁等）的赔偿或补偿政策和措施，以及会对项目带来什么样的影响。

利益群体分析的另一个主要方面是对项目可能带来的环境和社会影响的分析，一般应是项目规划必须包含的重点内容，因为生态环境和社会影响

---

① 系统分析法逻辑框架法与项目分析. https://wenku.baidu.com/view/eebd7c607e21af45b207a807.html

是项目长远的、可持续发展目标的核心,而政策调整则可能是影响全局的宏观问题。

2.利益相关者分析方法

项目利益相关者是指那些能影响项目目标的实现或被项目目标的实现所影响的个人或群体。

操作步骤如下:

(1)"头脑风暴"得出利益相关者"清单",要列出所有的利益相关者。

(2)用"利益相关者"表鉴别各利益相关者的利益所在。常用的分析表格有鉴定利益相关者利益所在表、鉴定利益相关者重要性和影响力表、明确目标群体及优先性表等三个表。以某社区安全建设项目为例,在项目前期需求调研时,居委会工作人员和居民反映社区存在的问题主要有以下几个方面,一是业主与开发商的矛盾突出,原因是安装的电梯不符合要求,存在"小牛拉大车"的问题;二是停车位极度紧张,小区住房有4000多户,但停车位仅有900余个,居民只好把车停在道路上,严重影响到消防安全;三是社区安全问题比较突出,年年都有失盗现象。社会工作者可以针对每一个问题进行利益相关者分析。在此以社区安全问题为例,首先,要鉴定利益相关者利益所在(见表4-3)。

表4-3 鉴定利益相关者利益所在表

利益相关者	利益所在	正/负	与项目的关系
社区居民	1.学习各种防盗安全知识 2.居民的安全意识得到提高	+	主体、受益人
社区居委会	1.消除社区内存在的安全隐患 2.社区居委会工作人员的安全意识得到提高	+	受益人、合作者
物业公司	1.消除社区内存在的安全隐患 2.物业公司工作人员的社区隐患风险评估能力得到提升	+	受益人、合作者
政府	1.项目的成功 2.社区安全得到保证,居民安居乐业	+	资源提供者、控制者

在鉴定利益相关者利益所在之后,还要鉴定利益相关者利益的重要性和影响力(见表4-4)。

表4-4 鉴定利益相关者重要性和影响力表

利益相关者 stakeholders	重要性 importance	影响力 influence
社区居民	5	1
社区居委会	4	3
物业公司	2	2
政府	5	5

说明:进行利益相关者的"影响力"以及项目对各自的"重要性"分析,"1"为基本不重要或没有影响力,"5"为非常重要或影响力很大。

利益相关者的利益、重要性和影响力分析之后,还要对项目的目标群体及其优先性进行分析,确定项目服务的目标群体是社区居民(见表4-5)。

表4-5 明确目标群体及优先性

不同的优先性		重要性 importance	
		高	低
影响力	高	政府: 得到并保持他们的支持至关重要	社区居委会: 不是关注重点,但他们的利益不可被忽视
	低	社区居民: 关注重点,需要特别保护其利益(目标群体)	物业公司: 不是关注重点,但对他们要稍加注意和检测

第二步:识别服务方向,确定服务领域

针对居委会工作人员和居民反映社区存在的问题,社会工作者要从居民需求、政府购买服务需求、社会组织专业优势等三个方面进行分析,居民需要、政府关注、社会组织能做三方交叉的问题,应该是最优选择。首先,对社区居民来说,三个问题都需要解决。其次,从政府角度看,现行政策明确政府向社会组织购买服务的支持重点为民生保障、社会治理、公益慈善等领域,公共安全、扶贫济困、防灾救灾、公益宣传等都是适宜由社会力量承担的服务事项。那么,在业主与开发商的矛盾问题、停车位紧张问题和社区安全问题三个问题中,显然,社区安全问题是政府最为重视的问题。最后,从社会组织的角度分析,引发业主与开发商矛盾的根本原因是安装的电梯不符合要求,要改变现状,需要开发商继续投资,这不是社工能够解决的问题;停车位问题可以通过建立立体停车场的办法解决,但需要大量的投资,也不是社会组织的能力所及;而社区安全宣传、安全教育,则是社会工作者的长项。综合分析的结果,社会工作者与社区居委会负责人商定,开展社区安全服务项目(见图4-3)。

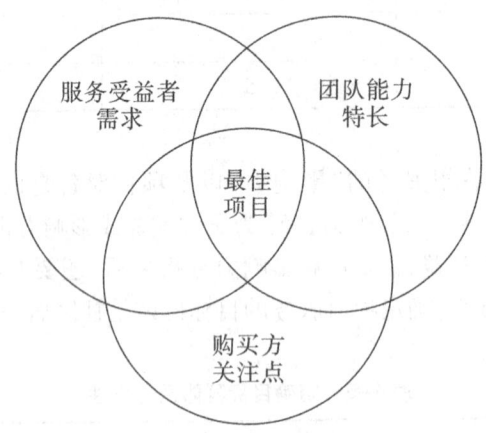

图4-3 服务项目选择

第三步:问题分析,构建"问题树"

在项目利益群体调查和分析的基础上进行"问题分析",是要找出项目主要目标群体的核心问题,即需要项目解决的核心问题是什么?根据前边确定的服务方向,社会工作者与社区居委会共同决定开展社区安全建设项目,以居民反映的"社区经常发生失盗事件"为核心问题进行分析,构建"问题树"。

操作步骤如下:

(1)列出所有的问题。为方便起见,在此仅列一个问题。

(2)建立"问题树"。在"树型"结构/层次中建立问题间的因果关系。

(3)通过分类、归纳、集中,识别出目标利益群体的核心问题、形成原因和产生的后果。

例:社区安全建设项目"问题树",下部是"经常发生失盗事件"产生的原因,一一列出。社区发生失盗事件是由多方面原因造成的,如居民门窗防护不严,居委会安全管理不到位,人们能从西院墙外假山翻墙进入院内等。"问题树"上部是现在的主要问题"经常发生失盗事件"所带来的后果,一一列出,如:社区经常发生失盗事件,会直接导致居民财产损失、居民情绪受到影响以及居民失去对管理方的信任等等(见图4-4)。

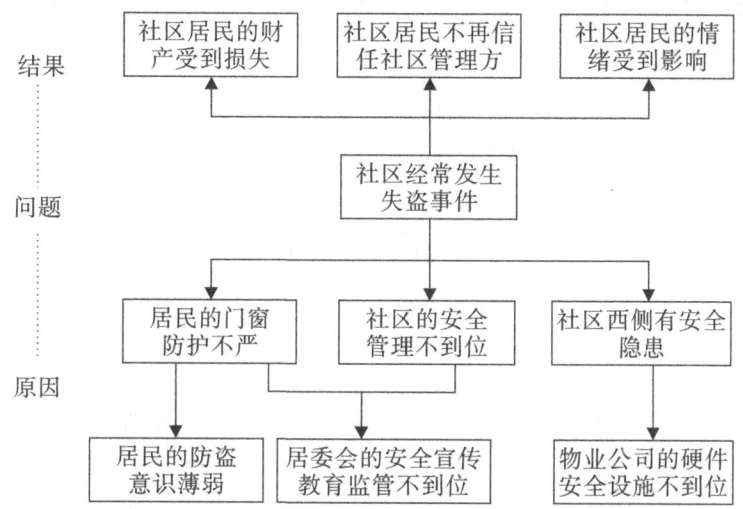

图 4-4　社区安全建设项目问题树

第四步:目标分析,构建"目标树"

目标分析是针对问题分析找出的"核心问题",通过研究提出拟实施项目所需实现的最终目标,包括宏观目标和直接目的,是用一种方式来表述在问题解决后未来达到的状态,确定在一定的条件下可能的解决方式,将负面影响转化成正面(期望的或实际的)影响。

操作步骤如下:

(1)把负面状态转换正面状态。系统地把问题分析的所有负面状态转变成正面状态,包括可以期望的和实际可能实现的,即自上而下地将"问题树"中的问题转化为理想状况或问题解决之后的状况;

(2)检查"手段—目的"关系,保证层次的真实和完整(因果关系转换成手段—目的的连接);

(3)改写有关文字,删除不实际、不合适、不便利或没必要的目标,必要的时候还需要修改说明、增加一些新目标,以便使之更加切题,并强调更高层面上目标实现的必要性;

(4)用线条明确彼此关联;

(5)得出目标树。

图 4-5 是案例"社区安全建设项目"的目标树分析过程,从问题产生不同层次的原因——居民门窗防护不严,居委会安全管理不到位,西院墙存在安全隐患等,提出微观、中观(宏观)的层次纲要目标——居民的门窗防护严密、社区的安全管理到位、社区西侧的安全隐患消除等,针对核心问题提出项目的直接目的——减少以至消灭失盗现象,并分析项目可能产生的作用

和影响——居民的财产安全得到保障,社区居民信任社区管理方,社区居民的心情愉悦,快乐生活。

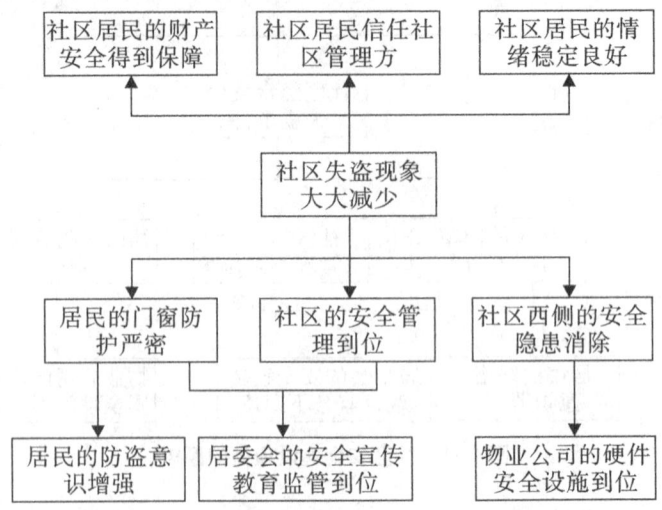

图4-5 社区安全建设项目目标树

第五步:对策分析,构建"对策树"

对策分析也称策略分析,是研究解决问题、实现目标的对策方案。对策分析要求达到:确定可以构架一个项目策略的方法;选择一个或多项对策方案;决定对策,形成项目。

构建对策树要对应前边的目标树进行分析,居委会方面,要加强针对居民有门禁不用的问题进行安全宣传和安全教育,并安装人脸识别系统;物业公司方面,要消除小区西侧的安全隐患,加高西院墙,并安装监控系统;社区居民要充分发挥门禁的作用(见图4-6)。

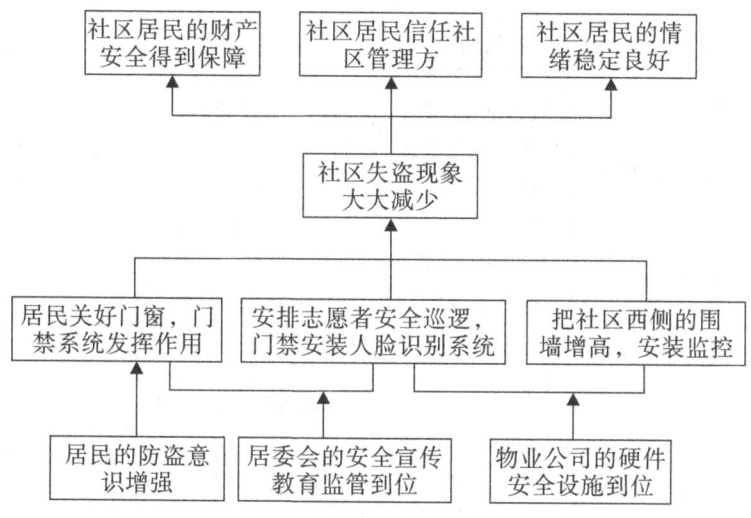

图 4-6 社区安全建设项目对策树

第六步:综合分析,形成项目逻辑框架

通过上述利益群体分析、选择服务方向、问题分析、目标分析和对策分析,分清了项目逻辑产出、直接目的和总目标的层次和相应的内容,再把需要投入的内容和指标确定下来,就可以形成项目的逻辑框架,从而形成项目方案(见表4-6)。

表4-6 社区安全建设项目逻辑框架

项目层次	客观验证指标	指标验证方法	重要外部条件
宏观目标: 改善社区的安全环境,提高居民的安全感,使居民的生活更加和谐安宁	(1)保障居民的财产安全 (2)居民信任社区管理方 (3)居民的情绪良好稳定	(1)基线测量法对比项目前后安全情况 (2)居民对管理方的评估问卷 (3)社工的实地观察	(1)保障项目资金 (2)社区、物业的配合 (3)居民的积极参与
具体目标: 社区内的失盗现象大大减少	失盗数量减少乃至消失	对社区内的失盗现象进行检测与统计	(1)居民将习得的知识运用到生活中 (2)社区的安全宣传教育与监管到位 (3)物业增设安全设施到位

续表 4-6

项目层次	客观验证指标	指标验证方法	重要外部条件
项目产出： (1)组织居民开展活动：安全宣传、培训、演练、团体活动等 (2)安全隐患评估 (3)社区、物业进行安全隐患整改工作	(1)社区活动×场 (2)居民安全意识提高×% (3)评估报告1份 (4)整改意见1份 (5)消除安全隐患×处	(1)活动产出资料 (2)社工介入影响测量方法 (3)安全隐患整改情况 (4)社工的实地观察	(1)保障项目资金 (2)居民的积极参与 (3)社区、物业的配合
项目投入： (1)资金投入 (2)人员投入	(1)政府购买资金×万 (2)项目执行团队5人	(1)签订项目合同书 (2)资金拨付清单 (3)组建项目执行团队并进行合理分工	(1)项目得到批准 (2)资金得到批准并落实 (3)项目执行人员到位

三、逻辑框架法的目标层次

（一）逻辑框架的目标层次

逻辑框架汇总了项目实施活动的全部要素，并按宏观目标、具体目标、产出成果和投入的层次归纳了投资项目的目标及其因果关系（见表4-7）。

表4-7 逻辑框架目标层次

宏观目标	(1)通常是指高层次的目标，即宏观计划、规划、政策和方针等，宏观目标可由几个方面的因素来实现 (2)宏观目标一般超越了项目本身的范畴，它是指国家、地区、部门或投资机构的整体目标以及项目对其可能产生的影响
具体目标	是指"为什么"要实施这个项目，即项目要达到的结果或效果、效益和作用，即解决问题树中的关键问题
产出成果	项目的产出或成果是项目行动方案的结果，"产出"是指项目"干了些什么"，即项目的内容或投入的产出物。一般要提供项目可计量的直接结果
投入和活动	投入是实施项目、取得项目成果、实现项目目标所必需的"原材料"，投入要针对具体的活动设计，要保证活动的实施，包括资金、人力资源（包括项目团队）和时间的投入。项目活动是指在规定的时间里把项目投入转化为预定产出或成果的活动，要列入取得成果所需要的所有活动，活动要和产出直接有关

1. 宏观目标

项目的宏观目标即宏观计划、规划、政策和方针等所指向的目标,该目标可通过几个方面的因素来实现。宏观目标一般超越了项目的范畴,是指国家、地区、部门等购买方的整体目标。这个层次目标的确定和指标的选择一般由国家或行业部门选定,一般要与国家发展目标相联系,并符合国家产业政策、行业规划等的要求。例如,民政部实施的"牵手计划"项目,是在党的十九大报告对坚决打赢脱贫攻坚战提出明确部署的大背景下,动员社会力量参与脱贫攻坚,发挥社会工作在确保精准扶贫、增强贫困地区内生动力、推进可持续发展等方面的独到作用。

2. 具体目标

具体目标也叫直接目标,是指项目的直接效果,是项目立项的重要依据,一般应考虑项目为受益目标群体带来的效果,主要是社会和经济方面的成果和作用。这个层次的目标由项目实施机构和独立的评价机构来确定,目标的实现由项目本身的因素来确定,即要解决问题树中的关键问题。

3. 产出成果

这里的"产出"是指项目"干了些什么",即项目的服务内容或投入的产出物。一般要提供可计量的直接结果,要直截了当地指出项目所完成的实际活动和服务,或改善机构制度、政策法规等。在分析中应注意,在产出中项目可能会提供的一些服务和机会,往往不是产出而是项目的目的或目标。

4. 投入和活动

投入是实施项目、取得项目成果、实现项目目标所必需的"原材料",投入要针对具体的活动设计,要保证活动的实施,包括资金、人力资源(包括项目团队)和时间的投入。项目活动是指在规定的时间里把项目投入转化为预定产出或成果的活动,要列入取得成果所需要的所有活动,要和产出直接有关。项目实施过程中,项目执行人员可以建立时间表保证活动动的实施。

(二)逻辑框架目标层次之间的逻辑关系

1. 垂直逻辑关系

上述各层次的主要区别是,项目宏观目标的实现往往由多个项目的具体目标所构成,而一个具体目标的取得往往需要该项目完成多项具体的投入和产出活动。这样,四个层次的要素就自下而上构成了三个相互连接的逻辑关系(见图4-7)。

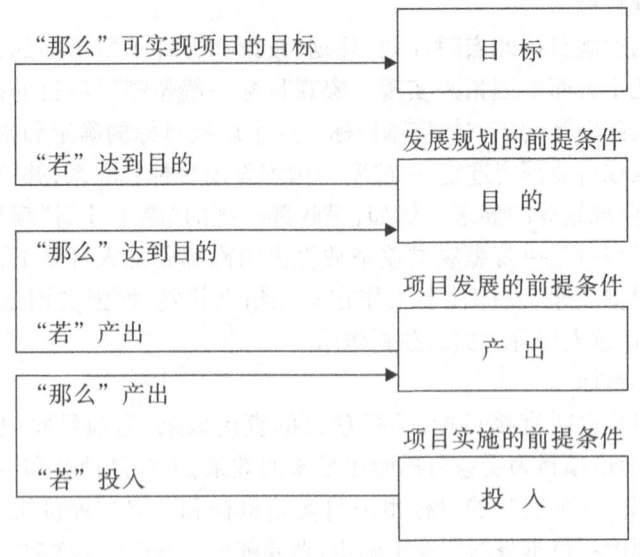

图4-7

第一级是如果保证一定的资源投入,并加以很好地管理,则预计有怎样的产出;第二级是如果项目的产出活动能够顺利进行,并确保外部条件能够落实,则预计能取得怎样的具体目标;第三级是项目的具体目标对整个地区乃至整个国家更高层次宏观目标的贡献关联性。这种逻辑关系在逻辑框架法中称为"垂直逻辑",可用来阐述各层次的目标内容及其上下层次间的因果关系。

2. 水平逻辑关系

水平逻辑分析的目的是通过主要验证指标和验证方法来衡量一个项目的资源和成果。与垂直逻辑中的每个层次目标对应,水平逻辑对各层次的结果加以具体说明,由验证指标、验证方法和重要的假定条件所构成,形成了逻辑框架法的4×4逻辑框架。

1) 客观验证指标

逻辑框架垂直各层次目标,应有相对应的客观且可度量的验证指标来说明层次目标的结果。为了证明层次目标实现的程度(成功度),逻辑框架采用的验证指标应具备下列条件:

(1) 验证指标必须清晰,能够量化,可以衡量,以测定项目的成功程度(见表4-8)。

表 4-8　社区安全建设项目成功程度量化指标

目　标	验证指标
社区居民楼门禁安装人脸识别系统	年底前 20 幢居民楼 40 个单元的门禁全部安装上人脸识别系统
社区西侧围墙加高	社区西侧围墙由原来的 1.8 米加高至 2 米
在社区围墙安装监控设施	根据围墙的长度,在拐角处安装一个 360 度的摄像头,然后每隔 35~50 米加装一个摄像头,保持每个摄像头的拍摄区域为 15~20 米

（2）验证指标与对应目标具有逻辑关系,且设定明确、合理。如社会工作者经过调查得知,居民楼每个单元都安装有门禁,但没有发挥作用,其原因是居民嫌麻烦,进门还需要刷卡或者按密码,特别是老年人,记不住密码,那么,如果安装人脸识别系统,只需要麻烦一次,以后直接刷脸,简单、省事,符合逻辑,20 幢居民楼 40 个单元,指标明确。

（3）验证指标与层次目标一一对应,而且是唯一的。如:社区有 20 幢居民楼,每幢楼 2 个单元共 40 个单元,所以,安装人脸识别系统的数量只能是 40 个。

（4）验证指标必须是完整的、充分的、定义准确的,如社区安全建设项目,物业公司安装监控设备,验证指标是"截至 2020 年 6 月 30 日前,社区围墙四周安装 20 个监控摄像头,其中 4 个 360 度摄像头,16 个普通摄像头"。

（5）验证指标必须是客观的和具体的,譬如社区安全建设项目,安排安全教育讲座 5 场,每次参与的社区居民不少于 50 人。

（6）验证指标的准确性。准确的指标应该包括明确的定义、定量的数据和定性的表述以及确定的时间,譬如,大学生志愿者参与社区安全调研活动（见表 4-9）。

表 4-9　社区安全建设项目验证指标

第一步:特征	指标的定义:大学生志愿者
第二步:定量	大学生数量:50 名
第三步:定性	哪个专业:社区管理与服务专业学生
第四步:日期	什么时间:2019 年 9 月

2）验证手段

在逻辑框架水平逻辑层次上,对应验证指标的是验证手段。验证手段就是主要资料来源（监测和监督）和验证所采用的方法。验证方法可采取社会工作评估常用的方法,如基线测量方法、目标实现程度测量方法、任务完成情况测量方法、介入影响测量方法,等等。

3. 重要的假定条件

重要的假定条件主要是指可能对项目的进展或成果产生影响,而项目管理者又无法控制的外部条件,即风险或制约条件。例如,2020年全国范围内爆发的新型冠状病毒肺炎疫情,就严重影响到社会服务项目的进度和效果。项目的假定条件很多,一般应选定其中几个最主要的因素作为假定的前提条件。

对社会服务项目来说,一般情况下项目的原始背景和"投入/产出"层次间的假定条件较少,因为一旦社会服务机构申报的项目获得政府购买,就必然规定了项目总金额即投入数量;"产出/目的(具体目标)"层次间所提出的不确定因素往往会对"目的/目标(宏观目标)"层次产生重要影响,如新型冠状病毒肺炎疫情防控导致项目不能如期实施,或不能按预定计划实施(譬如,面对面和个案辅导改为线上辅导),都会影响服务活动的效果,进而影响到项目目标的达成(见图4-8)。

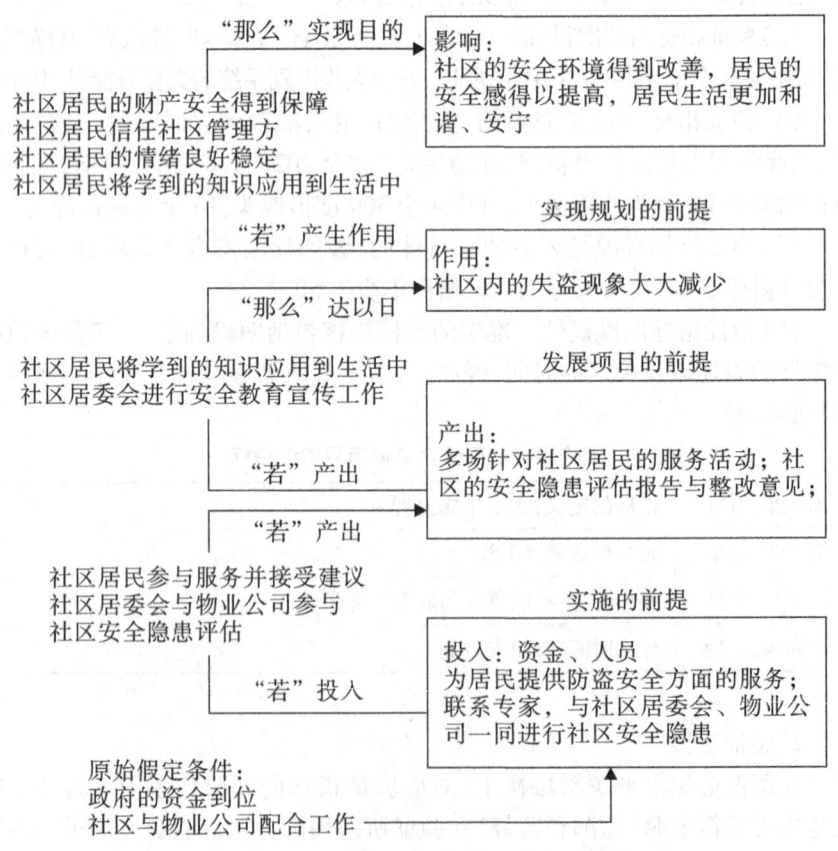

图4-8 社区安全建设项目重要假定条件

在项目的水平逻辑关系中,还有一个重要的逻辑关系就是重要假设条件与不同目标层次之间的关系,主要内容是:

(1)一旦前提条件得到满足,项目活动便可以开始。对社会服务项目来说,原始假定条件就是政府购买服务的资金到位,项目启动,社工开展安全宣传、安全教育培训、消防安全演练等等活动,同时对社区存在的安全隐患进行评估。

(2)一旦项目活动开展,所需的重要假设得到了保证,便应取得相应的产出成果:多场宣传、培训、演练等活动;专家出具社区的安全隐患评估报告,并提出整改意见;社区居委会组织社区的志愿者行动起来,排班进行治安巡逻;社工机构、社区居委会、物业公司协商,进行整改,加高小区西侧围墙,消除安全隐患。

(3)一旦这些产出成果实现,同水平的重要假设得到保证,便可以实现项目的直接目标:社区居委会监管到位,物业公司的硬件安全设施到位、社区失盗案件大大减少以至消失。

(4)一旦项目的直接目标得到实现,同水平的重要假设得到保证,项目的直接目标便可以为项目的宏观目标做出应有的贡献:社区的安全环境得到改善,居民的安全感得以提高,居民生活更加和谐、安宁。

总之,逻辑框架分析方法作为一个分析程序和帮助思维的模式,社会服务项目设计的过程中加以运用,对于项目决策者、管理者和评价者来讲,可以事先对项目要解决的问题进行细致的分析,明确项目应该达到的具体目标和实现的宏观目标,以及可以用来鉴别其成果的手段,对项目的科学设计和实施大有裨益。

第五章 政府购买社会服务项目执行

项目执行又称为项目实施,是指正式开始为完成项目而进行的服务活动或努力的工作过程。由于项目产出(最终可交付成果)是在这个过程中产生的,所以该过程是政府购买服务中最为重要的环节。在这个过程中,项目负责人要协调和管理项目中存在的各种技术和组织等方面的问题,统一项目的执行团队的认识和思想,把方向引导到正确的方向;项目执行者要严格执行实施方案,采用恰当的方法和技术,把各项活动落到实处,并对项目执行过程中存在的问题进行反思,提出改进的意见和建议。在此过程中,严格按照合同约定,做好资料留存和归档工作。

项目执行过程根据工作内容和工作重点的不同可以划分为三个阶段:项目启动阶段、实施阶段和结束阶段(见图5-1)。

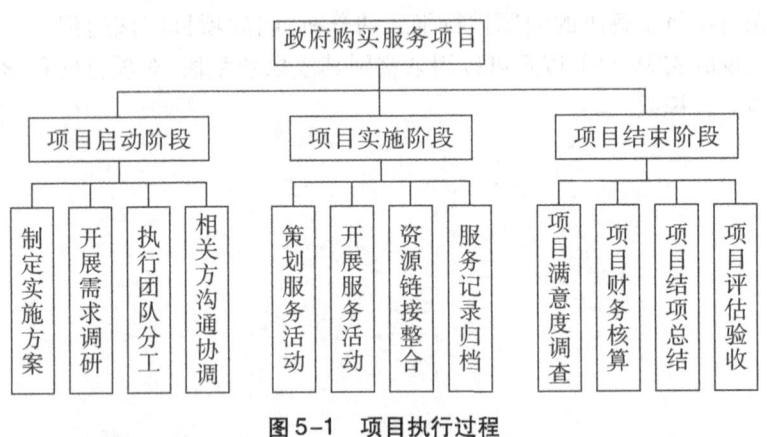

图5-1 项目执行过程

本章内容将对不同阶段的重点任务分别加以阐述,为避免重复,前边章节已经介绍过的内容,如项目启动阶段的服务对象需求评估等内容,本章将不再赘述。

第一节　政府购买服务项目启动阶段

社会组织申报项目获得购买方立项后,双方签订协议,就进入了项目执行阶段。在开始正式的服务活动之前,必须事先做好一系列的准备工作,这个过程可以称为项目的启动阶段,以便为后续的项目执行创造有利的环境。项目启动阶段的重点任务主要有制定实施方案、开展需求调研、执行团队分工、与相关方沟通协调等。

一、制订项目实施方案

(一)项目实施方案概念

项目实施方案也叫项目执行方案,是指正式开始为完成某项目而进行的活动或服务过程的方案制定,项目实施方案将项目所实现的目标效果、项目前中后期的流程和各项参数(包括项目范围、质量、成本、时间、资源等)做成系统而具体的方案,来指导项目的顺利进行,是项目能否顺利和成功实施的重要保障和依据。

项目申报书即标书(bidding documents),是由发标单位编制或委托设计单位编制,向投标者提供对购买服务的主要方法和技术、质量、工期等要求的文件。标书是招标工作时采购当事人都要遵守的具有法律效应且可执行的投标行为标准文件,它的逻辑性要强,不能前后矛盾,模棱两可,用语要精炼、简短。政府在向社会组织购买服务时,首先要发布招标公告,社会组织以项目申报书的方式按照要求进行投标,项目申报书的内容自然是高度概括甚至是原则性的,项目执行时很难完全按照申报书付诸实施,因此,进入项目执行阶段后,需要制定翔实的项目实施方案。

(二)项目实施方案的特点

1.具体性

实施方案要把的目标要求、工作内容、实施的方法步骤以及计划进度、预期效果等各个环节做出具体明确的安排,要落实到工作分几个阶段、什么活动什么时间开展、什么服务什么人负责、项目管理及监督如何保障等细微之处。

2.规定性

项目实施方案要根据项目申报书或申报表及项目管理办法来制定,要根据所要执行项目的目的、活动内容及项目执行单位的实际情况来制定,而不能随意发挥。

3. 强制性

项目实施方案一旦制定出来，项目执行单位就要按照实施方案认真组织实施，具有强制性。有时，购买方还会要求把项目实施方案作为项目合同的附件，与合同具有同等法律效力，项目的实施、管理和考评都将以《实施方案》作为依据。

(三) 项目实施方案的内容

项目实施方案不同于一般单位的活动实施方案，项目实施方案的制定有一定的程序，一般来说包括以下几部分：

1. 项目目标

说明实施本项目要达到的目标，包括总体目标和具体目标。

2. 项目详细服务内容

说明项具体内容和技术要求等，在项目实施方案创建过程中，这一部分内容能量化的指标尽可能量化，如，某空巢老人服务项目，预计完成社区宣传活动 5 次、小组活动 2 个系列各 6 次活动、个案服务 1 个 10 次、健康知识讲座 5 场。

3. 项目实施要采取的方法和手段

如北京市大兴区助兴社会工作事务所开展的空巢老人服务项目，采取有手段是"秉持社会工作助人自助"的理念，采取专业工作方法，通过"社工+义工"的形式，注意发掘社区中的爱心力量，让空巢老人在接受服务的同时，提高自我照顾的能力，逐渐形成社区老人自助互助的社会氛围。

4. 项目预期效果

说明项目完成时所达到的有形或无形的效果，例如，助兴社会工作事务所开展的空巢老人服务项目，"让空巢老人在接受服务的同时，提高自我照顾的能力，逐渐形成社区老人自助互助的社会氛围"为无形效果，而"把社区的老年人组织起来，成立志愿服务队"，则是有形成果。

5. 项目工作进度安排

要详细说明各阶段工作安排的时间和项目工作内容完成的时间，需要项目实施方案的负责人对项目有全方位的掌控和评估能力，尽力让项目实施的时间进度与方案所计划的时间吻合。

6. 实施组织形式

详细说明承担单位、协作单位和各自分工的主要内容，还以社区空巢老人服务项目为例，项目承担单位是助兴社会工作事务所，协作单位是街道社区服务中心和××社区居委会。

7. 项目实施预算表

这是项目实施方案中非常重要的一项内容，购买方可以据此评估项目的价值和项目所能为服务对象带来的效益。

(四)对项目申报书进行微调

一般情况下,项目申报获得政府的立项,说明项目申报的基本内容获得了政府的认可,但由于主客观因素的影响,项目执行的时间、地点、批复金额等可能会发生一些变化,因此,制订项目实施方案时需要对项目申报书的内容进行微调,但不宜做大的改动,在项目框架、基本内容、服务对象等方面,要与项目申报书保持一致。

1. 项目微调遵循的原则

(1)项目目标不变,活动形式可以微调。在撰写项目申报书的时候,目标和预期成效都是明确规定的,也是购买方重点关注的内容。例如,助兴社会工作事务所实施的平安社区建设服务项目,总目标是"通过本项目的实施,提高社区居民的安全意识,改善社区的安全环境,增强居民归属感,促进社区融合",这个目标不能改变,实施方案调整要围绕这一目标进行,但项目的服务内容和形式可以调整,例如,原来计划采用发放宣传材料的方式,现在可以调整为安全知识抢答赛的形式进行。

(2)预算内容不变,预算金额可以微调。政府部门在向社会组织购买服务时,有时会根据项目申报内容和服务对象规模等情况适当消减项目申报的资金数额。在这种情况下,政府部门的项目批复资金与项目申请的资金不一致,那么,制定项目实施方案时就需要按照批复金资金的数额编制财务预算,就是说项目预算内容要和立项金额一致。例如,某社工机构的项目申请资金是 10 万元,最后立项时批复资金是 8 万元,那么,项目实施方案中财务预算需要按照 8 万元的额度进行调整,也可以项目的某一项活动内容的金额减少而另外一项活动金额保持不变。但是要注意,虽然项目资金减少了,但服务内容不能变,例如,项目申报书中计划的服务内容有个案服务、小组活动和社区活动,制定实施方案时不能因为资金减少了,就可以不做个案服务,把个案服务减掉,要保持项目设计整体的完整性。

(3)服务内容不变,活动场次可以微调。制订项目实施方案时,要根据具体情况的变化进行微调,如果是项目批复资金减少了,就要重新编制项目预算,在活动内容和费用标准不变的前提下,可以通过适当减少活动场次的方法减少预算金额,如原计划开展 10 次培训活动,每次讲师的讲课费预算为 1000 元,培训活动总预算为 10000 元;实施方案调整后的预算可以减少为 8 次培训活动,讲师培训费标准不变,这样培训活动的经费就减少为 8000 元,当然也可以培训场次不变,降低培训标准,每次讲师的讲课费由原来的 1000 元调整为 800 元,培训经费同样减少为 8000 元。

(4)服务群体不变,服务规模可以微调。项目对象的数量可以适当调整,但是服务人群不能发生变化。根据立项资金或者其他渠道募集的资金,对服务人数可以适当增加或者减少。例如,某机构"牵手计划"项目的服务人群是困境儿童,原计划服务规模是300人,由于募集的资金发生变故而不能到位,可以适当减小服务规模到200人左右。

(5)实施周期不变,项目进度可以微调。一般情况下,政府部门在向社会组织购买服务时会明确项目的实施周期,项目的执行时间在项目立项不会改变。但是因种种原因,有时项目立项的时间会拖后,有时会被要求提前结项,与原计划实施时间相差比较大,这样就需要适当地调整项目的进度。如项目方案中的执行时间是2017年2月1日至2017年12月31日,但直到2017年3月中旬才获得立项,而且购买方要求11月底就要结项。在这样的情况下,就需要调整项目的进度,合理调整各阶段的任务,确保项目按时完成。

总之,项目实施方案的具体内容与申报书的出入不能太大,规模、数量、活动方式、项目进度等可根据具体情况适当调整。

2. 提交调整说明

相对于申报表的所有调整都必须明示,形成调整说明,调整说明要明确详细,并与项目申报书一一对应。所有调整的内容必须说明调整理由。

二、细化项目服务计划

项目计划是项目实施方案的核心内容。一个成功的项目需要通过精心策划的计划、进度和预算等来完成,项目的实施计划表现为整个项目实施的所有步骤,涉及要制订完成的目标及其相应的工作,包括进度计划和成本预算、成本管理计划与风险管理计划等。其中一个重要任务是编制项目进度计划。

项目进度计划是根据项目实施具体的日程安排规划整个工作进展。编制项目进度计划,一般需要经过以下步骤:

(一)明确项目目标

在制订服务计划之前,要明确项目要达到的目标,包括总目标和具体目标,具体目标又包括活动分目标及阶段性目标,时间标准、最终目的、实现效果等要素,比如:在两周之内完成服务对象需求调查并且写出一篇高质量的调查报告。再如,"社区社会组织培育及能力提升项目",项目的核心目标有两个,一个是培育社区社会组织,二是提升社区社会组织能力包括团队能力和骨干成员的能力,因此,项目预计的所有活动都要围绕项目目标的达成,定期、持续进行宣传、培训、督导、团队建设、参观交流,等等。

(二)分解项目任务

项目活动不是随便安排的,都是为了达成项目目标而精心设计的,因此,一个项目的所有活动都不是孤立的,项目活动之间具有逻辑关系。例如,服务对象需求调研一定要在项目启动阶段进行,为项目后续服务内容的展开奠定基础。因此,在制订服务计划时,需要根据项目服务内容之间的逻辑关系确定需要完成的时间段,然后根据项目活动的实施期限对项目内容进行分解,明确每季、每月甚至每周的工作安排。任务分解要体现专业服务的层次性,服务时间的先后顺序要具有逻辑性。例如,"社区社会组织培育及能力提升项目",项目申报书中的服务计划只是描述了工作方法和途径,对项目内容进行简单的介绍,而在项目实施阶段,就需要对任务做细致、明确的安排,包括时间、活动方式、负责社工、活动指标和活动频率等,使项目执行人员能够明确在什么时间需要完成什么任务。

案例展示 5-1

2019"牵手计划"项目服务计划

活动时间	活动内容
2019年5月	做好项目实施准备工作,包括: (1)规划和设计服务项目、制订实施方案 (2)设计、制作项目横幅和旗子 (3)设计、制作项目宣传折页 (4)设计、制作项目宣传展板 (5)设计、制作调查问卷、培训学习和考证辅导材料
2019年6月	(1)项目启动,进行需求调研 (2)个案辅导5次 (3)职业水平考试辅导8场 (4)社区宣传活动1次 (5)小组活动2组各4次
2019年7月	(1)个案辅导5次 (2)小组活动2组各2次 (3)社会工作培训2场 (4)社区宣传活动2次 (5)社区活动2次 (6)社会组织督导4次 (7)团队建设2次 (8)家庭教育讲座1次

续表

活动时间	活动内容
2019年8月	(1)社会组织培育孵化,包括注册指导等 (2)社会组织督导2次(完成) (3)团队建设2次(完成) (4)家庭教育讲座1次(完成) (5)协同牵手组织实施社会服务项目 (6)项目中期评审
2019年9月	(1)协同牵手组织实施社会服务项目 (2)个案辅导(结案)
2019年10月	(1)完成1个社会组织注册工作 (2)结项总结

三、组建项目执行团队

(一)项目执行团队的含义

项目执行团队是根据项目需要组建起来的,由为数不多的、相互之间技能互补的、具有共同的价值理念,愿意为共同的目的和业绩目标而奋斗的一群成员组成的群体。项目执行团队成员间基于相互间的沟通和信任,通过分工合作,各自承担责任,产生群体的协作效应,从而获得比个体成员绩效总和更大的团队绩效。项目执行团队成员可能来自于同一个社会服务机构中不同的职能部门,也可能来自于不同的社会组织。比如,有的项目聘请外部专家作项目督导,与项目执行人员一起组成项目执行团队。项目执行团队是临时组成的一个群体,它将随项目任务的完成而终结或解散。

(二)项目执行团队分工

项目执行团队组建以后,要落实项目负责人,对工作人员进行分工,明确各自的任务和责任。

1. 确定项目及项目各项活动的负责人员

项目负责人是项目最后执行好坏的关键,要从专业、经验、资格、能力等诸多方面综合考虑、慎重选择项目负责人,确定后对其充分信任并赋权,委托其代表社会服务机构处理项目运转中的各类问题。

2. 明确项目内部监管责任人

项目监管内容主要包括三个方面:项目过程监管、项目效果监管、满意度评价。项目过程监管主要包括各种文案、考勤情况、活动情况、资源拓展表现、宣传实效等内容,通过文字、图片、视频等形式检查服务的具体介入过程是否按照项目执行方案开展服务活动,以及服务次数如何、方法如何、有没有资源链接、宣传效果如何等。项目效果监管主要包括目标成效、服务对象满意程度,只有项目目标实现了、服务对象满意了,才是优质的服务项目。委托单位对项目的评价主要是服务目标是否实现,特别是服务有没有形成亮点,有没有创新。在具体实施过程中,机构主要是通过这些内容来对项目进行监管,项目实施人员在实施过程中需要把这些目标融入项目实施过程中去。

3. 明确项目督导责任

项目督导是社会工作专业训练的一种方法,它是由机构内资深的社会工作者或机构聘请的专家,对一线项目执行人员、实习学生及志愿者,通过定期和持续的监督和指导,传授社会工作专业服务的知识和技术,以增进其专业技巧,促进其专业成长并确保项目服务质量的活动。

项目督导的内容主要是行政性督导、教育性督导和支持性督导。

项目行政性督导主要在三个方面开展:一是对项目执行人员与协作方沟通、协调方面的督导。项目执行人员大多是年轻的社会工作者,一方面工作经验不足,沟通协调能力不够强,另一方面,协作方会因为其年龄比较小而不能给予足够的重视,因此,应给予沟通技能方面的督导。例如,定期拜访协作单位领导或负责人,及时了解对方的需求和工作安排,了解用人协作单位对于社会工作服务的评价和期望,在尽量不给对方增加麻烦的情况下,妥善安排好项目活动。二是项目实施进度方面的督导。合理安排项目各项活动的进度,按时按要求向机构和项目购买方或监管方提交项目进度等资料。三是财务方面的督导。年轻社会工作者的财务知识比较欠缺,对报销流程和相关要求不太清楚,因此,这方面的督导也必不可少。

项目教育性督导主要在两个方面:一是专业理念方面,指导社会工作者把专业理念渗透到项目服务活动中,在策划活动方案时要注入专业理念,在整个服务过程中融入专业理念,在一言一行中体现专业理念,同时,指导社会工作者对专业价值观的认同和自我的认同,坚定职业信念,在实践中成就其社会工作者的专业情怀。二是专业理论和知识方面,在项目活动准备阶段,指导项目执行社工在实施项目时"站位"要高,从运用的理论或模式层面对项目实施方案和活动方案进行顶层设计;在项目实施阶段,重点对项目执行社工进行实务专业方法、专业技巧方面的督导,在督导方式上,可以采用个别督导、小组督导,也可以采取文案督导、现场督导或培训会议等方式,因时制宜,因地制宜,因人制宜,灵活多样。

支持性督导在项目执行过程中同样重要。在项目实施过程中,社会工作者会遇到各种各样的困难和问题,尤其是在时间紧、任务重的情况下,不可避免地会给社会工作者带来思想上的压力和情绪上的困扰。这时就需要督导者向其提供心理和情感上的支持,促使其感受到自身的价值,帮助其处理负面情绪,从而轻松地面对工作。

四、与项目执行相关方进行沟通和协调

(一)项目执行相关方

一个项目的顺利实施,需要多方面的通力合作,包括项目购买方、执行方、落地方以及其他利益相关方。

项目购买方在与承接方签订合同之后,有权对承接方如何执行项目提出具体要求,有权对项目实施的全过程进行监管,并委托具有资质和经验的第三方机构对项目的日常开展实行全程监督、指导,有权要求项目承接方随时提供项目进展情况的报告及相关材料,有权对项目进行评估和财务审计。如果项目承接方在项目实施过程中出现不符合相关规定或不按合同的约定执行的问题,有权要求项目承接方进行整改,对项目承接方不执行或达不到整改要求的,有权暂停直至终止项目实施。

项目执行方与购买方签订的合同书,往往会把项目申报书或项目实施方案作为附件,项目执行方须按合同约定的内容和要求及时提供项目进展情况报告,配合项目购买方及购买方委托的第三方评估机构开展项目实施情况的监督检查;项目实施结束时,按要求向购买方或第三方提供结项报告、绩效报告及相关证明材料等。因非主观因素等原因出现影响项目按要求实施的情况时,项目执行方需要向购买方提出调整项目内容的要求,待批准后方可调整。

项目总是要落地的,那么落地的单位自然就成为项目的协作方。如项目落地在社区,社区居委会就成为项目的协作方;如项目落地在学校,学校就成为项目的协作方;如项目落地在敬老院,则敬老院就成为项目的协作方。项目的实施需要得到协作方的配合和支持,如场地、设备、活动时间等,都需要得到相关单位的帮助。

(二)项目实施需要与相关方沟通协调

项目的时限性和不可逆性使沟通和协调变得异常重要,及时、高效的沟通、协调在项目执行过程中发挥着重要作用。如果得不到协作方的支持,项目就不能按期实施甚至无法进行。例如,某机构执行的一个项目,项目正式实施前与项目落地单位及其负责人协调的很好,但因负责人临时变更,新任负责人对项目背景和项目活动不了解甚至不认可,项目活动的时间、场地等不能落实,导致项目无法如期实施,最终,项目承接方不得不申请延期。

(三)与协作方沟通和协调的方法

1.项目设计时与协作方沟通

通过项目需求评估,项目申报单位基本可以选定项目实施地点。但项目相关方的态度如何,是否愿意接受?项目申报单位需要与准备落地的相关单位沟通,把项目的目的、内容、计划进行解释和说明,特别是项目实施能够给落地单位带来什么效益要说清楚,如果对方愿意或者欢迎项目落地,则需要进一步和对方协商需要相关方配合的事项。这样,项目设计的内容和计划是相关方参与制定的,是得到相关方认可的,这些会为以后项目的顺利实施奠定坚实的基础。

2.项目实施前与协作方对接

在项目实施前要与项目落地单位相关负责人一起,召开项目对接会,主要议题是协调项目实施计划,项目执行单位一定要提前做好充分的准备,研讨事先制定好的服务计划,确定每项活动的大致时间、地点、活动方式、负责人员,乃至需要准备的物品,等等,使有关人员能够明确自己的职责。例如,助兴社会工作事务所执行的"践礼修德我先行——未成年人文明礼仪养成教育"项目,实施地在一所小学内,项目对接会上,确定"践礼修德"系列小组活动的时间定于每周三下午,学生当天放学比其他时间早一个小时,一周一次;文明礼仪大讲堂活动定于周五下午,每月一次;入学仪式定于9月下旬,待一年级小学生基本适应小学生活之后举行;尊师重教活动定于老师节当天进行……成功的项目对接可以为项目的顺利实施提供可靠的保证。

第二节 社会服务项目实施阶段

项目实施阶段是整个项目执行最重要的阶段,投入人力最多,延续时间最长,资金和物资消耗最大,要完成的工作任务最重。项目负责人要全面掌握项目进展情况,指导、检查、协调各项工作,处理解决各种问题,使项目实施顺利进行。

本节重点论述项目实施阶段的重点任务,主要有活动方案策划、项目实施管理、活动资源链接、档案资料留存等。

一、做好各项活动策划

社会服务项目产出的主要形式是服务或活动,项目实施的具体内容是开展和完成服务计划设定的活动,而要进行活动,就必须进行活动策划。

(一)活动策划书的内容

活动策划就是对活动进行周密的构思和设计,进行主客体情况分析,全面安排各项资源的过程。活动策划是为明确的目的,有计划、有步骤地组织服务对象参与的社会行动,通常需要多方合作完成。活动策划以活动方案或活动书的形式体现出来。活动策划方案可以是单次活动,也可以是内容相同的系列活动,以单次活动为主。

1. 策划书名称

尽可能具体的写出策划名称,如"××活动策划书"。正规的策划书还要有封面,可以把题目置于页面中央,在封面上方注明"××项目",正文写出机构名称和日期。

2. 活动背景

活动背景主要介绍项目的基本情况、主要执行对象、组织单位、活动开展原因、社会影响以及相关目的动机。活动背景的描述要体现出活动的意义。

3. 活动目的和目标

活动目标包括总目标和分目标,应该与项目的目的或总目标一致,活动目标要具体化,可以用简洁明了的语言进行表述。任何活动的目的都很明确,一定要有实际效用才举行活动。例如,助兴社会工作事务所实施的"践礼修德我先行——未成年人文明礼仪教育项目",在小学生毕业前举行的毕业典礼上,社工策划了"谢师礼"活动,目的是"通过'谢师礼'这样的一个融合了传统感恩的、新颖的方式,向小学生弘扬中华民族的尊重师长的传统,通过塑造这种仪式感,让小学生学会感恩,懂得感恩,践行文明礼仪。"

4. 活动内容

这是策划书的主体部分,是体现活动创意的部分,也是最能体现活动策划水平的部分,主要回答的是"活动做什么、怎么做"的问题。一个成功的活动策划方案,要解决两大难题,一是选择什么活动内容以达成目标,二是选择什么活动形式来吸引服务对象。

(1)活动形式要新颖。形式多样、新颖的活动,不仅能让人耳目一新,还能吸引服务对象,使其愿意参加活动,如"儿童安全知识教育训练项目",活动形式有情景剧、抢答赛、猜灯谜等多种形式,寓教于乐,提高服务对象的参与度。

(2)活动内容要翔实。活动内容回答的是"做什么"的问题。活动内容要体现活动目标,并有助于活动目标的达成,要丰富、充实。社会工作者还可以写出活动体现的理念,运用的工作技术、知识和方法等等。例如,上述"文明礼仪教育养成项目",社会工作者策划了题目为"××小学'师恩如山,师爱似海'毕业典礼活动",其中的"谢师礼"环节,谢师礼摒弃传统谢师礼中较为浪费和复杂的"献束修礼"等内容,由鞠躬感恩、学生代表致辞、教师寄语和集体朗读四部分四部分内容构成。学生和教师互相之间的讲话最好控制在1分钟左右。从本环节开始,播放背景音乐,暂选为《慢慢千里行》的古风歌曲。集体朗诵的内容从《礼记·学记》《朱子家训》《朱熹朱子家训》三篇中选择较短并且对于小学生较为简单的《朱熹朱子家训》。

(3)活动要有可操作性。可操作性回答的是"怎么做"的问题。可操作性越强,活动成功率越高。例如,上述"文明礼仪教育养成项目",社会工作者还策划了具体的活动流程,包括主持词、四部分内容各自需要的时间、学生代表数量、老师代表数量、学生代表和老师代表的台位等,具有很强的可操作性。

5. 活动时间、日期、期限

活动时间安排要合理,一般情况下,活动要提前预留动员、组织服务对象的期限,具体时间节点要明确,如某项目社会组织的清明踏青活动通知,"踏青活动定于××年4月3日下午2:30举行,愿意参加活动的请于3月28日至4月1日到社区居委会报名"。

6. 活动地点

活动地点一定要写清楚,如果活动地点距离比较远需要乘车前往,需要把出发地点和活动地点都交代清楚。

7. 活动受益人和主要参与者

要写清楚活动的主要受益人及人数,譬如社区的老年人50人、儿童福利院的孤残儿童30名等。同时还要注明组织者及负责人,有时活动还有其他参与者如志愿者,也要写清楚。

8. 经费预算

活动需要的各项物资和费用,要根据实际情况编制预算,预算明细可以用表格的形式列出,看上去一目了然。

9. 应急预案

应急预案又称为应急计划,是为保证迅速、有序、有效地针对未发生但可能发生的突发事件开展预防与控制行动,尽量避免事件的发生或降低其造成的损害而预先制定的应急工作方案,主要解决"突发事件发生前做什么、事发时做什么、事发后做什么、以上工作谁来做"等四个问题,是应对活动中可能发生的各类突发事件的操作指南。

由于内外环境的变化,不可避免地会给活动方案的执行带来一些不确定性因素,因此,当环境变化时如何应对,如何避免意外事件的发生,应该在活动策划中加以说明。例如,助兴社会工作事务所实施的"相伴夕阳红——

社区空巢老人服务项目"健康知识讲座的应急预案:①场地及设施方面,提前一天检查多媒体设备,活动当天再带一台笔记本电脑和投影仪,以防万一;场地卫生保持干净整洁,桌椅按顺序排放,避免湿滑;②人员方面,社工提前1小时到场,进行准备工作;安排1名社会工作者,负责联系讲师,活动前一天与讲师确认时间和地点,活动当天负责接待讲师;安排2名工作人员在楼梯口,做好引领工作,培训开始前半小时到位;③若由于天气原因等一些突发因素的影响,造成本次活动不能如期进行时,组织人员要及时通知,并做出具体安排。

案例展示 5-2

活动方案范例:"九九重阳"远足活动策划方案

第六届全国职业院校民政职业技能大赛暨全国第三届高职高专社会工作学生实务能力竞赛,曾专门制定了社区活动策划方案的模板,并提供范例如下:

社区活动案例:某社区老年人人口已接近一半,重阳节将至,针对老年人的问题和需求,请策划一次社区老年活动。

活动方案范例:"九九重阳"远足活动策划方案

一、活动主题

社区"九九重阳"远足活动

二、活动目标

1. 为加强社区老人间的交流,增进邻里间的友谊,达到社区和谐的目的,特组织一次社区内55岁至65岁身体健康的居民参加"九九重阳"远足活动。

2. 让社区的老年人走出家门,融入社区融入社会,增强自信心,提高人际交往的能力,恢复其社会功能。

3. 让老人体会到家的温暖、儿女的爱心和社区的关心。

三、活动内容

1. 农历九月初九重阳节是我国的传统节日,又叫"老人节",是一个属于敬老爱老的日子。当天社区组织社区内的老人一起远足游园。

2. 在路途中组织陪同的儿女为自己的父母亲唱一首歌,或说出父母亲最大的爱好是什么,最爱吃什么,生日为哪天等游戏。

四、活动时间

2010年10月6日(农阳九月九日)早7:00到本社区北门集合乘车前往,下午5:00返回。

五、活动地点

丰台区北宫森林公园。

六、参加人员

1. 社区内的老人均可参加。

2. 可以让一位儿女陪同前行。

七、报名时间及地点

2013年9月15日至22日

八、负责人分配

1. 总协调：×××

2. 资金申请：×××

3. 横幅、通知、黑板报：×××

4. 摄影、摄像：×××

5. 报名登记：×××　×××

6. 急救药品管理：×××

7. 老人服务：社区全体工作人员

九、活动资金申请及预算

1. 活动资金按每人20元标准向街道申请，本次活动预计有100人参加，所需资金贰仟元整。

2. 预算：车辆租金：每车：500元，两辆车：合计壹仟元

门票：每人10元，有老年证的可免票。

十、应急预案

（一）车辆

与司机沟通，确保路途安全无事故

（二）人员

1. 本次活动老年人居多，从急救药品的配备上一定要针对老年人的常见病，多发病配备药品。

2. 组织社区工作人员进行一次急救演练，以防万一。

3. 查找沿途的医疗单位地址，留电话备用。

二、有序开展服务活动

有了服务计划，有了活动方案，下一步就是按照预定计划有序开展活动。在开展服务活动的过程中，要注意做到四个管理。

（一）计划进度管理

在项目实施的过程中，总会因为各种各样的意外情况或干扰因素而影

响到项目的进度,这时,做好进度管理就显得非常重要。

1. 建立进度控制目标

以项目服务计划为依据,按项目的组成、进展、阶段对项目进行分解,明确项目各项活动的进度控制目标,明确责任人,以分头实现各自的进度控制目标来确保总目标的实现。

2. 编制项目进度甘特图

在项目实施时,可以把项目活动进行分类,将同类活动进行分解,根据活动任务编制项目进度,甘特图无疑是一种很好的项目进度管理工具。

甘特图是20世纪由亨利·甘特提出的图表系统法,是一种理想的项目进度控制工具。甘特图基本是一组线条图,横轴表示时间,纵轴表示活动、任务等,线条表示计划和实际的活动完成情况。甘特图直观地表明任务计划在什么时候进行,以及实际进展与计划要求的对比情况。项目负责人由此可以非常方便地了解到项目的进展情况,当发现某项活动进度滞后时,可以采取一切必要行动使计划按时完成,或使计划在预期的许可延误范围内得以完成。例如,助兴社会工作事务所实施的"践礼修德我先行——未成年人文明礼仪教育项目"实施周期为2017年3月至10月,项目进度甘特图(见表5-2)。

表5-2 未成年人文明礼仪教育养成项目甘特图

项目内容		2	3	4	5	6	7	8	9	10
项目前期准备工作		■	■							
项目调研			■	■						
宣传活动				■	■	■				
个案辅导					■	■	■	■	■	
小组活动	"安全之旅"小组					■	■			
	"儿童绘本"小组						■	■		
亲子"宝护营"活动	亲子宝护营(幼儿园)				■					
	亲子宝护营(小学)					■				
安全演练活动	安全演练(幼儿园)						■			
	安全演练(小学)							■	■	
	安全演练(中学)					■	■			

续表 5-2

项目内容		2	3	4	5	6	7	8	9	10
安全讲座活动	安全讲座(幼儿园)			■						
	安全讲座(小学)				■					
	安全讲座(中学)					■				
参观活动	参观活动(幼儿园)								■	
	参观活动(小学)					■				
	参观活动(中学)						■			
志愿者活动	大学生志愿者活动				■	■	■	■		
	小学生志愿者活动					■	■	■		
督导活动	项目督导			■	■	■	■	■	■	
	小组督导				■	■	■	■		
项目总结收尾工作									■	■

(二)服务质量管理

社会工作服务质量管理,是一种对社会工作服务输出进行指挥和控制组织的协调活动,包括制定服务质量方针、质量目标、质量策划、质量控制、质量保证和质量改进,以及实现质量目标的过程[①]。在项目实施阶段,由于各项服务和活动必须在一定的期限内完成,人们往往忽视服务的质量,导致服务成效受到影响。解决这一问题,需要做好项目服务质量管理。

做好服务质量管理,最重要的是要在以下四个方面充分发挥督导的作用:

1.制订服务方案阶段

机构督导要严把质量关,确保服务活动方案的专业性。例如,个案服务,社会工作者对服务对象问题及原因的分析是不是到位?对服务对象需求的评估是不是科学?服务目标是不是合理?服务策略是不是回应了服务对象的需求?服务计划是否体现了社会工作服务的理念?督导都要认真地研究,指导项目执行人员制定出高质量的服务方案,全力做好一切准备工作。

---

① 杨宪国.全面质量管理.社会工作服务质量提升之策[J].中国社会工作,2018(04):48-49.

2. 服务活动实施阶段

有了好的方案,服务质量是不是就能够保证了呢？不一定。如果实施环节质量管理跟不上,出现工作人员追求服务产出的数量而应付了事、服务对象参与度不高甚至参与人数不足等情况,服务质量会大打折扣。因此,督导要注意实施阶段的跟踪指导,必要时现场督导,一方面促进社会工作者的专业成长,另一方面确保服务质量,提高服务成效。例如,助兴社会工作事务所在开展未成年人文明礼仪教育养成项目小组活动中,督导老师进行现场督导,在看到孩子们争着发言、年轻的社会工作者难以控制局面时及时介入,通过具体的小组工作操作过程为其示范了小组带领的技巧,包括肢体语言的运用、语调和声音的运用等实务技巧；"牵手计划"项目困境儿童小组活动中,督导老师就在现场督导,当有组员反映有家庭暴力问题时,督导及时介入进行个案辅导,保证了服务的专业、优质和高效。

3. 活动结束总结阶段

本阶段管理的重点是服务记录、活动总结等文案资料的撰写以及档案资料的留存、整理和归置。督导在这个阶段的主要任务,一是专业性方面进行把关,比如,个案服务记录、小组活动记录、服务活动的总结和反思,重点是帮助社会工作者进行专业技巧和方法运用及其效果方面的总结,如小组的氛围如何？组员互动情况怎样？有没有需要重点关注的组员？存在哪些问题？对这些问题与社会工作者一起进行探讨,指导其进行总结和反思；二是活动的总结和简报的撰写,是否能够反映活动的总体状况和效果；三是服务对象对服务活动的反馈和满意度调查,指导社会工作者运用科学的调查方法,例如是否会运用基线测量法和专业量表等专业方法进行活动成效评估。要特别注意的是,督导和项目负责人一定要检查服务活动的文案材料,避免具体执行的工作人员图省事,笔者在一次服务项目评审时曾见到一家机构执行的项目活动材料,所有的活动大概有六七场活动包括培训、节日庆祝等,活动简报除了时间和地点不同以外,其余所有的语言、文字一模一样。刚刚入职的社会工作者可能不太会写简报和总结,督导就需要及时地对其进行这方面的督导。这个问题一定要重视,因为项目服务成效如何,最终呈现的是方案、总结、报告等文字、图像材料,所谓"社工就是写工",要注意提升社会工作者的写作能力。

(三) 项目财务管理

1. 严格控制成本

项目执行人员在开展活动时要严格按照预算开支,注意控制成本,尽量不要超支。遇有特殊情况需要超额支出时,要向项目负责人请示,得到许可后方可支出。项目负责人要注意平衡各项支出,要严格遵守购买方财务管理办法,不能超标。如有的规定有百分比,2019年中央财政支持项目规定,"项目执行单位应以项目预算为依据,严格按照预算所明确的受益对象或服务活动的范围、数量、费用标准据实列支。每一子项的实际支出和预算相比,金额之差不能超出15%。如每个子项的实际支出和预算相比,金额之差超出15%,需要进行预算调整,并按照规定履行审批程序。"例如,项目预算小组活动的预算为1000元,实际支出不能超过1150元或少于850元。尽管有这样的规定,也尽量不要超支,否则,这项子项超支一点,那个子项超支一点,将来就会出现总支出超额的情况。如果有结余资金,可以通过增加服务或活动的方式解决。

2. 取得合法票据

项目工作人员在取得购物发票时,一定要注意以下三点:

(1) 发票要开明细。发票要填写货物名称、单位、数量、金额等。例如,工作人员购买了2盒签字笔,合计金额20元,发票明细应该显示"货物名称:签字笔。单位:盒。单价:10。数量:2。金额:20"。需要注意的是,货物名称要写实名,不能笼统地写"办公用品"等,而要写具体物品的名称如"签字笔"。发票明细还有"规格型号"一栏,必要时也需要填上,例如打印费,纸张的型号有A4、B5等,也要填上。如果在超市一次购买多种物品,开发票时因种类太多无法开明细,可以统一开一张没有明细的发票,但必须附上购物小票。

(2) 取得合法的发票。如何确保取得的发票一定是合法的票据?首先,要看开出发票的单位是不是正规的单位,网上查看是否有这家单位,如果有,则说明开票单位是合法的单位;其次,上各地方国家税务局发票查询系统查证发票真伪。例如,北京市国家税务局发票查询系统只能查询由北京市国税系统发出的发票,查询步骤如下:依次正确输入发票代码、号码、密码、验证码,点击【查询】按钮查询发票真伪,同时还需输入税控机器编号、开票日期、金额和税控码。查询结果说明:①发票代码、号码、密码与税务机关记录不相符,提示该发票代码、号码,查询结果为假发票。②发票代码、号码、密码与税务机关记录相符,且是第一次查询,提示:该发票为真发票且第一次查询,提示开票单位。③如果发票代码、号码、密码与税务机关记录相符,且不是第一次查询,提示该发票为几次查询、开票单位。如果是刮开密码覆盖层第一次查询,而查询结果提示不是第一次查询,该发票存在问题,可以与开票单位进行沟通,让其开具合法发票。否则,可拨打举报电话进行举报。④如果查询结果提示的开票单位与发票上盖章的开票单位不一致,该发票存在问题,可以与开票单位进行沟通,让其开具合法发票,否则拨打举报电话进行举报。

(3) 多手段查验发票。开票单位是合法的,发票也是真实的,那么发票就一定是合法的吗? 不一定。如果合法的单位开的发票超出业务范围,就属于不合法发票。例如,某项目工作人员网上与一家公司约定制作宣传单,对方开出的发票是某文体用品有限公司,货物名称是印刷品,社工网上查询开票单位的业务范围是"网上从事办公用品、体育用品的销售"。这里存在两个问题,第一,没有体现出明细。印刷品是个笼统的概念,不能体现具体是什么;第二,不能体现资金支出的真实用途。发票开出单位是销售办公用品,货物名称写的是"印刷品",反映出来的资金用途是工作人员从这家单位买了印刷品,而这笔资金的真正用途是制作宣传单,是制作费;第三,尽管印刷品属于办公用品,但它是"销售办公用品"而不是制作办公用品。因此,这张发票属于不合法发票。

3. 财务支出进度与服务计划进度相匹配

资金支出进度,本质是项目计划落实、服务活动推进的进度。从理论上讲,项目财务支出进度应该与服务活动进度大体匹配,因为开展了活动,相应地需要支出人员劳务费、活动物资费、交通费等费用。财务支出适当的超前或滞后是合理的,例如,活动物资要提前购买,专家费等劳务支出适当错后,这是合理的,据实支出即可。但在实际工作中,财务进度方面存在一些问题,主要有:

(1) 支出进度严重滞后于项目进度。例如,有的购买物资的发票是项目结项时才产生的;有的项目中期评估时,项目计划进度过半了,但财务支出还不到三分之一。项目负责人要分析原因,妥善解决,否则会给后期会计核算带来麻烦。

(2) 支出进度严重超前于项目进度。假如一个项目的执行周期是半年,但前两个月已经把人工成本支出完毕,后几个月没有支出;或者在项目执行周期内,项目活动还有三分之一没有完成,但预算的资金已全部支出完毕。这样,项目结项进行财务审计时,专家会对资金配比的真实性提出质疑。

(3) 决算执行过于关注和预算的一致性。例如,某项目活动物资连续几个月每个月都支出 1000 元。财务审计时专家会质疑,财务是如何控制的? 资金支出是否与项目执行情况相关联? 甚至会对票据的取得产生怀疑。

(四) 项目风险管理

在项目实施过程中,经常会可能有意想不到的事情发生,比如疫情疾控问题、天气问题、各种灾害问题,等等。像新冠病毒带来的疫情防控,严重影响到服务项目的实施进度,如何补救? 除需要制定应急预案以外,还需要与购买方协商,看项目执行期限能否往后顺延。有时工作人员在做活动的时候临时会发生一些意外事件,则需要及时采取有效措施,保证活动尽量不受影响。例如,有一次社会工作者带领空巢老人小组活动,在发放学习材料时,让老人们一个一个往下传,一位阿姨拿到材料时,没有及时传给下一位阿姨,而是拿着一摞材料看,下一位阿姨催她"往下传啊",这位阿姨就生气了,一下甩了过去,说"给你,给你,都给你!"两个人就吵起来了。最后,被甩的阿姨哭着离开了。其实,这个事情是可以避免的,在那位阿姨看材料而没有及时往下传的时候,社会工作者如果及时提醒,就不会出现后来吵架的事情了。可见,机构需要加强对社会工作者能力的培养,除专业服务能力、写作能力以外,还需要培养社会工作者组织协调能力、处理紧急事件的能力。

三、注重资源链接整合

(一)资源链接与整合的含义

1. 资源链接

资源是指一国或一定地区内拥有的物力、财力、人力等各种物质要素的总称,分为自然资源和社会资源两大类。前者如阳光、空气、水、土地、森林、草原、动物、矿藏等;后者包括人力资源、信息资源以及经过劳动创造的各种物质财富等。资源是指一切可被人类开发和利用的物质、能量和信息的总称,它广泛地存在于自然界和人类社会中,是一种自然存在物或能够给人类带来财富的财富。

链接原本是一个网络用语,是指在电子计算机程序的各模块之间传递参数和控制命令,并把它们组成一个可执行的整体的过程。链接也称超级链接,是指从一个网页指向一个目标的连接关系,所指向的目标可以是另一个网页,也可以是相同网页上的不同位置,还可以是图片、电子邮件地址、文件、甚至是应用程序。

社会工作语境下,链接就是把两种不同的事物联系起来。社会工作的资源链接具有方向性,指的是把人力、物力、财力等资源链接给服务对象。例如,服务对象张某,今年10岁,自一岁时父母离异,之后父亲失踪,母亲从未谋面,一直由奶奶抚养,家庭没有收入。社会工作者链接当地的爱心志愿者,定期到张某家里进行帮扶,这是链接的人力资源;又链接志愿者资助张某学校的伙食费,这是链接的财力资源;社会工作者还在某中学发起捐助活动,为张某提供衣物和学习用品,这是链接的物力资源。

2. 资源整合

整合是把零散的东西彼此衔接,从而实现信息系统的资源共享和协同工作,形成有价值有效率的一个整体。

资源整合是指社会工作者对不同来源、不同层次、不同结构、不同内容的资源进行识别与选择、汲取与配置、激活和有机融合,使其具有较强的柔性、条理性、系统性和价值性,并创造出新的资源的一个复杂的动态过程,是优化资源配置的手段。本书认为,资源整合是指社会工作者通过识别、发现、梳理周围环境中显现的或潜在的资源,积极调动资源,合理利用和配置资源,实现资源协同工作,发挥最大效益。

(二)社会工作的资源观

1. 资源链接并建立互惠关系

前文提到的社会工作者为张某链接了人、财、物等资源,只能说是一种简单的资源链接。资源接收的一方——服务对象只是接受了"一时"的帮助,而付出的一方——资源发送者往往抱着救济的观念,不能实现社会工作一直倡议的建立"互惠关系",不能体现"自助助人""人人为我,我为人人"的社会工作价值观。

社会工作的资源观,是让各方持份者(无论是付出或接受的)都能理解及展现互惠的精神[①]。社会工作者在为服务对象链接资源的过程中,要注意使资源拥有者、接收者以及倡导者等形成双边或多边互惠关系,最终实现共赢。

案例展示5-3
助兴社工链接教师资源结对帮扶困境儿童

2019年7月14日上午,L中学爱心教师结对帮扶困境儿童活动在T旗S小学举行,帮扶以家庭结对的方式,15个爱心教师家庭分别与15个困境儿童家庭建立结对帮扶关系,向15个困境儿童发放助学金、赠送了食物、书籍等物品,结对家庭的家长和孩子们进行了深入交流。

此前,为更好地引导社会组织参与脱贫攻坚,提升贫困县社会工作服务水平,民政部于2017年11月启动了"牵手计划"。计划从社会工作先发地区遴选300家社工机构与欠发达地区社会组织牵手合作,北京市大兴区助兴社会工作事务所联合牵手组织,以困境儿童为主要服务对象,项目落地T旗S小学。项目开展以来,双方根据当地需求开展专业社工服务,同时积极链接社会资源,协调L中学的师生为困境儿童捐赠衣物、书籍600余件。同时,组织中学爱心老师家庭与困境儿童进行"一对一"结对帮

---

① 幸福哲人.从资源视角重构社会工作的功能. https://www.sohu.com/a/301314217_491282.

扶,除进行物质上的救济,给帮扶学生一定的经济支持、生活或学习用品支持以外,围绕三个方面发挥教师的优势:一是学习上指导。跟踪了解帮扶对象的学习情况,针对帮扶学生学习上存在的问题,采取相应帮扶措施,指导帮助帮扶学生掌握学习方法,增强学习的信心,提高学习积极性和学习效果;二是引导孩子们树立远大理想,养成不畏艰苦、勇于进取的良好品质;三是思想上解惑。通过经常、持续与帮扶学生谈心、交流,掌握孩子们的思想动态,有的放矢地化解他们心中的困惑,给予他们精神上的动力,使他们保持积极向上的健康心理。

与此同时,爱心教师家庭的孩子通过与资助的困境儿童进行交流和学习,体验到不同的人生,对于其丰富知识、开阔视野、思考问题也是很有帮助的。

2. 链接资源更要整合资源

社会工作者在开展服务的过程中,如果能够发现资源并调动资源使其融入开展的服务活动中,则有助于提升服务对象的参与意识,提高服务成效。助兴社会工作事务所在策划、实施"专业社会组织助力社区社会组织发展1+5试点项目"的过程中,充分发挥社会工作专业机构作为枢纽型社会组织的专业力量,发现、整合社区内的资源,培育社区社会组织、助力社区社会组织发展、引导社区社会组织参与社区治理,设计了以1家专业社会组织带动5家社区社会组织发展的"1+5"模式的项目,以多位一体、互动合作的方式,达到社区社会组织培育与深化社区服务的双重目的。

案例展示5-4

注重整合社区资源 培育社区社会组织

助兴社会工作事务所在实施"情暖夕阳红——DX区空巢老人关爱项目"的过程中,发现X社区有几位具有理发技术的老人,她们很有爱心,主动为高龄空巢老人提供入户义务理发服务,认为如果把这些老人组织起来,无疑能更好地发挥其作用,这个想法一提出来,就得到了社区党总支书记兼社区居委会主任的赞同。于是,2014年5月助兴社会工作事务所联合社区居委会把社区内有理发技艺的热心居民组织起来,正式成立了一支爱心志愿服务队,为服务队制定了规章制度,设计了标识,并制作了队旗。2014年9月,助兴社会工作事务所又联合C社区居委会把一些楹联爱好者组织起来,成立了楹联协会。在此后服务项目实施的过程中,助兴社会工作事务所把这两家组织和其他的社区社会组织作为重要的资源进行整合,博采众长,分别对接居民需求,长期、持续为居民提供多样化且有针对性的服务。

(三)社会工作者要善于链接资源

1. 深入社区发掘资源

周围环境中不乏资源,但它们就像矿藏一样,裸露在地表的,人们很容易就发现了,深藏在地下的,则需要人们去勘探,去挖掘,去识别,进而去运用,去链接。

(1)发掘资源。在项目实施中存在一种现象,一线社会工作者除了开展活动时与服务对象在活动现场见面以外,平时就待在办公室里,不能或不愿深入社区,不愿与社区居民和服务对象接触,对社区情况知之甚少,有的项目结束了,对社区的地理环境、人口状况等基本情况还是一无所知。这样怎么能发现资源呢!只有走出办公室,深入社区,进行"社区漫步",才能把社区每一个角落的情况熟记于心,对社区每一个细微的变化都能及时发现;只有与居民打成一片,与社区居民和服务对象深度接触和互动,才能发掘蕴藏在社区中的人力资源,发现居民骨干。

社会工作者在项目实施之前甚至在项目设计阶段就要深入项目实施地所在社区,熟悉社区情况,绘制社区资源图。社区资源图一般包括以下要素:一是社区边界,即社区的东西南北四至;二是地理景观,包括植被、水域、道路等,这些景观可能是在日常工作中最容易被我们忽视的资源;三是聚集场所,主要指居民/村民容易聚集的场所,包括小广场、树林等;四是社区单位,居委会/村委会、卫生室、储蓄所、小饭馆、理发店、商店超市、水果店、蔬菜店等,这些社区单位是重要的社区资源;五是宣传场景,包括宣传栏、宣传橱窗、电子显示屏等。

案例 5-5

社区有什么?社工居民齐心绘制资源地图[①]

名城苏州网讯(通讯员 金文婷 李芬) 虎阜花园分东西两区,自建成以来,两区的居民彼此间交互很少,对于另一个区的公共资源分布情况也不甚了解。为了帮助居民更好地了解社区,

---

[①] 社区有什么?社工居民齐心绘制资源地图. http://news.2500sz.com/doc/2017/09/11/151039.shtml,名城苏州网,2017-09-11 21:35:57。

充分利用公共资源,9月4日上午,虎阜社区乐助社工在两区分别进行了社区资源地图的信息搜集与绘制,本次地图绘制采用社工牵头、居民参与的方法,广泛收集信息,获得了最一线、最真实的社区资源信息与需求信息,形成资源地图,为居民生活、服务提供便利。

社工们做足前期调研,将社区资源围绕人、文、地、产、景、福6个维度展开,分别涉及人力资源、物力资源、组织资源、福利政策资源、交通信息公共资源等等。社区的"原住民"对社区的资源最为熟悉,也最了解位置与现状。活动中,社工、居民四五十人,集思广益,群策群力,将所了解的周边可利用的资源,在手绘版简易地图上用便签贴进行位置标注,形成一份实用的初级版资源地图。

看到这么接地气的活动,居民们很快聚集起来,很多居民纷纷询问在做什么?绘制资源地图有什么用处?社工和志愿者们用苏州话进行解释,并现场进行绘制地图演示。社工们和青年志愿者们用智慧的"语言+行动"进行双重诠释,让往来的居民快速地理解并参与其中。

住在虎阜花园西区的金慧珍奶奶,今年81岁了,也表示此活动很感兴趣。她说:"有些地方我都不知道,比如东区那边有个日间照料中心,我以前都没听说过,今天听他们说起我也就知道了。下次我要去看看的。"住在虎阜花园东区的许欣宇爸爸带着9岁的孩子也上前围观,他说:"今天看了西区居民参与绘制的社区资源地图,我才知道原来西区南边还有个法治游园啊,下次可以带孩子去看看,这样的活动很好。"

绘制完成后,社区将统一发布社区资源地图,并邀请参与作者共同参与揭幕仪式,并将地图印刷成宣传折页分发。

(2)分门别类梳理资源。社区资源大致分为以下几类:①人力资源。包括技术(长期待业人员所有的技术)才能、知识、经验、地位、财富、能动员的社会关系(社会资本)。②组织资源。社区内的组织资源包括两大类,一类是正式的组织资源,包括学校、政府、银行、企业等;另一类是非正式的组织资源,主要是社区社会组织,大多是以兴趣团体为代表的居民自组织,它们大部分在街道办事处和社区居委会备案,虽然物力、财力薄弱,但在居民中的影响力比较强。③文化资源。包括民风民俗、特色美食、传统节日、历史故事、语言文字、不同宗教信仰、约定俗成的社区规范,等等。④自然资源。

包括社区内的山水、河流、树木等,也包括社区内的基础设施。

通过梳理社区资源,建立清晰、具体化的资源清单,同时,对资源进行深入的分析,详细列明资源的类别、性质和状态等,同时,对资源环境做出分析,了解资源所处的政治环境、社会文化环境、服务领域环境等。

(3)发掘资源更要维护资源。①建立社区资源库。资源库可以简单地理解为资源的集合。社区资源是指一切可以用于项目服务/活动的物质条件、自然条件、社会条件以及媒体条件的总和,是项目服务/活动材料与信息的来源。本文所说的社区资源库是指社会服务机构将可以用于社会服务活动的各种资源组织起来,以供项目执行者使用的资源库。社会工作者通过资源管理,提高资源的利用率,进而提高项目的服务效益。②及时进行资源维护。进行资源维护,可以从以下几个方面努力:第一,要对项目相关合作方表达谢意和尊重。特别是合作过的资源方,一定要维护,不能因为以后可能不再合作了,就不重视了,社会工作者也要经常联系,也要利用合适的机会表达谢意和尊重,如节假日时送上问候。第二,对服务对象表达谢意。致谢不仅仅是一种礼节,它对建立良好的关系有促进作用。如果在致谢时就服务时的一些问题发挥一下,效果会更好,因为这已不是一般交流,而是比较近、比较深的交流方式,能表现出对服务对象的重视。第三,对购买方或资助方表达问候。双方建立长期的合作伙伴关系,而且不仅如此,实际上更有利于机构的长远发展和良性发展。第四,对潜在的资源表达欣赏和赋予意义。潜在资源是可供开发的重要资源,社会工作者在这方面的努力会为将来工作的顺利开展打下良好而坚实的基础。

2. 善做"密钥"激活资源

社会工作者深入社区,与居民深度互动后,发现了社区中各种各样的丰富的资源后,如果不想办法让这些资源参与进来,资源永远在那里静静地"尘封"着,还是处于很被动的状态,不能发挥其作为"资源"的作用。因此,社会工作者还需要做"密钥",想办法激活这些资源,就像电脑软件一样,当使用者安装了软件后,需要以注册码来激活软件,使用者方能正式使用其功能。让这些资源动起来,参与到项目活动中,促进社区及服务对象的正向改变。激活的"密钥"主要有以下两种方法:

(1)欣赏与鼓励。欣赏,指的是领略观赏,也指认为好和喜欢。欣赏别人是一种尊重,被人欣赏是一种认可。生活中,人们渴望被人欣赏,但往往忽略了去欣赏别人。更多的时候,人们善于发现别人的缺点,乐于放大自己的优点,甚至喜欢在别人的不幸中寻找自己的幸福。社会工作者作为秉持社会工作专业理念、掌握专业方法和技巧的专业人士,要注意克服这一点。发掘资源、激活资源需要用我们真诚的心灵去欣赏,用善良的眼睛去注视,用敏锐的耳朵去聆听。社区里拥有丰富的人才资源,潜藏着各种各样的人才,他们都拥有大量的正式与非正式的资源,社会工作者要让他们感受到我们的真诚、爱心和能力,透过对"资源"的欣赏与鼓励,使这些一直被忽略、没参与项目活动中来的资源,都能参与进来,参与到社区治理中来,充分发挥他们作为资源的作用。

(2)推介与体验。社会工作者需要经常地推介自己,如推介自己的项目以得到购买方的资助,推介项目的活动以使服务对象有兴趣参与到活动中来。在激活资源时,有个很好的方法,不妨借用市场营销的一个概念即"体验营销",通过让服务对象看、听、用、参与等手段,充分刺激和调动服务对象的感官、情感、思考、行动、联想等感性因素和理性因素,使其能够接受社会工作服务的理念和服务的推介方法。因为在项目开始实施刚进入社区时,社会工作者与居民和服务对象互不了解,需要向协作方和服务对象推介自己,推介社会工作,推介服务项目,拓展服务局面,与市场营销类似。社会工作者经常举行的发放宣传材料、路演等各种各样的宣传活动,实际上就是在进行推介。推介最有效的方法是体验式的方法,就是让服务对象参与其中,亲身感受。而"体验"是双向的,一方面是"资源"能让他人来体验,从而感觉其可贵性与重要性,成为宝贵的资源;另一方面是"资源"亲身经历或进行体验,发现自己是可以成为社区或服务对象的资源。这种概念就像现时很流行的"体验经济"一样,让顾客先行体验该物品,感觉良好后,就很放心地购物享用。现时淘宝网的"七天无理由退款",就是先让服务对象体验了该货品,然后决定是否留下来或购买①。这种方法比较好的一点是,社会工作者把对服务对象的全方位体验和尊重凝结在服务层面,让服务对象感受到被尊重、被理解和被体贴。

3.优化配置整合资源

社会工作者作为资源链接者,只有把社区中拥有的各类资源动员起来,通过社会工作专业手法激发社区中社会组织的效能,并进行整合,才能为有需求的个人或群体提供更有效的服务。

(1)帮助社区社会组织申请志愿服务项目,进行资源转化。社会工作服务机构作为正式注册的社会组织,进入社区后应该发挥枢纽型社会组织的作用,在政治上发挥政府和群众之间、社区社会组织与居民之间以及各社区社会组织之间的桥梁和纽带作用,在业务上处于龙头地位的引领和指导作用,在管理上发挥联合性社会组织承担业务主管职能的管理作用。社区社

---

① 幸福哲人.从资源视角重构社会工作的功能. https://www.sohu.com/a/301314217_491282. 2019-03-14 21:00

会组织大多数是兴趣性的群众团体,以自娱自乐为主,社会工作服务机构要进行引导使其增强服务意识,在自娱自乐的同时,更多地为居民提供服务。而行之有效的方法,是要主动链接组织资源,积极帮助社区社会组织申请有关服务项目,将社会资源转化为社区内资源,从而激发社区社会组织的效能。例如,助兴社会工作事务所根据社区内社会组织的性质和特长,帮助某艺术团和环保志愿者组织申报服务项目,获得××区志愿服务联合会的资金支持,在项目实施的过程中进行具体的指导,着力提升其服务能力,极大地激发了社区社会组织服务基层群众的活力。

(2)要自觉以社区为服务平台,通过专业技术和方法,培育、扶植社区社会组织,引领社区社会组织发展,发挥专业助推作用。依托社会工作服务机构的资源对社会组织成员进行教育与志愿服务精神的培训,培养其自助与互助精神,与社会工作者、社区居民一道共同致力于社区治理。

案例展示 5-6
社会工作服务机构助推社区社会组织发展

2016年,为推动社区社会组织发展,助兴社会工作事务所整合五家社区社会组织的资源,策划了"助发展　促参与　重服务——专业社会组织助力社区社会组织发展1+5试点项目",得到××区政府社会建设专项资金支持。项目整合各家所长,对接居民需求,针对××社区爱心志愿服务队队员的特长,定时为有需要的社区居民特别是老年人和残疾人提供入户义务理发和心灵陪伴、节日慰问等精神慰藉服务,让公益走进门,把温暖送进家;针对社区社会组织内骨干成员多才多艺,并在诗词、书画、声乐、舞蹈、表演等方面具备一定的教学能力的情况,通过公益课堂的形式推出学习课程,满足社区内部分居民的学习需求,如艺术团为残疾人开设了手语课程,楹联协会老年人和残疾人开设了书画课程,社区巧手夕阳工作坊为社区居民开设了手工课程。每门课程都由社会组织人员以志愿者的身份进行教学,社工提供支持与协助性工作。而以销售节能灯为主业的爱心企业志愿服务中心,则开展了节能环保类的服务如节能环保宣传、回收废旧电池和灯泡免费换取节能灯等项目,深受居民的欢迎。

4.要做"杠杆"撬动资源

(1)社会工作服务机构本身资源缺乏。社会工作服务机构大多规模小,资金少,公众认知度低,社会影响力缺乏,其资金大多依靠政府购买服务,来源渠道单一。由于政府财政支付的程序烦琐,社会服务机构经常会遇到政府购买服务经费延期支付的情况。同时,人才队伍不稳定是影响社会服务机构发展的又一个问题。由于社会认知度低、福利待遇不够高,有时甚至无法按时支付员工工资而导致员工流失等种种原因,社会工作者的流失率高是个非常突出的现象。凡此种种,导致社会工作服务本身拥有的资源匮乏。因此,链接资源就成为社会工作者一项必备的基本技能。

(2)社会工作服务机构要努力撬动社会资源

社会工作者不仅要发挥链接资源"媒介"的作用,而且还要像杠杆一样,利用社会组织作为连接各方的桥梁和纽带的支点,充分发挥"四两拨千斤"的作用,大力撬动各种民间资本和社会资本,引导、带动社会各方,共同投入到社会服务中来。

案例展示 5-7

1 年撬动社区百万资源,怎么做到的?[①]

社商同行,惠泽社群

2016 年暑期,我了解到社区工作站负责妇儿工作的职员对"小候鸟"议题很重视,便撰写了"候鸟"城市融入计划给到社区工作站社会事务组,透过与在深父母一起参与辖区企业、文化点导赏;亲子家庭手作坊;借此让"候鸟"认识父母所处生活的街区文化,工作环境/内容,过程中与父母重构联系感,认识到自我身份的独特,在自尊感上有所提升。以此方案申报民生微实事项目的资金支持。很快,这个方案得到了社区工作站认同,原定在申报的社区工作站开展,却因该方案获得街道社会事务办主任的认可,在街道层面的推动下,要求在 3 个社区工作站中开展此计划。

这让我有机会间接与开展该计划的持份者互动,如:社区工作站、旅行社、辖区企业工会、辖区文化单位、MALL 运营/客服等。整个计划走下来,每个持份者都满足到了各自的需要。"候鸟"及其家长们经验到了一次友好辖区亲子互动;出资方满足了政绩需要;辖区企业/餐饮看到了人流量带来的消费需要;辖区文化单位获得了文化宣传/传播。

展示社工能力及工作成效

16 年 9 月中旬,辖区 MALL 运营人士引荐我给×园区运营方,

[①] 田嘉宾.1 年撬动社区百万资源,怎么做到的? https://www.sohu.com/a/203170964_491282,2017-11-08.

表示国庆假期园区会有主题活动开展,园区运营方印有一批免费入园门票(平日门票市价30元),期望透过中心给到社区居民,让社区居民在票的期限时间内到访园区游览,增加假日主题活动热闹的氛围。

当下评估中心服务人群数的需要,要了2万张。当时,园区运营方还问了一句:"要这么多你们在假日前派得出去吗?不要浪费了我的这些票哦!"

回办公室后便立即和项目同工沟通,制定门票的申请规则、设计海报、宣传/推广策略、服务回馈方式等。

服务资讯传播出去后,约2个小时,2万张的入园门票便被申请完,事后还向园区运营方要了1万张,满足社区居民的需要。

自那以后,感谢同行过的企业运营/管理人士引荐,2016年前后整合辖区政府、企业、街铺等资源,含活动经费、物品、捐赠资金,折合人民币约两百万元;2017年1月至今,折合人民币约100万元,除了辖区政府、企业资源外,亦将社会组织资源整合至服务中。

(本案例节选自深圳市社联社工服务中心社工田嘉宾发表于网上的文章,有删减)

四、服务记录及时归档

记录服务文书是社会工作专业服务的重要环节,每开展1.5小时的服务,可能需要花3~4个小时去记录服务,并要及时归档。那么,如何做好服务记录工作,提升记录服务文书的效率呢?

(一)个案服务记录

1. 个案记录的含义

个案记录是社会工作者对其日常所服务的个案会谈及有关事项,以文字记载方式进行记录,并将之保存于特定之个案资料档案中。个案记录是社会工作者与服务对象打交道的书面证明材料。它通过图表和文字的方式记录社会工作者为什么介入个案?对个案做了哪些干预?干预的理由是什么?干预给服务对象带来了什么样的结果?个案服务的成效如何?等等信息。为规范个案工作,突出专业特点和要求,提高工作效率,社会工作服务机构一般都会设计、制作一整套个案工作表格,有助于社会工作者在进行个案服务时进行规范的记录。有时,购买方为保证项目服务质量,方便管理和监测,会专门设计一套个案服务用表,包括个案申请表、接案表、个案服务记录、转介记录及结案记录等,要求项目执行人员按要求进行记录。这样一来,不同类型的服务项目的个案表格会具有某类项目特有的特征。例如,北京市精准救助项目的接案记录表中有"社区意见""街道意见"的内容,个案转介记录表中除了需要社会工作者和督导签名外,还有"街镇审核意见",而一般的个案服务记录表不会有这些内容。

2. 个案记录的功能

个案记录是社会工作者为服务对象提供服务的证明,是社会工作服务机构进行个案服务研讨和对项目执行人员进行督导工作的依据,是接受转介的机构或工作者工作的依据,也是个案工作评估的依据,还是社会工作者进行专业反思、促进专业成长的依据。例如,购买方在进行评估时,不可能深入到个案工作场景中进行实地评估,只能通过个案记录了解个案工作的服务过程和成效。

3. 个案记录的原则

(1)完整性原则。个案记录资料必须是完整的、全面的,内容应该包括个案的基本资料、个案预估资料、个案服务计划资料、个案服务过程记录资料、个案评估资料和结案资料等,能够完整地体现个案服务的全貌。通常社会服务机构或购买方会制定固定的表格,方便社会工作者填写,同时也能够保证个案记录资料的完整性。

(2)清晰性原则。个案记录要求所记载的资料要做到逻辑清晰,层次分明,语言简洁,语句通顺,能够让人看得清楚明白。例如,个案预估资料,要清晰地记录个人资料和环境资料,个人资料分为基本资料、个人生理的和心理的情况、个人的价值观、个人的能力如何等,环境资料让人能清晰地看到服务对象的家庭环境、社区环境、学校环境以及社会支持系统等。

(3)真实性原则。个案记录要保证资料真实可靠,这是社会工作专业伦理的基本要求。社会工作者必须如实记录会谈情况和服务过程,不可随意添枝加叶,更不能为了完成项目任务而歪曲记录。

(5)保密性原则。个案记录必须遵守保密性原则,这是社会工作专业伦理的基本要求,是个案工作最重要的原则之一,也是检验工作者专业修养的标准之一。社会工作者要做到以下几点:第一,要让服务对象知情同意。服务过程中,要告诉服务对象因工作需要社会工作者需要做文字录音,特别是照相、录音和录像,一定要征得服务对象同意,并签订协议书。第二,要尊重服务对象和其监护人的隐私权。社会工作服务机构要妥善保管个案资料,不得随意存放个案服务资料,有的机构随意把个案资料放在办公桌上,很容易泄露,如果丢失,更有可能给机构带来麻烦。第三,必要时对个案记录资料做模糊化处理。由于教学、研究、项目评估等种种原因,个案记录资料需要向第三方提供,这时一定要进行模糊化处理,隐去服务对象的真实姓名和真实面貌,不涉及服务对象及其家人的工作单位、家庭住址等信息。

4. 个案记录的主要内容

个案工作实务通用过程依次是接案、预估、计划、介入、评估、结案,在不同的阶段有不同的任务,与此过程相对应,做好个案工作记录。

(1) 接案阶段。接案阶段个案记录的表格最主要的是接案记录表,内容一般包括服务对象的基本信息、家庭情况、服务对象问题界定、需求、曾经做过的尝试、社会工作者的意见等。不同的服务群体,记录表的内容应呈现出不同的特点,例如,北京市精准救助项目的接案记录表中除了有"社区意见""街道意见"的内容,关于个案来源,还有"台账筛选"的内容;共青团北京市委开展的项目以青少年为服务对象,接案记录表中有"学校表现"的内容。接案记录表内容相对比较简单,关于服务对象问题界定和需求,是社会工作者初步的预估,有可能与后面预估阶段得出的结论不一样,这是正常的,根据接案时初步预估的结论填写即可(见表5-1)。

经过初步接触和面谈后,如果服务对象与社会工作者对问题有共识,社会工作者与服务对象双方对各自有了一个基本的了解,服务对象愿意由机构和社会工作者提供协助,那么此时社会工作者与服务对象以及服务对象以外的其他系统就可以签订初步的服务协议。其内容包括:第一,个案服务的原则,如助人自助的原则、保密的原则、案主自决的原则以及社会工作者与服务对象合作的原则,等等;第二,对服务对象问题的初步界定;第三,机构和社会工作者可以提供的服务;第四,社会工作者与服务对象相互的角色期望及暂定的工作时间长度。服务协议的形式可以是书面的,也可以是口头的。

笔者根据多年的实践经验认为,在此阶段,如果仅仅是口头协议,双方没有一个目标与约束,不利于服务目标的达成和成效的取得;如果签订个案服务协议,又与服务计划阶段的协议内容有重复,而且初步预估时对问题的界定还有可能不太准确,因此,最好是社会工作者提前准备一份"服务须知",对个案服务的原则、双方的角色、服务内容做出大体的约定,对服务对象愿意接受服务、社会工作者在保密的前提下记录服务过程并保存、案主自决等问题加以澄清,以免由于服务对象不了解社会工作、引起误会而给后续工作带来麻烦,待服务计划阶段再与服务对象签订详细的服务协议。

此外,在接案阶段,如果服务对象不愿接受服务,或其需要解决的问题不属于本机构的服务范围,或服务对象生活在本机构服务区域之外,社会工作者可以转介给其他服务机构。转介可以是正式转介,也可以是非正式转介。正式转介要有转介手续,一般情况下应填写个案转介记录表(见表

5-2)。

(2)预估阶段。预估阶段需要完成的个案记录文书是个案预估表,主要内容包括两个方面:第一,服务对象的背景资料。包括服务对象个人的生理、心理及社会等方面的资料、服务对象社会环境的微观、中观、宏观系统等资料、服务对象对自己及处境的感受、观念和看法以及服务对象为解决问题曾经做过的尝试和努力。第二,服务对象问题及需要分析。社会工作者需要认真描述和分析以下几个方面:一是描述服务对象的问题与需要,如问题是什么?问题的范围、原因、严重程度和持续的时间如何?等等。二是描述问题发生原因是什么?问题是在什么情况下产生的?产生的时间与先后顺序如何?服务对象和其他重要系统的反应是什么?他们采取了什么应对措施?等等。三是描述服务对象的处境及其与社会系统之间的关系,四是探究服务对象问题得不到解决的原因,五是描述并预估服务对象系统的资源状况。包括预估服务对象参与解决问题的动机如何、能力如何、资源如何等情况,判断服务对象改变的可能性。有的个案预估表还会有服务目标和服务内容即需针对服务目标列出预计开展的服务内容。

个案预估表是社会工作者经过广泛地收集服务对象的个人资料和环境资料,并对服务对象问题及其原因进行分析和判断,是后续工作开展的重要依据,社会工作者需要认真进行并撰写(见表5-3)。

(3)计划阶段。计划阶段需要完成个案计划表,主要内容一般包括问题分析、需求界定、服务目标、介入策略等,有的机构个案计划表还有评估方法,有的机构为突出专业性,还有介入理念和伦理思考等内容。社会工作者需要注意以下两个关键问题:一是要制定详细的目标。包括总目标和具体目标,总目标是指通过个案服务需要达到某种状态的描述,例如"提升困境儿童的社会交往能力",描述时尽可能采用积极的词语进行正向表达;具体目标要遵循前文论述的"SMART"原则,尽量做到具体、可量化与可操作、不宜过高或过低、与服务对象共同讨论以便符合其实际、具有时限性等,围绕知识、感受、态度、行为等维度去描述,例如"困境儿童一周内尝试与3位陌生人交谈"、"掌握五种社交礼仪并运用到日常生活中"等。二是制定介入策略。根据问题和目标分析,撰写服务策略,这里可以阐述社会工作者的介入理论或理念,根据服务对象的具体情况,是采取心理社会治疗模式还是认知行为治疗模式、理性情绪治疗模式,还是家庭治疗模式。例如,当服务对象遭遇突发的意外事故或遭遇家庭暴力、虐待、自杀等问题时,宜采用危机介入模式。具体策略则需要根据每一个可测量的服务目标,结合所运用的理论模式,按照分层分阶段、先急后缓等原则去制定个案介入的措施。例如,助兴社会工作事务所在某年冬季开展的轻度精神分裂症患者个案,目标是:

①帮助案主创造一个温暖的居住环境;②案主能吃上热的食物;③扩展案主人际圈子。据此制订的服务计划:①为案主送去新买的被褥,以御寒冬。②为案主买一些生活用品,教给案主简单的煮饭方法。③经常与案主沟通,带领案主参与社会工作者组织的活动,带领案主走出自己的世界,扩大人际交往(见表5-4)。

个案计划表是后续社会工作者介入行动的依据,要注意体现社会工作的专业性和可行性。此外,在制订服务计划之后,社会工作者要与服务对象签订工作协议,对服务内容以及双方的权利和义务做出约定。协议的内容一般应包括:服务对象存在的主要问题、服务对象的需求评估、与服务对象商定的服务计划等(见表5-5)。

(4)介入阶段。介入阶段的文书主要是个案服务记录表,也叫个案工作过程记录表。个案服务需要进行多次,因此社会工作者需要记录每次服务的情况。每次个案服务记录的主要内容一般由本次介入目标、介入过程、介入小结和下一步跟进计划等四部分构成。其中,介入过程的内容是个案服务记录的主体部分,内容相对比较多,主要包括:

一是面谈记录。很多社会工作者感到为难,不知如何记录,建议初入职场、没有个案工作经验的社会工作者,不妨采取"对话式"记录,有经验的社会工作者可以采取摘要式记录;

二是服务对象的语言和非语言行为、情绪反应、环境状况等内容。

三是社会工作者对服务对象的分析性思考,尽量结合理论对服务对象的表现、反应以及接下来的策略进行分析。

四是介入方法,指社会工作者运用的方法和技巧,如会谈的支持性技巧、倾听、关注、鼓励以及积极主动的态度和友善的行为等。介入小结是对本次服务的得失进行总结和反思,如目标是否达成、技巧运用是否得当等。下一步跟进计划要以本次服务对象的现状为逻辑起点,直接撰写下一步的介入策略,简明扼要(见表5-6)。

在介入阶段,有时社会工作者需要录音或录像,根据知情同意原则,需要征得服务对象的同意,这时要签订个案录音录像同意书(见表5-7)。

(5)评估阶段。评估阶段的工作记录主要是个案评估表,包括服务对象评估、社会工作者评估和督导评估三部分内容。服务对象评估一般采取问卷的形式或表格的形式,由服务对象填写,内容主要包括:对接受服务的次数和内容的确认,服务满意度,能力提升情况,困难和问题的改善情况以及目标达成情况等。社会工作者评估部分由提供个案服务的社会工作者填写,主要内容包括两个方面:一是目标达成情况,需重点描述服务对象转变,如情绪改善、行为改变以及能力提升等;二是总结与反思,需要说明服务成效达成情况、介入过程中运用的理论、模式和方法是否恰当和有效,服务进度的把握和调整是否恰当,社会工作者的表现等。督导评估由督导填写,主要内容包括三个方面:一是对服务成效的评价,二是对社会工作者的评价,三是对项目实施机构或社会工作者的建议(见表5-8)。

(6)结案阶段。结案阶段最主要的记录是个案结案报告,内容主要包括对介入过程及现状总结、目标达成情况、结案原因和结案后回访跟进计划等四个部分。第一,介入过程及现状总结,可以从以下四个方面进行阐述:一是帮扶时间跨度、服务次数、服务方式;二是服务对象的情况变化,问题解决程度;三是目前服务对象的意愿、情绪、期望等;四是社会工作者观察和总结,可以根据个案服务的流程,每个阶段社会工作者使用了哪些理论和技巧,遇到什么困难及解决方法,最后达到什么效果。第二,目标达成情况,可以针对原先制定的目标,围绕服务对象接受服务前的状态和接受服务后的改变进行对比,以评估服务目标的达成情况。第三,结案原因,是目标已经达成?是问题解决?是服务对象主动提出退出服务?还是受到其他客观和实际原因影响导致服务无法继续。社会工作者根据具体情况阐述即可(见表5-9)。第四,个案工作结束,并不意味着就万事大吉了,社会工作者还需要进行结案后的回访和跟进,制订跟进服务计划,需要说明回访时间和方式、跟进频次和方式等。例如,回访时间,是三个月或半年后回访,是电话回访还是入户探访,还是邀请服务对象到社会工作服务机构访谈?跟进计划既是巩固个案服务成效的有效途径,也是社会工作者对服务对象、机构、专业负责任的一种体现,因此,个案结案阶段,社会工作者还需要填写个案回访记录表(见表5-10)。

附:个案工作记录表

表5-1　个案接案记录表

机构名称				个案编号		
服务对象个人信息						
姓名		性别		年龄		职业	
民族		学历		婚姻状况		月收入	
联系电话				微信/QQ			
联系地址							
房屋情况				居住情况			

续表 5-1

个人状态	身体状况	
	精神状况	
	行为状况	

服务对象家庭成员信息

姓名	与服务对象的关系	年龄	职业	联系方式

（家人的个人状态、家人的关系、收入情况等）

服务对象的来源		
□主动求助	□他人转介	□社工主动接触

服务对象的类型		
□自愿性服务对象	□非自愿性服务对象	□被强迫接受服务对象

社工初步预估

服务对象的需求	
服务对象的求助过程	
个案背景补充资料	

社工意见

□可以给予服务	□不能给予服务	□待定
（理由，如需转介请写明）		
是否需要紧急介入		

续表5-1

	□需要		□不需要	
（备注）				
个案难度预估（数字越大,难度越大）				
□1	□2	□3	□4	□5
（备注）				
是否需要督导或相关专家				
	□需要		□不需要	
（需要链接的督导或相关专家）				
服务对象意向				
	□愿意接受服务（签订协议）		□不愿意接受服务	
（备注）				
负责社工		日期		地点
督导意见				
督导			日期	

表5-2　个案转介服务记录表

机构名称			个案编号		
服务对象基本信息					
姓名		性别		年龄	职业
联系方式					
转介服务内容					
□医疗服务		□心理咨询		□行为矫正	
□法律援助		□就业辅导		□寄养服务	
□其他_____					
转介基本信息					
转介机构名称					
转介时间					
首次交接地点					

续表 5-2

首次交接内容	

服务记录			
服务时间			
服务地点			
详情陈述			
负责社工		填表日期	

表 5-3　个案预估表

机构名称			个案编号	
服务对象姓名			负责社工	
服务对象背景资料				
服务对象个人资料	生理方面			
	心理方面			
	社会方面			

续表 5-3

服务对象社会环境资料	家庭环境分析	
	(对服务对象的家庭环境进行分析,建议绘制服务对象的家庭结构图)	
	社会环境分析	
	(对服务对象的社会环境进行分析,建议绘制服务对象的社会生态系统图)	
服务对象的主观经验	服务对象如何看待自己的问题	
	服务对象为解决问题做出的努力	
	服务对象对解决问题的希望	

社工预估		
发现的问题	问题1:	
	问题2:	
	问题3:	
	……	
识别的原因	原因1:	
	原因2:	
	原因3:	
	……	
需求预估	需求1:	
	需求2:	
	需求3:	
	……	

续表 5-3

负责社工		日期	
督导意见			
督导		日期	

表 5-4　个案服务计划书

机构名称			个案编号	
服务接案日期			负责社工	
服务对象的问题分析				
服务对象的需求界定				
介入计划				
介入理论				
总体目标				
具体目标				
评估方式				
工作计划				
阶段	预计时间	阶段目标及主要内容		预期成效
负责社工			日期	
督导意见				
督导			日期	

表5-5 个案服务计划协议书

机构名称			个案编号		
服务接案日期			负责社工		
服务对象姓名		性别		年龄	

服务对象存在的主要问题
1. 2. 3. ……

服务对象的需求评估
1. 2. 3. ……

与服务对象商定的服务计划		
目标	跟进计划与时间安排	预期成效
1.		
2.		
3.		
4.		
……		

签订服务计划协议书
以上的服务计划是本人与社工一同商定完成的,本人会全力配合社工工作,早日解决问题,达到预期目的。 服务对象: 负责社工: 协议签订时间:

表5-6 个案服务记录表

机构名称			个案编号	
第___次服务				
服务日期			服务地点	
服务时间	×小时 ×分钟		服务对象姓名	
服务参与人员				
服务参与人数		据上一次服务相差		天
本次服务的介入形式				
□面谈		□其他方式服务_____		
本次服务的目标				
1. 2. 3.				
本次服务的过程				
（需简要描述服务过程，具体的面谈记录可作为附件）				
本次服务目标的达成情况				
下一步跟进计划				
是否需要督导或链接相关专家				
□需要			□不需要	
（需要督导或链接相关专家）				
负责社工			日期	
督导意见				
督导			日期	

表5-7 个案拍照、录音、录像同意书

机构名称		个案编号	
项目名称			
个案拍照、录音、录像同意书			
＿＿＿＿(社会工作者姓名)已向我＿＿＿＿＿＿＿(服务对象姓名)解释服务过程拍照、录音、录像的目的,并知道拍照、录音、录像必须得到本人同意才可进行。 我明白及同意社会工作者及他/她的督导员将会聆听/观看这些材料用作服务改进。 我明白我可以于任何时间致电与＿＿＿＿＿＿＿＿＿＿＿联络,商谈任何有关问题。我在以下签名,以证明我同意上述有关拍照、录音、录像服务过程的细则。			
服务对象签名		填表时间	

表5-8 个案评估记录表

机构名称			个案编号			
服务对象姓名			负责社工			
接案日期			评估日期			
服务对象填写						
		目标	目标的达成情况(数字越大,达成度越高)				
对目标达成情况的评估			☐1	☐2	☐3	☐4	☐5
			☐1	☐2	☐3	☐4	☐5
			☐1	☐2	☐3	☐4	☐5
			☐1	☐2	☐3	☐4	☐5

续表 5-8

	问题	数字越大,代表越好				
对个案辅导的评估	你对个案辅导的整体评价是	□1	□2	□3	□4	□5
	个案辅导是否协助你面对/解决问题	□1	□2	□3	□4	□5
	接受个案辅导后,你的问题是否有所改善	□1	□2	□3	□4	□5
	接受个案辅导后,你认为自己是否有正向的变化	□1	□2	□3	□4	□5
	你对社工的评价是	□1	□2	□3	□4	□5
你对社工的建议与意见						
服务对象签名			填表时间			

社会工作者填写	
目标达成情况	(需重点描述服务对象的转变,如情绪改善、行为改变以及能力提升等)
总结与反思	(需说明服务成效达成情况、介入过程中运用的理论、模式和方法是否恰当和有效,服务进度的把握和调整是否恰当,社会工作者的表现等)
负责社工		日期	

督导填写	
服务成效评估	

续表5-8

社工表现评价	
督导建议	

评估结论	
□可以结案	□不可以结案
（理由）	
督导	日期

表5-9 个案结案报告

机构名称		个案编号	
服务对象姓名		负责社工	
接案日期		结案日期	
介入过程及现状分析			
（主要总结：①服务时间跨度、服务次数、服务方式；②服务对象的情况变化，问题解决程度；③目前服务对象的意愿、情绪、期望等；④社会工作者观察、总结等）			
目标达成情况			
服务目标		目标达成情况	
1.			
2.			
3.			
计划调整与达成情况			

续表5-9

结案原因			
□目标实现	□服务对象不愿继续接受服务	□存在不能实现目标的客观原因	□社工或服务对象的身份有变化
备注			
服务对象知道个案已结束并知道在有需要时如何得到帮助			
□是		□否	
负责社工		日期	
督导意见			
督导		日期	

表5-10　个案回访记录表

机构名称		个案编号	
服务对象姓名		负责社工	
回访日期		回访地址	
回访情况介绍			
（主要了解服务对象目前生活状况、是否出现之前问题/困难的反复等）			
是否遇到新的困境或问题			
□是		□否	
（备注）			
目前状况			
负责社工		日期	
督导		日期	

(二)小组活动记录

1. 小组工作方案

对小组工作来说,最重要的活动记录无疑是小组活动方案了。一份高质量的小组活动方案是小组活动成功实施的前提,需要在小组活动的准备阶段完成。一份完善的小组方案需要具备以下构成要素:小组名称、小组背景、理论基础、目标、小组组员、小组特征、招募计划、初拟的程序计划和日程、需要的资源、经费预算、预料中的问题和应变计划、小组评估、附录,共十三个方面。小组活动方案可以按照以上构成要素的结构撰写。

(1)小组名称。和项目名称一样,功能方面,首先要让人们知道活动有什么人参加、要做什么,同时要有创意,新颖,吸引人,让人过目难忘,读起来朗朗上口,容易传播,语言表达要积极向上。例如:"我能行"困境儿童自信心提升小组。

(2)小组背景。小组活动背景要写清楚方案解决问题的缘由,交代清楚为什么要开展该小组活动,一般情况下,依据是服务对象需求调研。要让人们看明白,是解决服务对象问题的需要而不是社会工作者想做或者能做这样的活动。例如,助兴社会工作事务所实施的民政部"牵手计划"项目的小组背景:"为更好地引导社会组织参与脱贫攻坚,提升贫困县社会工作服务水平,助兴社会工作事务所实施民政部的'牵手计划',牵手贫困地区社会组织,以困境儿童为主要服务对象,项目落地在T旗S小学。根据之前调研得知,3~4年级的同学们对于安全知识的掌握程度较差,有些同学甚至掌握了非常危险的错误的处理方法,同学们急需补上一堂安全知识教育课。为提高同学们的安全意识,掌握更多的安全知识与自救方法,特开展'安全之旅小组'活动。"

(3)理论基础。这里不仅要写清楚小组的理论依据是什么理论,而且要写清楚该理论的哪部分内容与本小组之间的关系。社会工作者撰写小组活动方案常见的问题是,只描述理论的内容,至于这个理论为什么能指导本小组工作,则没有交代。这样,理论基础与小组活动"两张皮"。因此,社会工作者在介绍理论基础后,还需要描写理论的哪个方面的内容对本小组活动的指导意义。例如,某外来务工子女人际交往能力提升小组的理论基础这样描写,"班杜拉的社会学习理论认为,人在社会环境中学习,从而形成和发展他的个性。而具体的学习方法有观察学习、榜样示范还有模仿学习。本小组的成立就是基于人的学习能力,在团体互动的过程中,组员能够通过观察、模仿学习来提高自己的语言表达、沟通交流等方面的能力,从而达到改善自己的人际交往能力的目的"。

(4)目标设定。目标的设定与项目目标、个案目标的设定原则相同,要求对应服务对象需求,清晰、具体、可测量。

(5)小组组员。要描述清楚组员的特征、年龄、性别、教育背景、问题和需要。

(6)小组特征。要描述清楚小组的性质、形式、规模、聚会频率和时间等,信息要全面。

(7)招募计划。要交代清楚组员的来源、招募的方法和具体招募的时间。

(8)初拟的程序计划和日程。要描述清楚小组共设计多少次活动,每次聚会的计划草案、活动计划和活动准备等。因为小组活动方案是提前准备的,在开展小组的过程中,小组中可能会出现一些新情况,社会工作者也可能会发现一些新问题,组员互动的情况、组员的变化等,需要对初拟的活动计划和日程进行修改和调整。在策划小组活动计划时,要认真比对目标和计划内容是否对应,要认真审视:计划内容与小组目标有什么关系?是不是有助于目标的达成?小组方案常见的问题是计划内容与目标不一致,要注意这一点。

(9)需要的资源。小组活动需要的资源要提前准备好,如测评表、问卷、活动道具、相机、纪念品,等等。

(10)经费预算。要详细列出各项预算明细,可以采用表格的形式,一目了然。

(11)预料中的问题和应变计划。一般从以下几个方面考虑,一是组员方面,例如,组员是儿童,要注意防控活动时包括组员打闹带来的安全问题,组员是老年人,则要注意防止路面湿滑、上下楼梯带来的安全问题;二是活动场地、设备方面,如场地临时有别的用途、设备临时出现故障等如何处理;三是发生意外突发事件,如天气下雨、下雪方案应如何处理,等等,都要提前做好应急预案。

(12)小组评估。需要写清楚评估的内容、主体和方法。评估内容包括组员的表现、社会工作者的表现和工作技巧,小组工作是不是完成了预订的目标和任务?评估主体一般分组员评估、社会工作者自评、观察员评估,评估方法一般有问卷评估、量表评估、活动访谈、满意度测评等形式,分为过程评估和结果评估两种类型。

(13)附录。小组活动开展过程中用到的问卷、评估表、量表等资料,可以附在方案的最后。

2. 小组活动记录

小组活动记录也称为小组进度笔记,是社会工作者在开展小组活动的过程后需要完成的活动文书,是小组评估时分析小组过程发展的重要资料。

社会工作服务机构如果能够制定一套小组工作记录表格,将有助于社会工作者形成完善的记录资料,并能够提高工作效率。北京市大兴区助兴社会工作事务所小组工作记录主要的表格有小组活动报名表(见表5-11)、小组成员资料表(见表5-12)、小组活动签到表(见表5-13)、小组活动契约书(见表5-14)、社会工作者观察记录表(见表5-15)、小组活动评估表(见表5-16),等等。

以上表格中,最重要、难度最大、最能体现专业性的是小组活动观察记录表,其主要内容包括:小组基本信息和主要内容(环节)、辅助社会工作者观察记录、社会工作者反思等部分组成。

(1)小组活动基本信息。包括时间、地点、小组节次、小组主题、参与的社会工作者、小组组员、活动主要内容及流程等方面,为节约时间、提高效率,这些可以在活动开展前填写。

(2)辅助社会工作者的观察记录。包括活动整体情况、组员参与情况、社会工作者主持情况和社会工作者反思。反思是参与小组活动的社会工作者对本次活动的总结,以便发扬长处,弥补不足。

3. 小组活动评估资料

小组工作评估资料除了小组活动记录和观察笔记以外,还有组员的自我报告、社会工作者对组员的访谈记录和小组活动的音像资料等,更重要的是小组工作成效的分析资料及其报告,如调查问卷及调查报告、量表及测评报告等。

(1)音像资料。音像资料是指在组员同意的情况下,通过拍照和录音、录像形式所记录的小组活动过程或小组活动中发生的重要事件,是很直观的评估材料。社会工作者在小组活动进行中要注意留存音像资料。

(2)调查问卷及调查报告。调查问卷是小组评估中常用的测量工具,它在形式上是一份精心设计的问题表格,可以用于测量人们的行为、态度与社会特征,如儿童安全知识教育小组,社会工作者在小组开始前让组员填写安全知识调查问卷,小组活动结束时再填写同样的问卷,在分析前后对比数据的基础上形成调查报告,这是评估小组工作效果的重要的评估资料。此外,还有满意度调查问卷,是最多见的评估资料。

(3)量表(评估表)及测量报告。量表是一种针对性很强的评估工具,比较常见的量表主要有:目标达成量表、任务完成量表、情绪的自由评估表和价值澄清量表等。量表一般需要进行前测和后测,社会工作需要注意测评的时间节点。

附:小组工作记录表

表 5-11　小组活动报名表

机构名称				
小组活动名称				
小组活动时间		小组活动地点		
小组活动服务对象		小组活动名额		
负责社工		社工联系方式		
小组活动内容	（简要描述你的小组活动内容）			
报名表				
序号	姓名	性别	年龄	联系方式	备注

表 5-12　小组成员资料表

序	姓名	性别	年龄	生日	文化程度	联系方式	备注
注意事项							
（整理出需要特别注意的组员及情况，如组员性格内向、组员的家人离世、组员近期的情绪不稳定等，社会工作者在策划及主持小组活动时需要注意这些问题，以确保小组活动的顺利进行）							

表5-13　小组活动签到表

小组活动名称				节数	
小组活动时间			小组活动地点		
主持社工		辅助社工		专家	
到席人数		缺席人数		缺席组员	
组员签到					
序号	姓名		序号	姓名	

表5-14　小组活动契约书

小组活动名称	
小组活动契约书	
（填写与组员制定好的小组契约）	
立约成员签名	

表5-15 小组活动观察记录表

小组名称			小组性质	
活动节数		活动主题		
活动对象			活动地点	
活动时间				
参与社工		（主持社工、辅助社工、督导专家）		
参与组员				
出席人员		缺席人数	缺席组员	
主要内容（环节）				
（按照小组活动环节进行记录，如回顾小组契约环节、回顾上一节小组活动内容环节、本次小组活动流程等）				
观察记录				
活动整体情况	（对此次小组活动的整体情况进行评估）			
组员参与情况	（描述组员的参与情况，如组员的参与度情况，组员遵守小组契约情况等）			
社工主持情况	（对主持社会工作者的表现进行评估）			
社工反思				
优点	（活动中的经验和可取之处）			
缺点	（活动中的缺陷和不足之处）			
应对策略	（针对反思出的缺点制定应对策略）			
是否需要督导				
（需要督导的内容）				
记录社工		记录时间		

表 5-16 小组活动评估表

小组活动名称				小组活动时间		
一、你认为参与此次活动后,是否达到了此次小组活动的预期目标? (0 代表没有达到,数字越大目标的达成情况越好,5 代表完全达到)						
此次小组活动的目标	目标的达成情况					
1.	0	1	2	3	4	5
2.						
3.						
4.						
二、通过此次小组活动你收获了什么?						
三、通过参与小组活动你感到自己有什么变化?						
四、你对小组活动的建议是?						

3. 社区活动记录

(1)社区活动记录。社会服务项目实施过程中,社区活动的种类比较多,按不同的标准划分,社区活动可以划分为不同的类型。按社区活动性质,社区活动可以划分为公益活动、商业促销活动、自娱自乐活动;按活动频率,社区活动可以分为定期举办的大型活动、日常开展的经常性活动;按活动内容,社区活动可以分为文化、体育、科普、教育、娱乐等活动;按参与人群,社区活动可以分为面向大众的活动和针对特定人群开展的社区活动[①]。社区活动记录主要有社区活动签到表(见表 5-17)、社区活动物品发放表(可以和签到表合在一起,见表 5-18)、社区活动记录表(见表 5-19)、社区活动反馈问卷(也叫满意度调查表,见表 5-20)、活动总结或活动简报,等等。本书在此重点介绍如何撰写社区活动总结。

(2)社区活动总结。社区活动总结,是活动执行人员针对某项已经结束的活动进行回顾检查、分析评价,从而肯定成绩,得到经验,找出差距,得出教训和一些规律性认识的一种书面材料。有的社会服务机构以活动简报的

---

① 郑轶.社区活动策划与组织实务[M].成都:西南交通大学出版社,2018:8-9.

形式记录活动,与总结所起的作用一样。

总结,就是总括事实,得出结论。一般包括时间、地点、人物(参与人员)、事件(经过)、意义等要素。第一,活动执行人员要确保材料的真实性,同时要对活动材料进行筛选,做到材料准确、典型、丰富。第二,要坚持实事求是的原则,对所做的活动,既要看到取得的成绩,又要看到不足的地方;既不夸大成绩,也不回避缺点。第三,要突出重点。活动总结不能记流水账,不能不分主次地去罗列数字和事例,要围绕活动主题精心组织材料。第四,要写清楚活动的意义和起到的作用。第五,要以活动照片加以说明。

需要注意的是,活动记录不仅仅是文字记录,活动照片和音像资料的留存同样非常重要。如活动照片,拍照技术是社会工作者必须具备的基本技能,社会服务机构要注意对工作人员进行拍照方面的技能培训,否则,一场服务对象参与规模很大、人数较多、效果很好的活动,最终可能因为提供的照片技术不过关而不能真实地反映活动情况。例如,某社工机构举办的一场小学生消防演练活动,全体师生参加,消防警报响起,学生们在老师的引导下,1~6年级1300余名学生快速有序地跑到大操场上集合,但活动简报中的照片却反映不出来这样的盛况,看上去像是只有几十个人,加上活动总结并没有写参与人数,活动效果让人看起来大打折扣。

附:社区活动记录表

表5-17 社区活动签到表

活动名称			
活动时间		活动地点	
参与人员		专家	
参与人员签到表			
序号	姓名	序号	姓名

表5-18 社区活动物品发放表

活动名称				
发放材料				
发放时间		发放地点		
领取人员签到表				
序号	姓名	单位或住址		联系电话

表5-19 社区活动记录表

活动名称			
活动时间		活动地点	
参与人员			
社区活动具体内容			
社区活动照片			
服务对象评价(满意度问卷附在后面)			
改进措施			
社工签字			

表5-20 社区活动反馈问卷(表)

为了解您在参与××活动后的感受,进一步做好今后的活动,××社会工作事务所特进行此次问卷调查,以便根据您的意见与建议,更加科学地、有针对性地设计活动内容,更好地满足您的需求。 感谢您的配合! 1. 您在参与本次××活动后,是否有所收获? 　A. 很有收获　　　　B. 有点收获　　　　C. 没有收获 2. 您觉得本次××活动的时间长度如何? 　A. 时间适中　　　　B. 时间太短　　　　C. 时间太长 3. 您在参与本次××活动后,是否对×××(知识点1)有所了解? 　A. 了解许多　　　　B. 了解了些　　　　C. 没有了解 4. 您在参与本次××活动后,是否对×××(知识点2)有所了解? 　A. 了解许多　　　　B. 了解了些　　　　C. 没有了解 5. 如果以后继续开展类似的××活动,您愿意参加吗? 　A. 非常愿意　　　　B. 愿意　　　　　　C. 不愿意 6. 您对本次××活动的整体满意度如何? 　A. 非常满意　　　　B. 满意　　　　　　C. 不满意 7. 请您对此次×××活动留下宝贵的意见!

第三节　社会服务项目结束阶段

项目结束阶段是完结项目的所有活动,以正式结束项目的过程。在项目结束阶段,项目负责人要审查以前各阶段的资料和信息,确保所有项目工作都已完成,确保项目目标已经实现。项目结束阶段的重点任务有进行项目满意度调查、进行财务结算、撰写项目总结报告或绩效报告、项目评估验收等。因项目财务核算和项目评估验收有专门章节介绍,本节重点阐述进行项目满意度调查和撰写项目绩效报告两个问题。

一、进行项目满意度调查

项目满意度调查指的是通过调查人们对项目服务和活动的主观印象和满意程度来系统性地获取信息,从而为购买方、资助方或社会组织的决策和行动提供依据。

(一)项目满意度调查的意义

(1)为社会服务机构进一步改进服务质量提供参考。社会工作服务项目要满足服务对象的需求,否则就没有意义。那么,项目执行完了,服务对象的需求满足了没有?满足的程度怎么样?服务对象不太满意,原因是什么?必须进行跟踪调查,分析原因,在以后的工作中认真加以改进,提高服务质量。

(2)为社会服务项目评估提供依据。满意度调查不仅仅是一种数据的展现,更主要的是通过对具体数据的统计和分析对项目服务进行评估,提供一种系统性思考问题的方式,站在不同的角度来看待和评估社会服务项目。因此,满意度调查是购买方或第三方评估的重要的观测点。

(二)项目满意度调查常见的问题

满意度调查常见的问题主要有以下几个方面,一是有的项目没有进行满意度调查,二是有的项目有调查但没有进行统计分析,三是有的项目有调查但内容不够全面,四是有的项目满意度调查不能反映真实情况。在项目实施的过程中,执行人员往往把重点放在项目活动上,容易忽视满意度调查,而这个方面恰恰是项目绩效评价时最容易出问题的地方。

(三)满意度调查的方法

项目满意度调查一般采取问卷调查法和访谈法,社会工作实务中,问卷调查法用的更多、更广、更普遍。

1.问卷调查方法

调查问卷的题目类型一般分为封闭式问题和开放式问题。封闭式问题的回答方式有两种,一种是给出四至五个答案,满意程度由强至弱,如:非常满意、比较满意、一般、不满意、很不满意,由填写者在答案中选择;另一种方式是给出5至1五个数字,满意程度由强至弱,让填写者选择数字。笔者认为,第一种方式更有利于获得填写者准确的信息,因为填写者文化程度不同,理解能力各异,有时填写的答案并不能够准确地反映其真实的意图。一般在满意度调查问卷的最后还要设计一到二个开放性的题目,例如,您最喜欢的内容是什么?您有什么意见和建议?由填写者根据自己的理解自由作答,以便了解及收集服务对象的意见及建议。

对于项目服务人数比较少的项目或服务对象全部是个案的项目,适合采取普查的方法;对于服务对象比较多,对所有人都进行满意度调查是不现实的,适合采用抽样访查法。至于样本量的大小,则没有明确的规定。笔者认为,重点服务的对象要进行普查,如小组活动的组员、个案服务对象等;而社区活动的参与者可以进行抽样调查,抽样比例20%~30%为宜,如培训活动,可能有一二百人参加,没必要全部填写问卷,能说明问题就行。

2. 访谈法

在社会工作实务中,社会工作者在进行满意度调查时容易忽视访谈法的运用,有的认为这种方法没有纸质问卷有说服力,有的则是不想麻烦。实际上,通过访谈进行满意度调查非常必要,它可以使社会工作者获得大量的信息,不论是对项目质量的改进还是社会工作者的专业成长都大受裨益。

(四)满意度调查的内容

从调查主体来说,满意度调查不能仅限于对服务对象,还应包括项目协作方和间接受益人的调查。项目执行人员在进行满意度调查时,应设计不同的问卷分别展开调查,以便能够更全面地反映项目执行的状况;从调查内容来说,满意度调查不仅包括对项目总体的满意度调查,还应包括项目各部分活动的满意度调查。调查内容一般包括:对项目总体的满意度、对项目内容的满意度、对项目形式的满意度、对项目给服务对象带来的改变的满意度、对工作人员态度的满意度、对服务效果的满意度、对场地安排的满意度等方面。

二、项目绩效报告

项目绩效报告也叫项目结项总结报告,一般应该包括项目概况、项目决策及资金使用管理情况、项目组织实施情况、项目绩效情况和其他需要说明的问题几个方面的内容。有时项目购买方会对绩效报告的内容提出明确的要求。

(一)项目概况

绩效报告首先应该把项目的简要情况作个介绍,以便人们对项目的总体情况有个大概的了解。项目概况应该包括业务和财务两个方面。

(1)项目基本情况。包括:①项目立项情况,要介绍清楚本项目执行单位、项目立项的背景、购买方、申报和立项的时间、批复资金数额、项目实施周期等内容;②项目实施主体,即项目的承接方或项目执行单位、执行团队及分工情况;③项目资金,交代清楚项目资金数额,有的项目有配套资金,也要一并交代清楚;④项目主要内容,包括项目的理论基础、方法和途径以及所要开展的主要活动。

(2)项目年度预算绩效目标和绩效指标设定情况。不仅要写清楚预期总目标、具体目标及阶段性目标,还要明确衡量绩效目标实现程度的评价指标和标准,例如,助兴社会工作事务所实施的"儿童安全教育训练推广项目"的"亲子宝护营"活动,其绩效目标和指标设定是"开展'亲子宝护营'活动,小学和幼儿园各一次,分别由儿童及其家长共同参与,每个营不少于5个家庭,共2次活动"。绩效目标是"亲子宝护营"活动2次,设定的具体指标是:小学和幼儿园各1次,服务对象是儿童及其家长,参与者不少于5个家庭。

(二)项目决策及资金使用管理情况

(1)项目决策情况。项目决策是决策者对于承办人员申报的拟开展项目的意向进行决定和批复的过程,包括决策过程和决策结果两个方面。决策过程应该写清楚"为什么要开展本项目",一般介绍社会工作者开展项目需求调研情况。决策结果指社会服务机构做出开展本项目的决定的情况。

案例展示 5-8

助兴社会工作事务所
"儿童安全教育训练推广项目"决策情况

项目决策过程:本机构住所地在大兴区林校路街道车站北里社区,与大兴区第八小学为邻。社会工作者在共建活动中得知,孩子们非常需要安全方面的教育,而儿童、青少年是本机构服务的主要群体。为进一步了解儿童安全意识和安全知识掌握的状况,也为了更准确地了解项目服务对象的情况,本机构社会工作者于2017年11月项目申报前对大兴八小二至五年级的学生进行了需求调查,结果显示,91.4%的同学不知道"突然流鼻血了"怎么做,69.1%的同学不知道"网络世界中哪些对我们有危害",62.9%的同学不知道一个人被大火困在了室内该怎么做;当问到"如果学校开展安全教育的讲座、小组活动或演练活动你愿意参加吗",98.7%的同学表示愿意参加。

决策结果:根据《2018年××区社会建设工作办公室购买社会组织服务项目指南》,儿童安全教育是其中的重要内容,说明加强对儿童进行安全教育工作已经成为社会的共识。据此,助兴社会工作事务所在充分调研以及与项目协作单位交流、沟通的基础上,决定开展儿童安全教育项目。

(2)项目资金及拨付情况。本部分主要包括财政资金、自筹资金在内的资金安排落实、总投入等情况。报告要交代清楚两个方面的情况,一是财政资金批复资金数额多少,分几次拨付,每一次拨付资金的百分比、数额及时间,截至目前是否已拨付完毕;二是项目总投入数额。

(3)项目资金实际使用情况。主要是指批复资金的使用情况,交代清楚项目资金使用分类支出及占比表,对照项目预算写清楚各项财务支出情况即可。占比表指的是某一类支出占项目资金总额的比例。这里要注意一点,看是否超出规定比例。例如,社会工作专业服务人力成本支出占比不能超过项目金额总额的70%。

(4)项目资金管理情况。一般情况下,项目执行单位都会制订财务管理制度、会计核算办法、报销流程及要求等,要写清楚制定了哪些制度和办法,同时还要交代清楚制度的执行情况。

(三)项目组织实施情况

(1)项目组织情况。主要指项目调整情况、完成情况等。项目实施方案有调整的,要详细介绍调整的内容。项目组织实施情况可以简单介绍一下项目执行团队以及对团队的管理情况。

(2)项目管理情况。主要从两个方面描述,一是项目管理制度建设情况以及制度执行的情况,二是日常检查监督等情况,例如,定期进行项目研讨和督导,每月向第三方报告本月工作总结和下月工作计划等。

(3)项目实施情况。可以分为不同阶段进行描述,如项目立项过程、项目活动实施过程、项目总结过程的服务活动,语言要精练。

(四)项目绩效情况

绩效,顾名思义,绩指的是产出;效指的是效果、效益。项目绩效就是指项目执行主体通过努力和投入所形成的产出和结果,以及产出和结果的合理性、有效性,即效果、效益和效率情况。本部分是整个项目绩效报告的最重要的内容,包括以下几个部分内容:

1. 目标实现情况

结合项目申报书的目标,描述项目实施对解决或是改变服务对象、社会问题所起的作用及改变后的状态。目标实现情况包含量化的服务指标及质性指标达成情况。

(1)量化指标达成情况。量化指标主要指项目的产出,项目开展××场次活动,为××名服务对象提供服务××人次,其中直接受益××人,间接受益××人等数量性服务内容,描述时可以通过表格等形式清晰呈现出来。

(2)质性指标达成情况。质性指标为通过项目的实施,服务对象改变的程度、对服务的满意度,可通过专业量表展示服务对象变化情况,通过量表进行测量来说明服务活动的效果。也通过项目故事案例的形式完整展示。例如,抑郁症患者个案,就可以尝试采用有关抑郁的量表进行评估。笔者所在机构曾有一个服务对象,是一位59岁的阿姨,社会工作者根据其诉说的情况,感觉是抑郁,于是采用抑郁自评量表(self-rating depression scale,SDS)和伯恩斯抑郁自评量表(BDC)两套量表对老人进行了测评,数据均显示属于重度抑郁。社会工作者一方面劝导服务对象去医院进行诊断,服用药物治疗,另一方面采用专业方法对其进行个案辅导,后经医院确诊,老人确实是重度抑郁。经过四个月的陪伴,服务对象之前的症状基本消失,本人感觉良好,社会工作者又用两套同样的量表对老人进行了测评,数据显示都属于正常。经对比前后测评数据,证明服务对象由刚接案时的重度抑郁转变为正常范围,同时根据每次服务结束之后服务对象的表现和谈话,说明社会工作者服务的有效性。

选择量表要注意不同类型量表的适用性,如抑郁自评量表(self-rating depression scale, SDS),其特点是使用简便,并能相当直观地反映抑郁患者的主观感受。但它主要适用于具有抑郁症状的成年人,对严重迟缓症状的抑郁评定有困难。同时,SDS对于文化程度较低或智力水平稍差的人使用效果不佳。

2. 项目实施取得的效益

撰写项目绩效情况时,可以将项目实际完成情况与申报的绩效目标进行对比,从项目的经济性、可持续性和社会效益等方面对项目绩效进行量化、具体分析。

(1)项目的经济性分析。项目的经济性评价,即按照资源合理配置的原则,从政府对购买项目的经济效益进行分析和评估,计算项目对社会经济的净贡献,以评价项目资金投入的经济合理性。其意义在于:

第一,项目经济性评价是形成政府投资合理化的重要手段和有效方法。通过项目评价可将有限的资金投入到急需的或者是效益最大的项目中去,从而实现政府投资的合理化。

第二,项目经济性评价是实现政府购买目标的重要手段。项目经济评价的目的要求社会利益最大化,使政府购买项目的执行能够更加有效地服务于国家未来的经济和社会目标。

第三,项目经济性评价有利于降低项目成本,提高社会效益。项目财务评价的目的就是要实现项目效益的最大化,通过各个阶段的评价,能及时地发现项目实施过程中存在的问题并及时予以纠正,从而降低成本提高效益。项目经济性分析主要从以下两个方面进行,一是对项目成本(预算)控制、节约等情况进行分析。例如,助兴社会工作事务所在"牵手计划"项目组成员在返程时因天气条件恶劣航班取消,第二天早上飞往北京的国航票价是850多元,比提前预订的晚上的飞机贵了一倍,社会工作者就选择了坐绿皮火车绕道、再乘长途客车返回,这样一次就节约项目资金1600余元。节约了资金,可以提高项目产出,项目原预计开展宣传活动、培训等共计9个方面50场(次)活动,实际完成了78场(次),比原计划多完成了28场(次)活动,超过原计划活动产出56%,大大提高了项目的经济效益。二是进行项目的效率性分析。主要是对项目实施(完成)的进度及质量等情况进行分析,可以通过真实的数据进行说明。例如项目进度,项目通过多投入人力的方式,保证了项目进度提前完成;通过加强督导,保证项目的服务质量,如在牵手计划项目实施的过程中,督导全程跟踪,多次对个案服务和小组活动进行现场指导,保证了项目服务活动优质、高效。

(2)项目的可持续性分析。社会服务项目的可持续性主要指的是项目的实施效果及影响力的持久性。社会工作者在撰写绩效报告时,要从可持续性的角度进行分析,在社会工作者的组织和带动下,居民参与度很高,活动开展的红红火火,项目实施成效显著,那么在该项目结项社会工作者撤出之后,项目取得的效果或者良好状态是依然存在还是一切又恢复原状? 以笔者所在社会工作服务机构实施的"我的家园我做主——社区居民自治能力提升项目"为例,专业社会工作者带动、扶持和培育社区社会组织,通过对老旧小区改造和治理,推动小区居民自治,小区由原来的"环境脏乱差,车辆乱停乱放,废品随意堆放,小区居民怨声载道,经常拨打12345市民热线"状况,呈现"管理有序、环境宜居、治安良好、生活便利、人际关系和谐"新面貌的目标。项目于2019年6月结项,北青社区报分别于2018年8月8日和9月17日两次以"社工机构助力小区自管'管'出居民幸福生活"(网络版)①和"这个小区的房子为啥房主愿意自住不愿卖"(网络版)为题进行报道。在这个项目中,社会工作者通过帮助自管会制定一整套工作制度如会议制度,定期召开会议,从制度上确保项目的可持续性;通过建立四支志愿服务队伍,从组织上确保项目的可持续性;通过居民参与意识和参与能力的提升,从思想上确保项目的可持续性。项目结项后,自管会照常运行,特别是疫情发生以来,居民们在自管会的组织和带领下,参与社区治理的积极性并没有降低,每天2名志愿者值班,社区秩序良好,邻里关系和谐。

(3)项目的社会影响分析。①媒体对项目宣传报道的情况,包括社会服务机构通过横幅、宣传彩页对项目及购买方的宣传,媒体报道项目活动的情况,自媒体的报道情况。②项目经验总结和社会影响。项目绩效报告要对实施过程中有效的服务模式及方法进行总结,对项目实施带来的政策的改变以及对行业和社会产生的影响等方面进行阐述。

(五)其他需要说明的问题

本部分内容一般从主要经验及做法、存在问题、改进措施和有关建议等方面描述。

---

① 李梦丽.社工机构助力小区自管"管"出居民幸福生活. https://mp.weixin.qq.com/s/S_IT36jDKvCMVkVJVhRcnw.

总结经验,发现问题,找出项目执行中存在的问题并分析其原因,有利于社会工作者的专业成长和进步。这里需要注意的是,一些社会工作者在绩效报告中总是回避自己的缺点和不足,会有损于项目的形象,甚至会影响到评估结果,这是一种误解。正视项目的优点和不足,正是社会工作者反思能力的一种体现,是社会工作专业性的表现。

社会工作者发现项目实施中存在的问题是购买方或项目组织管理方的问题,可以在此提出建议,提醒对方注意并加以改正。例如,"牵手计划"项目中,牵手组织执行的项目资金买家迟迟不能到位,社会工作者建议"加强市民政局与受援地政府部门的对接工作,确保牵手项目资金尽早到位,以保证牵手组织顺利开展项目活动"。

有的项目是延续性项目,需要叙述下一步工作计划,从而保持项目完整的服务体系和工作进度。

附:结项绩效报告模板

20××年××区社会建设工作办公室购买服务项目

××项目绩效报告

承接单位：×××
20××年××月××日

××项目绩效报告

一、项目概况
(一)项目基本情况
(二)项目年度预算绩效目标和绩效指标设定情况
二、项目决策及资金使用管理情况
(一)项目决策情况
(二)项目资金
(三)项目资金(主要是指批复资金)实际使用情况
(四)项目资金管理情况
三、项目组织实施情况
(一)项目组织情况
(二)项目管理情况
四、项目绩效情况
(一)项目绩效目标完成情况
(二)项目绩效目标未完成情况及原因分析(可选)
五、其他需要说明的问题
主要经验及做法、存在问题和建议

承接单位名称(盖章)
20××年××月××日

除了以上内容,项目结项阶段的重要工作还有项目财务结算和项目评估验收,关于项目财务问题在第六章第一节"项目财务管理"部分有详细介绍,项目评估验收则在第七章项目评估中详细介绍,在此不多加赘述。

第六章 政府购买社会服务项目管理

社会服务项目管理是项目执行过程中的一项重要内容,是指项目的管理者在政府购买的有限的资源约束下,在相关理论指导下,运用系统的观点和方法,对社会服务项目涉及的全部工作进行有效的管理,即对从项目的决策开始到项目结束的全过程进行计划、组织、指挥、协调、控制和评估,以期最终实现项目的目标。本章内容从项目运作的实用性出发,选择项目执行人员容易出差错的部分内容,分两节内容,第一节论述社会服务项目的财务管理,第二节论述社会服务项目的档案管理。

第一节 政府购买社会服务项目财务管理

社会服务机构的公益性质决定了项目的所有活动支出都需要向资助方负责,也决定了社会服务机构必须执行《民间非营利组织会计制度》,完善各项规章制度,加强内部财务管理,规范会计核算行为,提高会计信息质量和透明度,在社会上树立良好形象,实现社会服务机构的持续、健康发展。

一、财务管理的原则

财务管理是项目执行单位对项目资金的筹集、计划、使用和分配,是保证整个项目管理的基础,在项目管理中具有十分突出的重要位置。

(1)合法规范原则。项目财务管理必须遵守国家法律、法规,项目发生的每笔支出都要符合国家和地方财政相关标准,符合相关政府部门制订的项目资金使用管理办法的要求。

(2)预算管理原则。所有的政府购买社会服务项目在申报时,都需要申报项目专项资金使用明细预算,在项目资金申请得到批准后,项目资金使用内容应该与项目申报预算一致。

(3)集中拨付原则。政府购买社会服务项目都是财政专项资金,政府部门在与项目承接单位签订合同后,按正常渠道集中拨付至实施项目的社会组织(单位)或实施项目所依托的社会组织(单位)账户,不同的项目或不同的地区资金拨付的次数和比例不一样,如有的项目资金拨付按7∶3的比例按照时间进度进行分两次拨付;有的项目分三次拨付,比例有的采取5∶3∶2的比例进行拨付,也有的采取4∶4∶2的比例进行拨付。

(4)专款专用原则。项目承接单位应按照《民间非营利组织会计制度》进行会计核算。项目资金单独核算,只限用于批复项目,专款专用,任何单位和个人不得挤占、提留、挪用,项目资金支出内容以项目申报书确定的工作目标和承诺为依据,与合同的预算列支科目相符。

(5)专账核算原则。服务项目专项资金在财务核算上应实行专账核算,即按照资金来源、资金支出分别设立专项明细账,准确核算、明确记录每笔业务的发生。

(6)经济合理原则。经济合理原则指的是项目资金使用和支出要厉行勤俭节约,合理配置资源,以较小的投入获得较高的经济效益和社会效益;项目资金应严格按照规定的范围和开支标准执行,力争做到经济、合理、高效。

二、政府购买社会服务项目的预算编制

项目预算是项目的计划和预算(program planning and budgeting,PPB)的简称,指的是社会服务机构按其从事活动的服务项目编制的预算,是一系列有目的的、有序的、在一定期限内待完成的活动的财务计划。

(一)编制项目预算的重要意义

1. 确保项目实施和预算资金使用的一致性,做到专款专用

专款专用是政府购买社会组织服务项目经费使用必须遵守的一个最重要、最基本的原则。政府在向社会组织购买服务时,已经明确指定了资金的用途,社会组织必须按规定用途使用。有了科学、合理、规范、详细的预算,用途和金额等清晰完备,可以确保项目资金使用做到专款专用。

2. 有助于避免经费滥用或者使用不当的情况发生

项目预算可以对财务行为起到必要的监督作用,避免资金使用的风险。在项目实施发生费用报销的时候,财务人员可以按照项目预算中经费的用途和预算金额进行控制和操作,例如,项目预算中做的是"印刷费",报销时就不能发"劳务费"。因此,项目预算对于保证财政资金使用的安全性、有效性具有重要意义。

3. 有利于控制项目实际支出与预算之间的差额

项目预算有利于控制项目资金的使用,更好地保证实际支出和预算的一致性,避免超支。例如,预算中作了1500元的交通费,支出时就不能支

3000元。

(二)项目预算编制方法

项目预算是否合法、合理、节约,将成为项目评审的重要指标之一,是能否争取到政府购买和资金支持的重要条件,也是未来项目执行、监督检查和财务验收的重要依据。因此,社会组织在编制项目预算时,应当做好调查研究,科学设计、充分预计项目可能发生的各项支出,严格按照"目标相关性、政策相符性、经济合理性"原则,结合项目服务实际需要,据实编制项目资金预算,以增强资金使用的规范性、合理性和有效性。

1. 确定申报项目类型

政府在向社会组织购买服务时,会根据不同方面的需求设计不同的项目类型,资金支持额度也相应不一,例如,北京市政府购买社会组织服务就设定有重点项目和面上项目,重点项目50万元,面上项目20万元以下;2019年民政部中央财政支持项目分为四大类,一是发展示范项目(A类),拟资助四川、云南、西藏、甘肃、青海、新疆六省(区)的基层社会组织开展社会救助、社会福利、社区服务和其他服务群众的社会服务活动,每个项目的资金不超过25万元;二是承接社会服务试点项目(B类),拟资助社会组织开展扶老助老、关爱儿童、扶残助残、救助扶贫等社会服务活动,每个项目的资金不超过80万元;三是社会工作服务示范项目(C类),拟资助社会组织开展社会工作服务活动,即以社会救助对象、城市流动人口、农村留守人员、老年人、儿童青少年、残疾人、社区矫正人员、优抚对象和受灾群众等特殊群体为重点服务对象,针对需求提供包括矛盾调处、人文关怀、心理疏导、行为矫治、关系调适等在内的社会工作专业服务项目,每个项目的资金不超过80万元;四是人员培训示范项目(D类),开展社会组织负责人、业务工作人员培训,每个项目的资金不超过30万元。

项目申报单位可根据政策要求、机构的服务方向、品牌优势、团队实力和特长等因素,综合考量,确定项目类型,进行项目申报,编制项目预算。

2. 明确资金使用范围

政府部门在准备在社会组织购买服务前,一般都会在相关通知、公告和管理办法中提出明确的预算编制要求,社会组织在申报项目时,要认真、仔细地研读文件,了解项目资金的使用范围,这是编制项目预算的前提条件。

不同类型的政府购买社会组织服务项目,资金的使用范围不一样,但大都包括以下方面:

(1)人力成本费用。包括三个方面:一是项目执行人员开展项目服务或活动所支出的人工成本;二是邀请专家、督导等所支出的劳务费用;三是招募社会志愿者参与项目所支出的补贴。项目管理办法中会规定具体的标准,如2019年民政部"牵手计划"项目规定志愿者补贴标准为每人每天不超过50元(包含餐费、交通、水费等),提供用餐、用水、交通的,原则不再给予相应补贴;中央财政支持项目则规定每人每天不超过100元。

(2)服务活动费用。包括:一是活动物资费用,根据具体服务的类型、形式及内容等情况来确定,使用用途应是用于执行服务过程中所必需的物资,一般不得购置固定资产,如项目宣传活动支出的宣传材料费、小组活动支出的活动用品费、培训活动支出的学习材料费等。二是开展项目活动支出会议费、场地费、活动交通费、活动专家费等,例如,北京市组织实施的民政部"牵手计划"项目规定,会议费/培训费标准应按照《北京市市级党政机关事业单位会议费管理办法》和《北京市市级党政机关事业单位培训费管理办法》的相关规定执行(见表6-1 培训费、表6-2 会议费)。

表6-1 培训费

培训类别	住宿费	伙食费	场地、资料、交通费	其他费用	合计(元/人天)
二类培训	340	130	50	30	550

表6-2 会议费

会议类别	住宿费	伙食费	其他费用	合计(元/人天)
三类会议	340	130	80	550

其中,伙食费130元是早餐费26元、中餐费52元和晚餐费52元三餐合计金额;住宿费、餐费、场地租赁、培训资料、交通费、其他费用(劳务费、专用设备租赁费)不得在培训活动外重新再列支。

各项明细费用之间可调剂使用,但伙食费不得超过上述明细标准。对于不发生的事项,报销额度上限应按明细标准进行相应扣减,不安排住宿的会议不能列支住宿费,额度上也不能超过无住宿费的支出标准。

(3)项目执行费用。项目执行费用包括执行项目所必需的交通、印刷、通讯等费用。具体来说,交通费是指项目执行过程中必须发生的项目执行人员市内交通费,具体标准差旅费应按照各地政府有关规定执行,市内交通费应符合经济节约原则,并与执行项目相关,据实报销;通信费用是指参与执行项目人员使用个人通信工具因具体服务需要而支出的通信费用;项目在异地的,还应该包括交通、住宿、餐费等差旅费。

(4) 项目管理费。指的是在实施项目过程中发生的管理费用。不同类型的政府购买项目的管理费规定不一样,如有的规定项目管理费不得超过项目总经费的2%,有的规定项目管理费不得超过项目总经费的5%等,但不管项目管理费所占项目总经费的比例如何,都不得与其他项目经费重复列支相同内容。项目管理费可列支承接机构管理人员、财务行政人员工资及福利、与项目执行相关的固定资产购置等。

(5) 其他费用。无法归属到上述业务活动费和项目管理费中的费用,其他费用必须是用于此项目开展的费用。例如税费,项目承接单位须按照国家相关法律规定缴纳相应税率的增值税、附加税等,可以单独列支,按照项目承接单位实际应缴纳的额度进行计算。

3. 项目预算编制要求

(1) 要具体清晰。项目预算常见的错误是没有明细,如,有的培训费的预算,笼统地写"培训讲师5000元,培训资料费5000元"。那么,到底几场讲座?每场讲座专家的劳务费多少?按什么标准发放?培训资料都是什么资料?多少本?都不清楚。项目预算一定要真正做到"明"和"细",每一笔开支都要写得清晰具体,是什么服务支出,单价多少,数量多少,金额多少,都要写清楚。例如,项目前期需求调研,需要印制200份调查问卷,每份调查问卷4页,每页打印费0.5元,那么预算明细就是0.5元/页×4页/份×200份=400元,购买方可以从这个预算中得到如下信息,一是清楚地了解到这个项目需求调查问卷有4页,调查的内容应该比较翔实;二是项目调查的样本量有200份,结合项目的服务规模、项目经费和时间限制,可以了解到项目调查的样本量是否合适;三是了解调查问卷打印费的价格是不是合理。因此,项目的每一项预算一定要具体明晰,避免打包的做法。

(2) 要切合实际。首先,预算要切合项目设计和服务计划的实际。预算的每一个数字,每一笔费用都要讲得出道理,这就要求编制项目预算时必须写清楚服务活动的时间、地点、内容、预期目的、服务类型、受益群体、受益人数和次数、费用种类和标准,并且符合政策和文件的规定,这样才能够经得起购买方或者有关专家评委的提问,才能得到认可。其次,预算要切合市场的实际。要以市场价为基准,了解市场行情,开展项目所需的各种费用不能高于当地的市场价格,如场地费、授课费、广告制作费、专家费以及活动物资的费用,一般应稍低于当地的价格或与当地价格持平。因此,预算编制者要及时、准确地掌握各种费用的信息。

(3) 要依规预算。不同的出资方或购买方对经费使用和财务管理的要求是不一样的,一定要按照购买方项目管理的要求编制预算。比如,一般情况下,政府购买服务项目原则上不得用于购买固定资产,那么在预算中就不能有购买固定资产的开支,否则就算违规。关于"固定资产"的界定,项目执行单位参照财政相关文件执行,一般情况下,办公设备包括打印机、空调、电脑、计算器等应属于固定资产,办公家具包括桌、椅等,均属于固定资产,严禁使用专项资金列支。但也有特殊情况,如2019年中央财政支持项目对于申请 A 类项目(发展示范项目)的四川、云南、西藏、甘肃、青海、新疆六省(区)的基层社会组织,在开展社会服务活动中确有必要配备相关设备设施的,可适当列支 5 万元以内的电脑、打印机、传真机、复印机等必要的办公设备、服务设施和项目执行所必需的费用。此外,不同的购买方对服务活动金额和人工成本的标准也可能不一样,那就必须按照标准制定预算。例如,《××区社会建设工作办公室购买社会组织服务指引手册》明确规定,"工作人员(指本单位固定工作人员或专业社会工作者)劳务费按天数计算,每人每天不超过 150 元(包括餐费、交通费、水费、通信费等),提供餐、水、交通、通信的,原则上每天不超过 100 元",那么,编制预算时工作人员服务活动每天最高不能超过 150 元。

(4)要与服务计划相对应。预算要和项目服务计划里面的服务和活动一一对应,例如,服务计划有"个案 1 例 10 次,小组一个 10 次"的计划,相对应地,预算就要有"个案服务 150 元/次×10 次=1500 元,小组活动 150 元/人×2 人×10 次=3000 元"。这样,清楚地体现出服务计划与预算之间的逻辑关系,也可以让资助方或者购买方很清楚地看到资金的用途和价值。

(5)配套资金也要编制预算。如果社会组织有配套资金,也要列入预算,可以在项目批复资金外单独列出来,同项目批复资金一样,也要写清楚资金的具体用途和明细。有时政府在购买服务时,还要求申报项目的社会组织要有配套资金,例如,2019年中央财政支持项目要求申报项目的社会组织应当具备的资格条件之一是"有相应的配套经费来源"。

(6)编制预算要与相关方沟通。项目实施过程中可能需要相关方参与,例如项目的实施地在某个社区,不仅需要借用社区的场地,还需要社区工作人员帮助通知、召集社区居民,有时活动安排在周末,还需要社区工作人员加班参与服务活动,要充分考虑到可能出现的情况,在预算中加以体现,可以做临时工作人员的预算支出或志愿者的预算支出。因此,编制项目预算时与项目执行相关方进行沟通非常必要。

(7)项目预算要有弹性。由于社会服务项目的服务对象、服务环境等具有不确定性,因此,在编制项目预算时,针对不太确定的地方,就要有弹性,留出适当的余地,以免项目执行时难以落实或者预算与决算相差太多。例如,一个社会组织在申请项目经费时预算做了场地费,但在项目执行时,由于场地冲突,活动只能安排在双休日进行,这样就增加了管理场地的两名工作人员的支出,每人发生 150 元劳务费。这 300 元劳务费与预算的"场地费"不一致,将来项目结束审计时就是问题。如果预算时费用的用途改为"场地费和管理人员劳务费",就会避免这样的麻烦,如果作了"管理人员劳务费"的预算,但项目实施时实际没有支出,这没有问题;但如果没做"管理人员劳务费"而在项目实施时却支出了,就属于超出预算范围的支出,审计时就可能通不过。

(四)项目预算的调整

项目在实施过程中,因计划不周或物价波动等原因,致使项目内容发生变化,必须进行项目预算调整的,应及时提出书面申请,并按照批复意见进行调整。不允许擅自调整项目预算内容,否则,项目购买方可以视情节责令整改,也可以停拨或收回资金。

三、政府购买社会服务项目资金管理

(一)健全项目财务管理制度

在项目资金使用方面,应健全项目资金使用管理制度,除严格遵守政府部门制定的专门政府购买服务的实施意见、管理办法等相关规定以外,社会组织还要建立专门内部财务管理制度、项目资金管理办法及细则、项目资金审批制度等,明确项目财务管理原则和会计核算、资金的使用与监督等,将项目资金包括配套资金全部纳入项目执行单位统一核算和管理。做到事前制定资金使用预算,事中做好偏差分析并及时调整,事后进行总结归纳,从制度上保证资金的全过程管控。

(二)明确资金使用要求

项目每项费用的支出须做到使用合理、审批严格、责任明确、记账规范。

(1)使用合理。是指每笔支出都要在规定的支出范围内,与合同的预算列支科目相符,支出价格成本应与市场同类报价基本相符。不允许支出的费用不得计入该项目成本。严格按照项目资金的使用范围进行列支,不在列支范围的一律不允许列支。

(2)审批严格。是指专项资金每笔支出的使用都要执行严格的审批程序。各项目承接单位法人为资金的总负责人,也可书面委托其他人员对项目财务负责。每笔支出须由该负责人最终签字通过后方可支出并入账。

(3)责任明确。是指每笔支出都要有明确的责任人和经办人,项目承接单位的法定代表人对专项资金使用的合法性、规范性、真实性、准确性负总责任。

(4)记账规范。是指每笔支出要取得合法、准确的原始凭证,填写规范、完整的支出凭单以及清晰、明细的记账凭证。记账凭证的摘要栏需填写明细的费用支出内容,例如"××项目资料费""××项目交通费"等。支出凭单的填写也要做到规范、完整、明细,如图6-1所示。

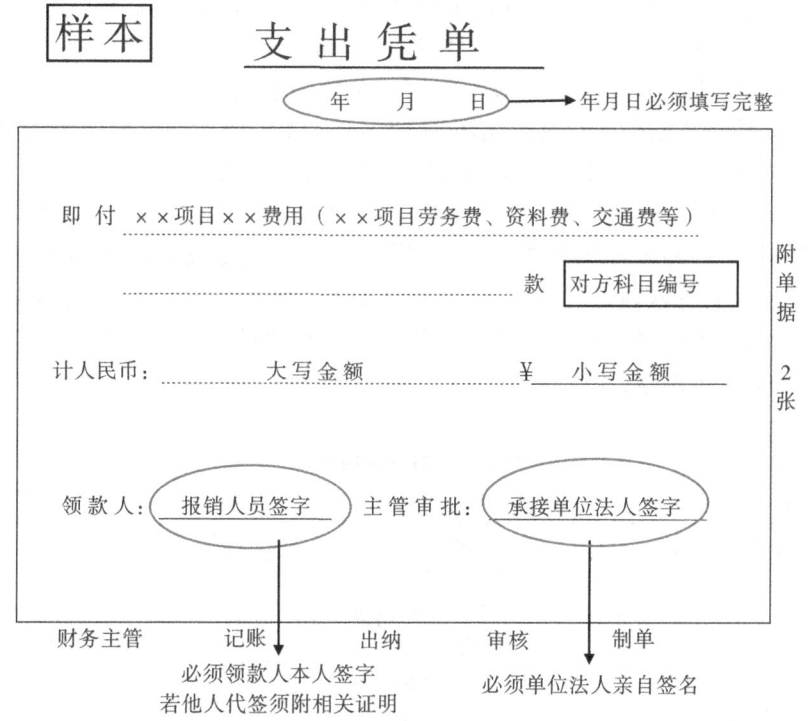

图6-1 支出凭单样本图

(三)规范项目资金使用程序

项目执行单位应严格资金使用的管理。第一,资金支出应与项目实施进度匹配,政府购买服务项目要在一定的期限内有计划、分阶段完成,相应地,项目资金支出要按项目进度使用;第二,要将项目资金直接拨付服务或商品的提供方,不得通过中间人转付,更不得将资金转移到其他组织留存;第三,项目资金使用应遵守国家有关现金和银行结算的管理规定,不得出现大额支付现金、超范围支付现金、公款私存等行为,如果确实需要大额支出,比如单笔支出超过1万元(含),须提前向政府管理部门申请,待批准后方可支出;宣传费、制作费、租赁费、培训费、会议费达5000元(含)以上的须提供合同或者协议;单笔在1000元以上的其他支出,应使用转账支票、网银转账等方式,不得采用现金方式支付。

(四)严格资金使用的审批

项目执行单位应建立项目支出审批制度,明确支出的审批权限、程序、责任和相关控制措施,明确经办人、项目负责人、授权批准人、审核(复核)人员的职责和工作要求。项目执行中应严格遵守所建立的审批制度,经办人、项目负责人、授权批准人、财务人员应按规定履行职责。

项目资金应据实列支,支出报销时应标明为本项目支出,列明支出事由或用途,使用合规合法的票据,不得使用不合法票据或虚假票据作为支出凭据,不得出现"以拨代支"、无票列支费用的现象。

(1)原始票据列支。第一,原始票据的内容包括项目名称、单位名称、内容、数量、单价和金额等要素。第二,原始票据的列支应当有经办人、证明人、批准人的签名等审批手续,签字不全的不得入账。第三,原始票据由报销人员负责填写,部门负责人签字,并明确报销项目名称。第四,出差需要填写差旅费报销单(见表6-3)。

表6-3 差旅费报销单

部门:_____   年 月 日   金额单位:元

出差人					出差事由						
出 发			出 达		交通工具	车船费		出差补贴		项目	单据张数	金额
月	日	地点	月	日	地点		单据张数	金额	天数	金额	车船费和出差补贴		
											住宿费		
											室内车费		
											邮电办公用品费		
											其他		
			小计								不买卧铺补贴		
报销金额			人民币		万 仟 佰 拾 元 角 分						金额合计		

部门负责人: 稽核: 报销人:

(2)严格遵守发票管理办法。购买物资时须开正规发票,发票内容务必为物资的明细,内容包括产品名称、单位、数量、单价和金额,如果物资各类太多无法打出全部明细,可以附与发票同一系统的小票,如超市的购物小票,注意:明细不得用 A4 纸自制;财务人员取得发票时,须登陆国家税务局官网进行查询,将查询结果进行截图取证,附在发票后边一并入账装订;发票抬头必须是项目承接单位全称,出现简称、个人情况不得入账;不符合规定的发票,不得作为财务报销凭证,任何单位和个人有权拒收。

(四)支出注意事项

(1)人员劳务成本列支。人员劳务成本的发放要制费用签收单或领取表,并有领取人、经办人和审核人的签名手续,领取人必须进行实名签字。列支时要附费用发放依据,包括专家或教师培训上课考勤登记表、志愿者服务签到表、活动总结的记录等。例如劳务费,应根据实际工作时间及标准,在预算范围内据实列支。对于执行项目所必需的但超过国家标准的讲课费、专家咨询费可作为配套资金列支。劳务费领取表应根据项目执行单位保留的工作内容工时记录填制劳务费领取表(签收单),劳务费领取表应列明领取人姓名、性别、身份证号码、联系电话、职务或职称情况、工作内容和时间、劳务费金额、领取人员签字等内容。专家咨询费应当保留能证明专家身份及能力的资料(见表6-4、表6-5)。同样,志愿者补贴领取表也应列明领取人姓名、身份证号码、工作内容和时间、劳务费金额、联系电话、领取人员签字等内容(见表6-6)。志愿者补贴的数额一般不多,支付方式可根据志愿者的具体情况而定,提倡采用转账支付的方式,但如果项目的志愿者多是社区里的老年人,则宜采取现金支付的方式。

表6-4 _____项目专家费领取表(现金支付)

序号	姓名	身份证号码	服务内容	服务地点	服务日期	服务时长(天)	领取金额(元)	领取日期	职务/职称	签字	联系方式
1											
2											
3											
合计	金额小写(单位:元):					金额大写(单位:元):					

项目承接单位: 审核人: 项目负责人: 单位负责人:

表6-5 _____项目专家费领取表（转账支付）

序号	姓名	身份证号码	服务内容	服务地点	服务日期	服务时长(天)	领取金额(元)	职务/职称	银行卡号	开户行	联系方式
1											
2											
3											
合计	金额小写(单位:元):					金额大写(单位:元):					

项目承接单位： 审核人： 项目负责人： 单位负责人：

表6-6 _____项目志愿者补贴领取表（现金支付）

序号	姓名	身份证号码	服务内容	服务地点	服务日期	服务时长(天)	金额(元)	领取日期	签字	联系方式
1										
2										
3										
合计	金额小写(单位:元):					金额大写(单位:元):				

项目承接单位： 审核人： 项目负责人： 单位负责人：

（2）交通费列支。交通费是指项目执行过程中必须发生的差旅费和市内交通费。差旅费应参照国家有关规定执行；报销时，除票据外，报销单据中应注明出差人员姓名、出差时间、事由、起止地、费用类型等。市内交通费报销时，除票据外，报销单据中应注明报销人员姓名、外出事由、起止地、费用类型等。有时政府购买项目管理办法中还会对单独列支的管理费作特别规定，如北京市××区政府购买社会组织服务项目财务管理办法中有"不能超过项目总经费的1%"的规定。此外，关于交通费（运输费）中汽车加油费的发票，须车辆所有人为项目承接单位，入账时发票后边须附行驶证复印件。项目执行单位应本着节约原则，依据预算据实列支。

（3）会议费列支。项目执行单位应本着节约原则，在规定的标准范围内，依据预算据实列支，并参照有关项目管理的规定进行管理。项目执行单位应当保留会议通知、会议日程、会议材料、会场照片、相关合同(场地使用、印刷会议资料、购买会议用品等)、实际参会人员签到表(包括姓名、单位、职务、联系电话、通讯地址)、会议总结或成果、会议服务单位提供的费用原始明细单据、电子结算单等凭证。

(4)印刷、宣传费列支。项目执行单位应本着节约的原则,依据预算据实列支印刷、宣传费。除发票和付款记录外,项目执行单位还应保留相关合同(印刷、广告等)、印刷清单、印刷样品、刊登广告的媒介资料(样刊或录像)等相关资料。

(5)发放款物支出。项目执行单位应在预算规定的范围内,按照预算列明的种类、数量、标准、金额进行发放,保留有接收人签字的款物发放清单或接收记录、受益对象确认书、款项拨付记录,并在支出时附财务发放清单和接收记录。

(6)固定资产购置支出。项目执行单位应在预算规定的范围内,本着经济、节约、满足基本功能的原则,所购置的固定资产不得超过预算规定的种类、数量标准和金额。项目执行单位应保存固定资产购置或接受捐赠的原始单据、交接或完工验收及投入使用记录,列支时附在发票后边。

(7)管理费支出。项目经费中可包含管理费,主要用于项目策划、宣传、组织、网银转账手续费等与项目管理相关的行政开支,如财务人员开支、咨询服务费、审计费等,但管理费要严格按照政府有关购买项目的规定的比例执行,且管理费与其他项目经费不可重复列支相同内容。

(8)按规定缴纳各项税费。属于应税收入的应按规定缴纳税费,对发放的劳务费应按规定代扣代缴个人所得税。

此外,有的政府购买社会服务项目有配套资金,配套资金应按立项申报书载明的金额及时足额投入,按申报书列明的支出类型、标准和金额使用,并由项目执行单位统一核算与管理。

(五)建立报表制度

为了更好、更准确地了解项目执行情况,及时改正项目实施过程中存在的问题,购买方或第三方会要求项目执行单位定期出具财务报表,一般在中期评估和结项评估时提交,包括项目财务支出明细表(表6-7)、合同预算经费与实际使用情况对比表(表6-8)等。政府购买社会服务项目资金是社会建设专项资金,原则上在项目结束后实现收支平衡。

表6-7 社会服务项目财务支出明细表(预算资金)

单位:元

时间	服务内容	项目资金名称				累计金额	凭证号	备注
		材料费	培训费	社工费	……			
2019年11月	活动1							
2019年12月	活动2							
2020年1月	……							
……………								
2020年10月								
总支出								
总结余								

制表人: 负责人:

表6-8 合同预算经费与实际使用情况对比表

单位:元

序号	合同预算经费		实际使用情况		符合率
	规定可列支科目	预算金额	实际列支科目	支出金额	
1					
2					
3					
4					
…	…	…	…	…	…
合计					
说明	1.超范围列支科目的,须另附说明; 2.表中符合率指经费预算与实际支出情况的符合率; 3.项目负责人、填报人及财务人员须手写签名。				

项目负责人: 填报人: 财会人员:

四、政府购买社会服务项目会计核算

(一)会计核算的基本原则

(1)会计核算应当以实际发生的交易或者事项为依据,如实反映项目执行单位的财务状况、业务活动情况和现金流量等信息。

(2)会计核算所提供的信息应当能够满足会计信息使用者(购买方、捐赠人、监管者等)的需要。

(3)会计核算应当按照交易或者事项的实质进行,而不应当仅仅按照它们的法律形式作为依据。

(4)会计政策前后各期应当保持一致,不得随意变更。如有必要变更,应当在会计报表附注中披露变更的内容和理由、变更的累积影响数,以及累积影响数不能合理确定的理由等。

(5)会计核算应当按照规定的会计处理方法进行,会计信息应当口径一致、相互可比。

(6)会计核算应当及时进行,不得提前或延后。

(7)会计核算和编制的财务会计报告应当清晰明了,便于理解和使用。

(8)在会计核算中,所发生的费用应当与其相关的收入相配比,同一会计期间内的各项收入和与其相关的费用,应当在该会计期间内确认。

(9)资产在取得时应当按照实际成本计量,但有特别规定的,按照特别规定的计量基础进行计量。其后,资产账面价值的调整,应当按照本制度的规定执行;除法律、行政法规和国家统一的会计制度另有规定外,项目执行单位一律不得自行调整资产账面价值。

(10)会计核算应当遵循谨慎性原则。

(11)会计核算应当遵循重要性原则,对资产、负债、净资产、收入、费用等有较大影响,并进而影响财务会计报告使用者据以做出合理判断的重要会计事项,必须按照规定的会计方法和程序进行处理,并在财务会计报告中予以充分披露;对于非重要的会计事项,在不影响会计信息真实性和不至于误导会计信息使用者做出正确判断的前提下,可适当简化处理。

(二)会计核算的基本要求

项目执行单位应按照国家统一会计制度的要求,依据真实、合法的支出凭证进行核算,将开展社会服务活动所取得的全部资金纳入本组织合法账簿进行核算和管理,项目执行单位不得为项目单独做账,不得将开展活动所取得的收入收到其他单位,并做到核算清晰,能够区分资助资金和配套资金的来源和使用情况。项目执行单位应按项目进行明细核算或费用归集,保证支出与项目的相关性,避免因核算不清而导致支出无法确认的情况发生。

(三)会计核算具体要求

不同的政府购买项目,会计核算要求不一样,例如,中央财政支持项目要求和北京市政府购买社会组织服务项目的要求就不一样,××市××区政府购买项目要求,财务核算人员须在一级会计科目"业务活动成本"下,以批复项目为名称设立二级明细,该项目发生的所有成本费用都归集在该明细科目下。社会组织严格依规进行即可。本节内容以中央财政支持项目为例详细说明。

1. 收入的核算

对于收到的资金,项目执行单位按"补助收入—限定性收入—项目名称—来源单位名称"设置明细科目进行核算。

对于收到的捐赠收入,项目执行单位按"捐赠收入—限定性收入—项目名称"设置明细科目进行核算。

对于收到的服务性收入(包括政府购买服务收入、服务收入),按"提供服务收入—项目名称—具体收入类型"设置明细科目进行核算。

对于使用自有资金作为配套的资金的,账面不进行收入的核算。

对于收到的其他类型的配套资金,项目执行单位应参照上述方法,根据具体情况进行明细核算。

2. 支出的核算

对于使用资金的支出,项目执行单位按"业务活动成本—补助成本—项目名称—资金来源—子项目名称"设置明细科目进行核算。

对于使用收到的捐赠收入的支出,项目执行单位按"业务活动成本—捐赠业务成本—项目名称—子项目名称"设置明细科目进行核算。

对于使用收到的服务收入(如:政府购买服务收入、服务收入等)的支出,应按"业务活动成本—提供服务成本—项目名称—子项目名称"设置明细科目进行核算。

对于使用自有资金作为配套资金的,按"业务活动成本–提供服务成本—项目名称—子项目名称"设置明细科目进行核算。

对于使用收到的其他类型的配套资金,项目执行单位应参照上述方法,根据具体情况进行明细核算。

4. 固定资产的核算

对于收到的资金,项目执行单位按"补助收入—限定性收入—项目名称—来源单位名称"设置明细科目进行核算。

对于收到的捐赠收入,项目执行单位按"捐赠收入—限定性收入—项目名称"设置明细科目进行核算。

对于收到的服务性收入(包括政府购买服务收入、服务收入),按"提供服务收入—项目名称—具体收入类型"设置明细科目进行核算。

对于使用自有资金作为配套的资金的,账面不进行收入的核算。

对于收到的其他类型的配套资金,项目执行单位应参照上述方法,根据具体情况进行明细核算。

总之,会计核算是会计工作的基础,政府购买社会服务项目会计核算必须遵守《中华人民共和国会计法》和有关政府购买社会服务财务制度的规定,符合有关会计准则和会计制度的要求,必须做到会计资料真实、正确、完整,保证政府购买社会组织服务项目会计信息的质量。

第二节 政府购买社会服务项目档案管理

一、社会服务项目档案的含义与内容

(一)社会服务项目档案的含义

档案一般是指人们在各项社会活动中直接形成的各种形式的具有保存价值的原始记录[1]。档案是一种历史记忆,是对国家建设、社会活动和人们生活中已发生的、具有保存价值的各种事件内容的真实记录和生动留存[2]。

社会服务项目档案是指在服务项目开展的过程中形成的各种文字、音像资料的总称。社会服务项目档案的组卷,往往是以项目为单位,根据项目执行周期,按照时间、服务内容,根据具有关联的内在逻辑编纂而形成的。经过归档程序后被保管的社会服务项目档案不仅是项目绩效的重要证据资料,而且对推动社会工作专业化、职业化建设具有重要的参考和借鉴意义。

(二)社会服务项目档案的内容

1.行政工作档案

社会服务机构在履行日常行政管理职能的过程中形成的各种规范文件和书面材料,均可归为行政工作档案,包括机构制定的章程、规章制度、发展规划、年度工作计划与总结、财务审计报告、上呈的请示与报告、上级的批示和批复、下发的通知以及与相关部门之间的函件、编辑的简报、撰写的会议记录和会议纪要、评优的申报材料、工作人员人事档案、党团员花名册和组

---

[1] https://baike.baidu.com/item/档案/6299?fr=aladdin.档案定义
[2] 曹彦.对社会工作档案管理的初步认识和探索[J].长沙民政职业学院学报,2014(3):48.

织发展材料、各类基础性数据统计报表等。其中项目管理制度、财务管理制度、审计报告等是社会服务项目申报和结项考评时常用的档案资料。

2. 项目文书档案

项目文书档案是指社工机构在从事专业助人的业务活动中形成的各种文字档案,包括项目申请书、项目实施方案、服务计划书、个案工作档案、小组工作档案、社区工作档案、活动策划书、活动总结、绩效报告等档案资料以及专业服务过程中形成的财务类档案资料。

3. 单位资质档案

单位资质档案是在社会服务机构发展过程中,由专业化、职业化建设所产生的各种带有文字标注或说明、具有纪念意义和保存价值的物品,最典型的是上级部门授予的荣誉称号、服务对象对社会服务机构表达感谢的信件和锦旗、证明获得某种资质资历为载体的奖牌、奖状、奖杯、证书等①。项目申报时购买方通常会要求社会服务机构提交以上单位资质档案资料。

4. 电子、声像档案

电子、声像档案不同于普通的纸质档案,是指以计算机网络、多媒体、数据库、磁带、光盘等技术设备为载体的档案。例如,服务对象信息管理系统,社会工作档案管理系统,培训的录音、录像资料,服务活动的录像带或视频资料,冲印的照片、印刷的宣传材料的电子版,等等。笔者认为,行政工作档案、专业工作档案、单位资质档案等所有以纸质和其他材质为载体的档案资料,都应备份一份电子档案。

5. 相关编研成果

编研工作是一种对项目档案资料进行加工、对项目档案中所包含的知识进行再生产的工作。以社会服务项目档案为基础,通过档案编研工作,把相关多个案卷中有价值的、有联系的信息串联起来,形成编研成果,也是重要的项目档案资料②。例如,在个案工作档案的基础上,根据服务过程记录和评估报告,撰写案例故事;对项目服务进行总结,撰写专业研究文章等,都属于编研成果。笔者曾对"牵手计划"服务项目进行总结,撰写了《EPS理论模型介入农村困境儿童服务的实践研究》,发表于《中国社会工作》2020年4月(上),同样也是项目的档案资料。

---

① 曹彦. 对社会工作档案管理的初步认识和探索[J]. 长沙民政职业学院学报, 2014(3):49.

② 曹彦. 对社会工作档案管理的初步认识和探索.[J]. 长沙民政职业学院学报. 2014.(3)49.

二、社会服务项目档案管理的重要意义

社会服务项目档案管理是对在社会服务项目开展过程中形成的各种文件、资料进行管理,并发挥其功能、提供利用服务的业务工作,是社会服务项目管理的重要内容。

随着人们对社会服务认识的逐步加深和政府购买行为的蓬勃发展,社会服务项目对解决社会问题、维持社会秩序、促进社会和谐的功能越来越突显出来,社会服务项目档案管理具有越来越重要的意义,主要体现在以下几个方面。

1. 有利于对服务对象实现后续服务,提高工作效能

以个案服务为例,由于服务对象问题成因的复杂性,社会工作者对服务对象提供的服务往往不是一次性完成的,而是需要进行定期辅导和后续的跟踪服务,才能使服务对象的现状得以不断改变,社会潜能得到发挥、社会功能得到恢复。在目前社会服务机构人员流动比较频繁的情况下,通过个案服务档案对服务对象问题成因的识别、需求的评估以及服务过程的真实记录,对服务对象的个性及服务方法的清晰记载,后来者依据原始服务档案进行跟踪服务时会更具针对性和准确性,提高服务效率和成效。

2. 有利于总结服务经验,提高服务水平

社会工作的社会性、实务性决定了社会服务工作仅凭书本知识是不行的,要求社会工作者不断总结经验,从实践中提高自己分析问题、解决问题的能力。社会服务项目档案需要社会工作者记录在提供服务的过程中所运用的指导理论和模式、采用的工作方法和技术、适用的社会政策和法规,以及与服务对象的沟通技巧,等等。服务档案记录、整理的过程是对专业服务回放和总结的过程,也是社会工作者进行理论思考和研究的过程。在此过程中,社会工作者的知识面得到拓宽,服务能力得到增强,理论水平和服务水平得到提高。

3. 有利于积累培训教材,推进机构人才队伍建设

资深社会工作者的项目服务档案,是新进社会服务机构工作人员的很好的培训素材,可以为他们提供充分、有效的服务示范,有效地帮助初入职者少走弯路,提高服务效能,从而全面提升他们的服务质量,具有极强的实用性。长期、持续地传、帮、带能够有效地推进机构的人才队伍建设。

4. 有利于进行社会交代,提高社会组织的公信力

社会服务项目档案为社会服务机构的公开、透明以及向社会交代提供证明资料。社会服务项目档案是证明社会服务机构及其工作者能力和水平的重要资料,是验证该机构是否专业的重要资料,是验证该项目资金与活动

产出及质量是否成正比的重要资料,专业、优质、高效的项目档案资料有利于提高社会组织的公信力。

三、做好社会服务项目档案管理工作

(一)目前社会服务项目档案管理存在的问题

1. 保密意识不强,存在泄密隐患

项目服务中经常需要服务对象填写个人基本信息表,如年龄、联系方式、家庭住址等,个案服务需要进行完整的记录,有时还会产生录音、录像资料以及服务对象的知情同意书,有时还会涉及服务对象的秘密或是隐私,这些都是非常重要的档案资料,在服务活动结束后应该及时交还给项目负责人归档,封闭保存。但在有些机构,这些项目档案资料被工作人员随意摆放在工作台上,谁进到办公室内都可以看到、拿到,容易导致服务对象的个人信息泄露,这不仅是违背社会工作伦理的一种表现,也是对服务对象的不负责任,严重的可能会给服务对象造成困扰,影响服务对象对机构的信任度。

2. 制度不够健全,归档范围不明确

有的机构没有项目档案管理制度,项目资料管理工作不规范,归档范围不清楚,收集重点不明确,资料处理程序不规范,导致归档材料不能做到齐全、完整。例如,活动物品发放表,是很重要的项目档案资料,但在实务中,因机构没有相应的制度,导致工作人员没有留存。

3. 归档不及时,导致严重后果

项目档案归档不及时会导致以下严重后果:

(1)未撰写的活动材料堆积。有时服务活动比较密集,每场活动都需要撰写活动总结或信息,如果不及时撰写并归档,便会堆积起来。这样造成的后果为:一是活动结束时间长了,容易遗忘一些信息;二是等到要考核、不得不补材料时,追赶速度的结果会使文案的质量受到影响。

(2)活动照片或视频丢失。随着智能手机功能的不断完善,比起相机来不仅方便携带,导出照片又轻松快捷,因此,项目执行人员通常都会选择用手机拍摄活动照片,记录活动流程。但由于照片比较占用内存,为了防止手机变卡变慢,大部分的社会工作者喜欢将活动的照片和视频通过微信、QQ等聊天工具进行传递,随后就将照片删除。但如果没有将照片和视频及时下载进行归档,超过一段时间后,照片就会失效,无法继续下载,最终导致活动照片丢失。

4. 归档材料门类不全,存在疏漏之处

一些机构项目档案资料门类很少,有的只收集文字和图片材料,声像资料却没有留存、收集。

(二)加强社会服务项目档案管理工作

1. 建立健全项目档案管理制度

社会服务机构应本着便捷实用、科学规范的原则,结合社会服务项目运作的实际和特点,建立健全项目档案管理制度,明确项目档案有关管理人员的职责并进行考核,对档案资料的留存、制作、收集、归档等具体操作流程、步骤做出明确规定,使之具有可行性和可操作性,以此作为规范本机构项目档案管理工作的指南和准则。

2. 对项目执行人员进行档案管理专题培训

就目前社会服务机构的状况而言,配备专职档案管理人员不现实,工作着力点主要集中在申请社会服务项目、运行项目、扩大项目影响力等方面,为此,对工作人员培养的重点放在专业服务能力的提升方面,却往往忽视了对其档案管理能力的培养。笔者认为,应对项目执行人员进行档案管理方面的专题培训,全面提升其项目档案管理水平。

3. 把档案管理纳入项目考评范畴

购买方或第三方在对项目进行考评时,不仅要考量社会工作者的专业化服务水平和工作绩效,也要对项目档案管理工作加以重视,将档案工作作为项目考核的内容之一,制定项目档案管理方面的考核要求和具体指标,通过考核使社会服务机构及其工作人员提高对项目档案管理的认识。

4. 开发档案管理系统,实现项目档案管理电子化

近年来,随着信息技术的飞速发展,电子档案因具有存储密度大、占用空间小、易于保存等优势,在项目档案管理中发挥越来越大的作用。一些社会服务机构先试先行,开发档案管理系统,初步实现了项目档案的电子化、智能化和集约化管理。但任何事情都具有两面性,项目档案管理的信息化在给机构和项目管理者带来便利的同时,也给档案管理带来了一定的风险和隐患,对此,管理者要给予足够的重视。

第七章 政府购买社会服务项目评估

社会服务项目评估是针对社会服务项目而进行的评价活动,是评估人员基于社会科学研究方法,通过系统地对项目资料进行搜集、整理、对比、分析,对社会服务项目的服务方案、实施过程和服务效果等方面进行的测度、诊断和评估的一种活动。根据社会服务项目评估的主体不同,项目评估分为社会服务机构内部评估和外部评估。本章内容将分别从社会服务项目评估概述、社会服务机构内部评估和社会服务项目外部评审的角度展开论述。

第一节 政府购买社会服务项目评估概述

一、社会服务项目评估的基本含义

国内外学者对社会服务项目评估的界定有不同的侧重。通过查阅相关文献,笔者发现,国内外学者主要是从社会服务项目评估研究的目的和任务两个方面来定义社会服务项目评估。

从评估目的层面来看,我国学者陈锦棠认为,社会服务项目评估是通过对数据资料进行系统地收集和分析,从而帮助人们判断社会服务项目的目标、成果及效率的完成情况,最终判定该项目的最终价值[1]。外国学者麦克尔·巴顿认为,社会服务项目评估是通过项目评估人员系统地收集项目活动的相关资料,从而对项目的完成情况做出判断,为下一步改善项目成效提供指导性信息的过程[2]。美国学者罗希等人认为,社会服务项目评估就是采用社会研究的程序,在一定的政治和组织环境下,通过系统地对社会服务项

---

[1] 陈锦棠.香港社会服务与审核[M].北京:北京大学出版社,2008.
[2] 方巍,祝键华,何锉.社会项目评估[M].上海:上海人民出版社,2012.

目进行调查,旨在改善社会环境和条件的社会干预项目的绩效[①]。

一些学者更强调从任务的角度来界定社会服务项目评估。我国学者顾东辉认为,任何社会服务项目都应该采用科学方法对社会服务项目的设计、策划、实施和效果等进行测度、诊断和评估。社会服务项目的评估既是服务提供者向各界进行服务成效的展示,也是其自身提升服务素质和专业服务水准的前提。国外学者戴维·罗伊斯认为,社会服务项目评估作为一种应用型研究,是社会服务项目管理的一部分,它既是一个评估工具,同时也是一个有逻辑、有顺序的调查过程,通过对社会服务项目进行评估,不仅可以提高项目的服务质量,而且还能帮助项目服务的提供者最大限度地充分利用服务资源,更好地为该项目的服务对象服务。

以上学者对社会服务项目评估定义的界定具有以下共性:①社会服务项目的评估是以服务对象的需求为目标导向的。②社会服务项目评估是一个对资料进行收集、分析、测度、评价的过程。③社会服务项目评估注重项目的绩效与效率。④社会服务项目评估注重评估方与被评估方以及项目相关方之间的互动。这些共同点也是社会服务项目评估活动进行所必需的要素。

笔者根据众多学者对社会服务项目评估的界定,经过整理和归纳,得出以下定义:社会服务项目评估是一种针对社会服务项目而进行的评估活动,是评估人员基于社会科学研究方法,通过系统地对项目资料进行搜集、整理、对比、分析,对社会服务项目的服务方案、实施过程和服务效果等方面进行的测度、诊断和评估的一种活动。

二、社会服务项目评估的主体和对象

从社会服务项目评估的实施人员看,社会服务项目评估的主体可以分为三大类,一是社会工作者或社会服务机构,二是购买方或第三方,三是服务对象。不论是哪一类的评估主体,项目评估都可以客观、准确地将与项目执行有关的资源、方法和技术、结果和成效等方面的数据资料和实况真实、完整地汇集、呈现于决策者面前,并为其提供正反两方面的评价意见,使其能够实事求是地做出正确的决策。

社会服务项目评估的对象是社会服务项目的计划、实施过程和结果。作为社会工作者或社会服务机构,从项目策划开始,就要进行项目的需求评估、可行性评估,项目执行中随时进行过程评估,活动结束要进行结果评估,

---

① 罗希,李普希,弗里曼.评估:方法与技术(第七版)[M].邱泽奇,王旭辉,刘月,等译.重庆:重庆大学出版,2007.

项目结束要进行绩效评估;作为购买方或第三方评估机构,从购买阶段就开始进行立项评估,项目执行阶段对项目实施的过程和内容进行监测和考评,项目结束后会进行项目绩效考评。

三、社会服务项目评估的目标

社会服务项目评估旨在检查被评估方是否真正承担了社会责任,促进了专业发展。民政部发布的《社会工作服务项目绩效评估指南》中,评估目标有以下三项:①评估社会工作服务项目目标的实现程度、专业服务效果及项目资金的使用情况。②总结社会工作服务经验,提炼社会工作服务技巧,提升社会工作服务水平。③作为社会工作服务项目结项的依据以及为项目购买方确定项目执行方继续承担相关社会工作服务项目的资质提供依据[①]。

笔者认为,社会工作服务项目评估的具体目标与评估内容紧密相关,除以上三个方面以外,还应该包括以下评估目标:①验证社会工作方法的有效性。通过评估验证、在验证的基础上修改和完善社会服务工作的介入方法,这是社会服务项目评估最为重要的一个目的,也是社会服务项目的一个重要目标。②对社会服务项目评估进行研究,通过评估过程系统地汇集资料,积累实践的知识和经验,这也是发展本土社会服务工作理论和方法的一个有效的途径。

四、社会服务项目评估的原则

1. 客观性原则

在社会服务项目服务过程中,评估要始终坚持以客观事实为评估依据,准确反映社会服务项目在投入、运作、产出、具体成效等方面的实际情况。在把握客观性原则时,一方面要注重对项目承接机构所提供的项目材料、活动照片、视频音频进行准确鉴别与分析,另一方面也要把握服务对象及其他利益相关方在社会服务项目执行过程中的基本态度,最大限度地尊重客观事实,减少评估者的主观性因素。

2. 系统性原则

在进行社会服务项目评估时要有针对性地通过层次化结构选择合理的评估指标,进行结构化分类,确定好不同评估指标的权重得分,全面、综合地反映社会服务项目的整体情况。在对社会服务项目评估时既要注重对社会服务项目的完成情况、取得的效果、服务对象的满意度等情况的评估,也要注重对项目的财务情况进行考评,还要将社会服务机构的组织能力、项目管

---

① 民政部. 社会工作服务项目绩效评估指南:MZ/T 059-2014.

理等内容纳入到社会服务项目评估中。

3. 专业性原则

专业性是体现社会服务机构和社会工作者服务水平的重要标准。社会服务项目评估要注重考察社会工作的专业价值理念、理论、方法和技巧在服务项目中的运用。

4. 可操作性原则

社会服务项目评估要坚持定量评估与定性评估相结合，注重对项目完成指标的具体化操作进行评估，做到评估方法符合实际，评估指标设定简单易行，统计过程与结果的呈现清晰、直观，便于具体执行与可操作。

5. 实证性原则

在社会服务项目评估时，评估者不仅要在需求评估阶段用可观测的、可测量的定量研究方法，对服务对象进行问卷调查，以收集更多、更详尽的评估资料，使需求评估符合服务对象的实际情况；在进行过程评估及结果评估时也要运用大量的数理逻辑分析、指标量度工具对社会服务项目的目标达成度以及项目效果等方面进行测量，使社会服务项目评估具有客观性与科学性[1]。

五、社会服务项目评估的方法

国内外对于社会服务项目评估最具代表性的三种方法模式分别是定性评估法、定量评估法及综合性评估法[2]。定性、定量和综合性的评估方法是非常重要的评估方法，其中综合性的评估方法主要的任务是撰写评估研究报告，评估研究质量及交流评估研究的成果。学者顾东辉指出社会服务项目评估方法主要包括质性研究方法和量化研究方法两种，量化研究方法强调遵循科学主义，通过对大量可复制现象的分析来验证假设理论，在社会服务项目评估实践中，评估者可以通过问卷调查法，在对调查资料进行统计的基础上，对服务对象进行需求评估和满意度的调查与分析。质性研究主要是运用深入访谈、参与观察、个案研究、焦点小组、口述史研究和行动研究等方法搜集资料，并运用话语分析等方法对服务对象进行更深层次的了解[3]。

社会工作实务中将社会工作评估的方法分为质性方法和量化方法两大

---

[1] 万初雪,林顺利.社会工作评估活动理论取向之反思[J].黑龙江社会科学,2014(2):96.

[2] 潘玉婷."西部地区随迁老人社区融入社会工作服务示范项目"的评估研究[D].兰州：兰州大学,2016.

[3] 顾东辉.社会工作评估[M].北京：高等教育出版社,2009.

类,在社会服务项目评估实务中最常用的方法有基线测量方法、任务完成情况测量方法、目标实现程度测量方法以及介入影响测量方法四类①。

(一)基线测量方法

1. 基线测量法的定义

基线评估法是社会工作者在项目实施开始介入时对服务对象的状况所进行的测量,建立一个基线作为对介入效果进行衡量的标准,对比服务对象在项目评估介入前后的变化,并以此判断介入目标实现的程度(马凤芝,2010)。基线测量法是社会工作实务中广泛使用的一种方法。

2. 基线测量法的操作程序

基线测量法的操作程序贯穿于整个社会服务项目实务过程中,主要由以下三个步骤组成:

(1)建立基线。首先,确定介入的目标,如服务对象的思想、行为、心理等方面的指标;第二,选择测量的工具,如量表或调查问卷;第三,对服务对象的思想、行为、心理等方面进行测量并记录下来。

(2)进行介入期测量。在项目服务介入期间,对照前边设定的指标进行再测量并进行记录。

(3)比较和分析基线的测量结果。如果前后数据有变化,一般可以认为项目服务介入作用的结果。

(二)任务完成情况的测量方法

在社会工作实务中,服务对象的目标被分解成许多具体的行动和任务,通过探究服务对象和社会工作者完成哪些既定的介入任务,可以确定项目服务的介入对服务对象所产生的影响。具体方法可以运用5个等级尺度来测量任务的完成程度:没有进展(0分)、很少实现(1分)、部分实现(2分)、大体上实现(3分)、全部实现(4分),将每项任务的最后得分加在一起,然后除以可能获得的最高分数,就能确定出社会服务项目工作的完成情况以及介入效果的百分比。

(三)目标实现程度的测量方法

在有些情况下,社会服务的目标行为难以进行清楚的界定,此时社会工作者和服务对象可以共同协商选择一些目标来指明介入的方向,并将它们罗列出来。在服务工作介入过程中和介入结束时都用一些带有等级尺度的量表来衡量项目服务的介入成效,并将测量结果记录下来,将介入前后的效

---

① 全国社会工作者职业水平考试教材编写组.社会工作实务(中级)[M].北京:中国社会出版社,2017:63-65.

果进行比较,并讨论这些行为对服务对象产生了什么影响及意义,从而发现介入前后服务对象的行为所产生的变化。

(四)介入影响的测量方法

介入影响的测量包括对服务对象进行满意度测量和差别影响评分测量。

1. 服务对象满意度测量

对服务对象进行满意度测量因其操作方法简单、高效而在目前社会工作实务被广泛使用,是最常用的一种测量方法。一般做法是让服务对象填写预先制作好的满意度调查问卷,来表达其对所提供介入服务的看法。当然,也可以采用访谈的方式,由服务对象口头表达,但说服力不如书面形式。

2. 差别影响评分测量

差别影响评估可以说是一种结构性的评估。其具体做法是,服务对象首先对项目服务的介入所产生的影响进行自我陈述,汇报自己有哪些变化,然后分析区分出哪些是项目服务介入本身带来的改变,哪些是其他因素带来的改变。

以上两种方法的最大优势在于操作简单且不需要花费太多的时间和资源,但这两种方法又都有局限性,就是测量的结果可能会有所偏差。因为有的服务对象会抛开真实的介入情况,带有自己的主观色彩,倾向于对介入情况给予积极的评估,因此评估的结果有可能是不太准确的。

目前,在社会工作实务中存在的一个问题,就是社会工作者普遍忽视自我评估和反思,而这一点不论是对未来社会服务项目质量的提升,还是对社会服务机构的发展以及对社会工作者本身专业成长都是非常重要的,希望大家在社会服务项目评估中加以注意。

六、社会服务项目评估的功能

(一)发挥导向作用,促进社会服务的发展

社会工作服务项目评估的质量如何关乎整个社会工作行业的健康发展。在我国,社会工作行业是在政府的推动下逐步发展起来的,其重要载体便是政府向社会组织购买社会服务项目,这种极具中国特色的发展模式,导致社会工作行业很多项目评估存在行政化倾向,行业发展初期缺乏项目评估经验又导致只注重文本评估的问题,影响到了专业的健康发展。对此,要发挥项目评估的导向性作用,促进社会服务的发展。以北京市组织实施的民政部"牵手计划"为例,2018年项目评估时发现,有些社会服务项目承接单位项目管理意识比较薄弱,财务管理方面存在内控审批和支出程序不规范、票据管理不严谨等问题;在项目服务内容方面,有的项目服务以碎片化的活动及小组活动拼凑而成,服务内容与目标之间缺乏逻辑关系;在项目成效方面,服务效果缺乏实证资料支撑,服务效果不明显。第二年,市民政局加强项目评估工作,在项目立项环节,先进行项目设计培训,再进行立项评估;项目执行和结束环节,进行项目中期评估和结项评估。各项目承接单位以答辩的形式接受评估专家组的现场评估指导。经过连续、系统的评估和不断地完善,各项目承接单位在项目设计及实施过程中能够按照既定的目标及计划去开展服务活动,项目管理、服务质量、财务管理等方面均有了很大提升,项目成效及专业性得到极大提高。

(二)进行社会交代,提升社会组织公信力

社会组织公信力是指社会对一个组织的认可及信任程度,它通过法律约束和自律规范来体现,是社会组织赖以生存和发展的生命线[1]。社会工作者作为政府财政资源的使用者和分配者,必须向社会公众证明自己服务的效果及效率,向公众对于社会服务项目的资助款是否用到了该用的地方、是否达到了社会服务项目预期的目标及所提供服务的成效等问题要有所交代。社会服务项目评估不只是程序性的行为,更是一种社会工作行业专业性与行业自律性的体现。通过社会服务项目的评估,在保证社会服务项目服务质量的同时,对社会进行专业交代、服务交代、财务交代等社会交行,增加社会组织的透明度,提升社会组织的公信力。

(三)厘定项目目标,促进服务提供者的自我发展

社会服务项目评估贯穿项目的始终,"人在情境中"的理论说明了社会工作者所面对的任务具有复杂性和变动性的特点。因此,只有对社会服务项目开展全面的评估,才能保证社会服务项目能朝着预期的方向发展,不会偏离最初的项目发展方向与项目目标。同时,社会服务项目的复杂性和变动性也决定了需要对社会服务项目评估不断地进行发展和创新,社会工作者可以通过社会服务评估,了解到自身的优势和不足,进行有针对性的学习,从而增强服务能力,改善服务质量[2]。

(四)研究项目评估,促进社会工作学科的发展

项目评估的过程,实际上也是一个学习研究的过程。首先,从知识体系角度而言,社会工作服务项目评估是构成社会工作知识体系的重要内容。

---

[1] 陈德球,廉志端.谈我国非营利组织的社会公信力建设机制[J].社科纵横,2005(4):63.

[2] 潘玉婷."西部地区随迁老人社区融入社会工作服务示范项目"的评估研究[D].兰州:兰州大学,2017.

从目前社会工作学科发展的情况看,社会工作服务项目评估的内容在整个社会工作知识体系中还比较薄弱,不少大学社会工作专业尚未开设社会工作评估的课程,而是作为其他课程的一个章节加以介绍,社会工作服务项目评估的内容更是鲜有涉及。加强社会工作服务项目评估的研究,有助于建设和完善中国特色的社会工作知识体系。其次,从社会工作学科队伍建设的角度而言,目前社会工作服务项目评估中,不论是评估组织者直接组建的专业评估团队还是受委托的专业评估机构组建的专业评估团队,按照民政部《社会工作服务项目绩效评估指南》的要求,"取得中、高级社会工作者职业水平证书或受过硕士研究生及以上社会工作专业教育,且具有3年以上相关社会工作实务经验的人员不低于30%",因此,评估团队组成人员的一个突出的特点,是高校社会工作专业教师的身影非常活跃,这种情况有利于"建立一支专业化水平高、理论研究水平强、实务经验丰富的研究+教学+实务的社会工作学科队伍"[1],开展高水平的学术研究,为学科发展和高层次人才培养奠定科学基础。最后,从社会工作学科专业建设的角度看,通过社会工作服务项目评估研究可以形成一些典型案例,丰富、充实教材内容,改进教学方法,也会促进社会工作学科的发展。

第二节 政府购买社会服务项目承接方项目评估

承接方项目评估,指的是社会服务机构内部评估,也叫项目自评。

一、承接方项目评估的主体

承接方社会服务项目评估指的是机构内部评估,即机构内部组成评估小组对社会服务项目进行自评。笔者认为,评估小组在人数方面,应不低于3人;知识结构方面,应包括项目执行人员、机构负责人或项目负责人,其中至少应有1名熟悉社会组织财务工作、具有中级及以上专业技术职务的财会人员;资质构成方面,至少应有1名成员取得社会工作师职业水平证书或受过硕士研究生及以上社会工作专业教育,且具有3年以上相关社会工作实务经验的人员。

---

[1] 刘梦.社会工作学科建设的几点思考[J].社会建设,2017(7):27.

二、承接方项目过程评估

(一)过程评估的含义

过程评估又称形成性评估,是项目承接方根据项目服务的需求,结合社会工作专业工作方法对社会服务项目的整个执行过程所进行的自我评估,是在提供项目服务或项目执行过程中开展的收集项目活动相关信息、服务对象反馈信息,对项目的服务过程实现一种有效控制的评估活动。

(二)承接方过程评估的目的

过程评估的主要目的主要是清楚地了解项目的实施情况,包括对项目方案的执行过程、项目执行团队的服务情况以及服务对象的参与情况等进行评估①。通过对项目服务活动过程或项目实施过程及形式的评估,了解项目服务提供的情况,项目服务及活动是否真正实现了项目的预期目标,专业工作方法或项目执行方式对项目目标的完成是否具有效能与效率,从而发现项目服务或项目执行过程的不足及问题,以便制定出解决问题的策略,帮助服务提供者和项目执行者随时修改项目服务计划。

承接方过程评估的目的具体表现在以下三个方面:①对项目实施过程进行描述。项目描述指记录社会服务项目的运作情况,以便于社会服务项目的复制与传播;②对项目实施进行有效监控。项目监控是指考察社会服务项目是否按原定的服务目标及实施计划进行,以保证社会服务项目真正服务于项目目标群体;③为项目服务质量提供有效保证。质量保证是指检查服务对象所获得的项目服务的质量情况,所提供的服务是否符合一定的服务标准。

由于承接方自我评估更倾向于报告所取得的绩效,容易掩盖项目自身所存在的问题,在评估的客观性方面会存在不足,因此还需要由项目委托方或第三方机构进行评估②。

(三)承接方过程评估的方法与内容

承接方社会工作服务项目评估,一般应对照项目购买方或第三方的绩效考评指标进行自评,这样,评估内容全面,不会遗漏第三方项目绩效考证的观察点。笔者认为,机构内部项目自评一般应包括以下四个方面:

---

① 魏燕文.社会工作服务项目评估研究:以"飞扬空间"青少年教育项目为例[D].重庆:重庆大学,2018.

② 肖雪,颜克高.政府购买社会组织公共服务的反思:基于项目评估理论[J].学会,2018(4):10.

1. 对项目管理情况进行评估

(1)团队成员构成及其分工情况。项目实施的机构是否健全、分工是否明确？根据社会服务项目的大小,项目执行团队一般由3~5名项目执行人员组成,其中包括1名督导,2~3名专业社会工作者,1~2名志愿者。督导负责对项目服务活动整体进行控制与把握,对社会工作者和志愿者做好监督工作;专业社会工作者负责活动前的准备工作如撰写活动策划书、小组工作计划书、购买活动物资和活动内容安排及服务活动的开展;志愿者进行协助工作。

(2)项目执行人员培训情况。项目培训是指在社会服务项目开展前,项目督导对实施项目的社会工作者和志愿者所进行的岗前培训,除学习专业理论知识和工作方法、以提高项目执行人员的专业水平以后,重点帮助项目执行人员熟悉项目实施方案,要在项目服务活动开始前,对项目实施方案以及实施方案所涉及的活动场地、活动设施、活动所需资源等有准确的把握,熟悉活动目标、活动内容、活动流程、要达到的活动效果。

(3)制度保障及制度执行情况。机构是否制定了相应的项目管理制度,管理制度执行是否有效？项目负责人、联系人执行能力如何？

(4)项目实施资料的完整性。项目承接单位应保留完整反映项目申报和实施过程的文件资料。购买方不同,其项目实施资料归档的分类也不同,一般包括文档类资料、调研类资料、活动类资料、会议及培训类资料和财务类资料,等等。

2. 对项目实施情况进行评估

(1)项目产出情况。包括:①项目进度指标完成情况,项目目标是否清晰,是否按照进度计划完成设定目标;②服务内容方面,服务内容是否明确,是否与实施方案一致;③服务人群和服务人数与是否与实施方案一致,是否达到预订目标。

(2)项目服务的专业性。服务理念层面,是否把社会工作专业价值理念融入服务活动中？如助人自助的理念、人在环境中理念、优势视角理论等等,在方案设计、活动策划时是否就把它们注入其中？服务技术层面,是否运用了专业方法和技术,项目服务是否体现了社会工作的专业性？服务对象参与方面,个案服务对象的配合程度如何？小组活动的气氛、组员沟通互动情况如何？社区活动服务对象的参与度如何？能否在项目服务活动中真正地使服务对象实现充权、增能？

(3)督导情况进行。例如,有的机构定期进行焦点讨论小组督导,在每次小组活动结束后,督导会组织项目执行人员一起讨论项目活动的实施过程,分享活动后的感受,总结经验教训,为下次项目活动做好准备。

3. 对项目成效进行评估

(1) 项目服务效果情况。服务对象的状况是否有所改变？有多大程度的改变？服务中采取的方法和技巧是否有效？具体效果如何？

(2) 项目的社会影响力。项目通过媒体、报刊、网络等公开的方式进行项目宣传的力度如何？

(3) 项目的可持续性。项目在延伸服务、扩大服务范围等方面是否有较强的基础？项目是否的较强的可持续性？

(4) 服务对象的满意度。服务对象的满意度如何，是否达到预订指标？

4. 对项目财务情况进行评估

(1) 预算管理方面：预算执行与合同预算的相符度如何？项目预算是否有调整，是否按规定进行调整，调整的比例如何？对项目成本预算控制、节约的情况如何？

(2) 资金支出方面：项目资金支出是否符合国家财经制度和有关资金使用管理办法的规定？支出是否符合项目预算合同规定的用途？单位内部财务管理制度、会计核算制度完整健全？

(3) 财务管理方面：是否按照《民间非营利组织会计制度》实行并单独核算，管理制度是否有效执行？会计信息资料是否真实、完整和准确？

三、承接方项目结果评估

(一) 承接方项目结果评估的含义

结果评估是在工作过程的最终阶段进行的评估，是检视计划介入的目标结果以及这些结果实现的程度及其影响，其中，目标是指介入要努力达到的方向，结果是介入的直接和最终效果[①]。

(二) 承接方项目结果评估的特征

(1) 项目结果评估的内容主要是评鉴项目服务干预的结果。主要包括两方面，一是对服务的结果进行实证性测量，通过报告的形式描述结果的现状；二是依据服务活动、项目目标、项目完成情况、服务相关标准，对项目服务结果处于何种状态加以规范性的判断。

(2) 项目结果评估可以是一次性的，也可以是多次和全程性的。一般而言，社会服务项目的结果评估通常是在项目服务结束后进行一次性的评估。但有时为了评估服务项目干预的最终效果，也会在社会服务项目结束后进

---

① 全国社会工作者职业水平考试教材编写组.社会工作实务(中级)[M].北京：中国社会出版社,2017:63.

行多次评估。另外,结果评估可以是全程性的,就是说在项目实施的过程中,对项目的某一项活动进行结果评估,因此,结果评估贯穿于社会服务项目的全过程。通过对项目进行结果评估为改善服务及项目管理提供依据,是绩效管理尤其是结果管理的一种重要手段。

(三)承接方项目结果评估的方法及步骤

项目结果评估的方法主要包括计数法、标准化测量法、功能水平量表和满意度测量法等。其中,功能水平量表、满意度测量法经常应用于评估服务对象的改变、服务对象对项目服务的满意度等。在社会服务项目评估中,由于服务对象具有多样性、主观性等特点,因此,运用服务对象满意度测量法时需要注意评估的针对性、客观性。

承接方项目结果评估可分以下三个阶段:

第一阶段,了解项目的预期目标。评估目的是为明确项目的服务目标以比较目标的达成情况,尤其是评估项目实施方案中设定的效果基线或指标。

第二阶段,测量项目的成效。评估目的是确定项目服务所产生的效果,具体做法是通过对服务对象进行前后测,以清楚、直观地看出服务对象在接受服务后所发生的改变。

第三阶段,比较服务项目的预期指标与实际结果及效果基线。目的是评估项目服务效果的实现程度,具体做法是比较社会服务项目的实际结果与效果基线[①]。

第三节 政府购买社会服务项目购买方项目评审

购买方项目评审,是指政府在购买社会服务项目时关于审查和批准项目计划、项目变更和工作进展评价的步骤。在整个项目管理生命周期里,通常需要有多次项目评审。

一、社会服务项目评审概述

(一)社会服务项目评审的基本含义

社会服务项目评审,也称为项目评估,有时也称为项目考评,名称不一,但内容基本一样,都是指政府主管部门根据购买社会组织服务流程(见图

---

① 贾冰,杜梦瑶.老年社工服务项目的结果评估研究:以某机构社区长者服务项目为例[J].科教文化,2018(6)(上):188.

7-1)所制定的一系列的监管体系和监测标准,对社会服务项目以及项目承接机构所进行的综合考核工作,包括从项目征集申报阶段的项目初评和立项评审,到项目执行阶段的中期评审,再到项目结项后的结项评审或终期评审,以期发现问题,总结经验,不断完善政府购买社会组织服务的模式和制度。

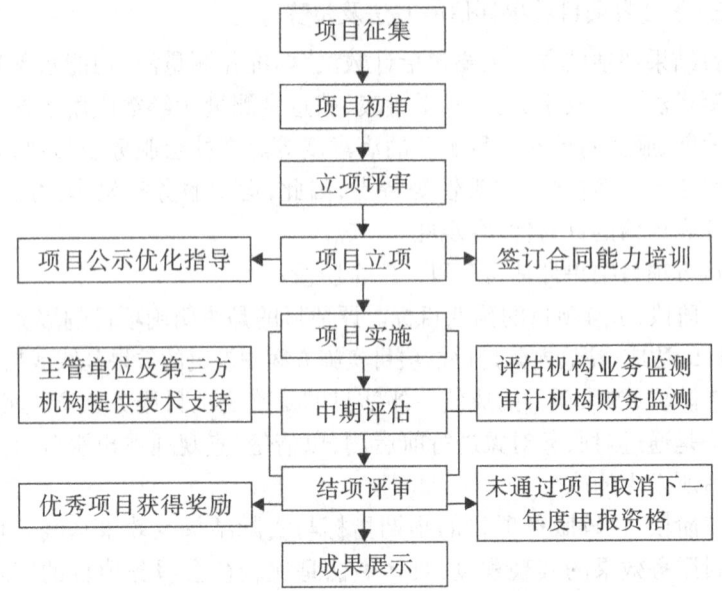

图7-1 政府购买社会组织评审流程图

通过对社会服务项目评审相关文献进行查阅,姚进忠、崔坤杰(2015)对社会服务项目评审的各个环节进行过研究,并指出社会服务项目评审在我国发展处于初级阶段,虽然一些地区制定出了对社会服务项目的评审办法,但是在专业性方面还是存在一定的欠缺。社会服务项目评审需要考察的主要是项目服务的专业性,这就需要不断关注其专业发展态势,而不是只单单追求对社会服务项目的绩效考核。顾东辉(2008)认为,对社会服务项目的终期评审实质上就是对项目服务的服务质量、服务成效、服务影响这三方面进行分析后做出的最终评估①。

(二)社会服务项目评审的要素

作为社会工作实务的一大领域,社会服务项目评审以特定的实务理论作为项目评审的参考框架,其基本架构的重要构成要素包括:评审主体、评

---

① 孙成成.政府购买社会工作服务项目评估的研究[D].济南:山东大学,2017:9-10.

审对象、评审内容、评审目标、评审标准、评审方法、评审指标体系等。

1. 评审主体

政府购买社会服务项目评审需要公众、第三方机构等多方力量的共同参与①。从目前我国各地政府部门出台的社会服务项目评审考核制度看,根据评审力量的构成,评审主体模式主要分为购买方评审、委托评审两种评审机制。购买方评审,即由购买社会组织服务的政府部门负责,聘请相关行政部门、专家学者、第三方机构以及服务对象等多方力量共同参与,组成评审小组或评审委员会,统筹政府购买社会社会服务项目的评审工作,包括制定评审方案、开展项目评审、出具评审报告等。委托评审,即由政府主管部门委托第三方评审机构为评审主体,具体负责对社会服务项目进行评审。受委托的第三方评审机构必须严格按照社会服务项目评审的标准和程序进行考核评审。

2. 评审对象

社会工作服务项目的评审对象大体上分为三个层面,分别是社会服务机构、社会工作服务项目和社会工作者。第一个层面是社会工作服务机构。社会工作服务机构作为政府购买服务项目的承接单位,自然也是社会服务项目评审的对象,主要是在项目立项阶段,机构的资质、信誉、能力如承接过的政府购买服务项目等等方面必须经过评审。第二个层面是社会工作服务项目。项目的申报书、服务方案、执行过程、实施效果、财务支出情况以及项目执行团队等,都是评审对象,是最主要的评审对象。第三个层面是社会工作者。作为社会服务的直接提供者,社会工作者的资质、能力和服务的理念、方法和技巧、服务的过程和效果等,自然都是也应该是评审的对象②。

3. 评审内容

在社会服务项目立项阶段,购买方会对承接机构提供社会服务的专业服务能力进行评审,包括组织能力、人力资源、内部制度建设、服务创新能力及文化建设情况等,这是保证社会服务质量的重要一环。

在社会服务项目执行过程中及结项后,评审主要涉及项目执行情况、财务情况、服务效果、各方的满意度情况。根据《社会工作服务项目绩效评估指南》,社会服务项目评审的内容应包括:从社会服务项目本身来看,其评审内容可以划分为项目服务方案、相关人力资源的储备、物资储备、价值服务理念的运用、专业化的理论与方法运用等;从社会服务项目的管理层面来

---

① 肖雪.政府购买社会组织公共服务的评估制度研究[D].长沙:湖南大学,2016.
② 周生超.社区贫病群体康复压力的社会支持项目评估:以"助困生理阳光之城"项目为例[D].上海:复旦大学,2013.

看,其管理内容可以划分为行政管理、风险管理、项目执行、财务管理等几方面的管理等,通过这些评审内容可以看出,社会服务项目评审的内容注重项目执行的效果以及社会工作者的专业能力,同时也包含了社会服务项目管理的内容。因此对社会服务项目评审内容的考察比较全面,综合性也比较强,但是具体的考察方式、各部分应该怎样设置、应该给予什么样的配额,各地区是所差异的。

我国政府购买社会工作服务项目的评审内容大多以结果为导向,以绩效评审为评审标准,通过对服务效果、资金使用绩效来评估项目的完成情况。笔者认为,评审内容最主要的是业务评审和财务评审两大部分,此外,还包括项目执行团队、人员分工及投入的合理性等内容。业务评审最关注的是服务成效,包括项目运行的规范性和提供服务的数量、服务质量、服务的专业性、服务对象的满意度等方面,这是绩效评审中最重要的内容,通常占到50%以上的分值。财务评审,最关注的是资金使用绩效,主要是对社会服务项目资金支出的合规性所进行的评审,这不仅是保证政府资金得到合理合法使用的需要,也是督促服务承接机构研究如何能提高资金使用绩效和降低运营成本占总成本比例的有力举措①,正因如此,在社会服务项目评审办法中对资金使用的评审分值定的比重也比较高,一般占到20%~30%。

4. 评审标准

根据项目评审的目的和内容,在社会工作服务项目征集申报阶段、立项阶段、执行阶段和结项阶段,不同的阶段有不同的评审标准。

1)项目征集申报和立项阶段评审标准

(1)项目申报单位的资质是不是符合要求。政府主管部门对申报社会组织资质进行审核,不符合承接主体资质的社会组织将不能申报。

(2)项目要解决的社会问题是否具有迫切性。项目所解决的问题应具有明显的重要性和迫切性,而且现行社会服务体系缺乏,还没有开展足够的专门服务来满足此部分需求,亟须社会服务项目的介入。例如,留守儿童、事实无人抚养儿童等困境儿童成长过程中遇到的生活问题、学习问题、心理问题、社会化问题等问题,越来越引起世人的关注,迫切需要社会服务的介入。

(3)项目所涉及的社会需求是否具有广泛性。项目所涉及的社会需求要具有广泛性,即在项目实施区域范围内有一定比例的人群遇到了相同的社会问题。例如,助兴社会工作事务所实施的"牵手计划"项目,受援地2018年建档立卡的困境儿童有731名,他们面临共同的问题和需求,可以作为项目的服务群体,他们中的一部分可以作为项目的服务对象。

---

① 肖雪.政府购买社会组织公共服务的评估制度研究[D].长沙:湖南大学,2016.

(4)项目是否针对明确的受益群体。项目受益群体精准,服务对象明确,公益色彩突出,如困境儿童服务项目,实施后不仅有助于改善困境儿童的现状,而且提高社会服务机构对困境儿童的服务水平。

(5)项目内容是否具有创新性。项目的创新性指的是项目的特点以及与其他同类服务项目的独创与区别,比如项目实施理念、运作模式、服务内容、服务方法或者解决的问题、服务的领域等方面有独到的地方。在项目评审中,项目的创新性是能够为社会服务机构挣分的地方。

(6)项目执行团队是否强大。评审专家要看到项目执行团队的资质、能力、经验和服务水平,有足够的能力保证项目服务的质量和效果。例如,项目执行团队中有拥有教授、副教授等兼具理论与实务经验的专家作督导,有中级、初级社会工作师证书、能力过硬兼经验丰富的专职社会工作者,能够保证项目的实施及实施的效果。

(7)项目实施是否具有可行性。项目服务方向是否符合政府相关政策导向?项目的策划是否科学、合理?项目实施机构是否具有足够的执行项目的专业能力?项目的经费预算是否精准?进度安排是否合理?评估标准是否科学?这些都关系到项目最终能否顺利落地和实施。

2)项目执行和结项阶段评审标准

(1)项目实施是否具有实效性。项目中期和结项评审最重要的就是考核项目的绩效。根据民政部社会工作司发布的《社会工作服务项目绩效评估指南》,社会工作服务项目的实效性应从三个方面考查:第一,项目目标的实现程度。包括:一是项目目标的达成情况,可以考查其目标达成的程度;二是项目产出情况,即项目指标完成的情况;服务对象改变的情况,和接受服务前相比,是否有改变,改变了多少;三是社会工作者成长的情况,经过项目的实施,社会工作者的能力和水平是否有了提升,哪些方面得到了提升,等等。第二,项目服务的满意度,不仅包括服务对象的满意度,还要考察购买方和相关方对项目执行过程和效果的满意度。例如,在学校实施的青少年服务项目,除考查学生们的满意度以外,还要考察教师和校方相关负责人员对项目的满意度。第三,项目效益情况,包括:①项目的影响力,除了项目通过媒体、报刊、网络等公开的方式进行项目宣传的力度以外,更重要的是项目实施在服务区域内和服务区域外带来的社会反响,此外,项目的影响力还表现在社会工作者的思考和建议是否被政府部门采纳和应用;②项目的可复制性和可推广性。如,项目的手法、模式等具有一定的示范和推广意义,具有复制与推广价值。

(2)项目实施是否具有专业性。第一,项目决策方面,项目设计能够以服务对象的需求为导向,服务方案策划建立在科学的需求调研和评估的基础之上,而不是社会工作者想当然,项目所有决策都有依据;第二,服务的理念方面,要能够体现社会工作专业的助人自助以及赋权、增能、参与、优势视角等服务理念,实务中能够遵守服务对象自决、知情同意和尊重、不批判等操作原则,严格遵循社会工作专业伦理和职业操守;第三,项目实施方面,操作流程是否规范。例如,开展个案服务,是否遵循社会工作的通用过程,按照接案、预估、计划、实施、评估、结案的流程进行实务操作,能够根据服务对象的特点,很好地完成每个阶段的主要任务;第四,服务的方法和技术方面,能否运用适切的理论和模式开展专业服务,例如"城乡接合部地区流动青少年服务项目",经调研,社会工作者发现相当比例的青少年家庭亲子关系问题特别突出,为此,社会工作者开展了"萨提亚亲子关系工作坊",通过体验式的活动,帮助家庭改进家长和子女的沟通方式,提升其情感交流的能力。

(3)项目资金使用的合法合规性。主要包括以下几个方面:一是财务收支和财务管理方面,所有资金都按预算用途使用,支出真实合规;能够做到专款专用,无截留、挤占和挪用现象。二是会计核算和会计报告方面,能够按照民办非企业会计制度进行核算,会计凭证的编制符合要求,签字齐全,原始单据完整合法;财务报告符合要求,数字真实、计算准确、内容完整、说明清楚。三是内部控制和档案管理方面,岗位职责清晰,授权明确合理。四是单位内部控制制度建立和执行方面,建立并实施内部监督和控制制度,保证会计工作的真实性和完整性。

(4)项目是否具有可持续性。项目的可持续性包括两个方面:一是,项目有稳定的资源投入,能够持续进行下去。例如,某项目具有高效的筹款机制,能够持续地进行资源投入,能够保证项目的持续运营。二是项目有持续的影响力,在项目结束之后,项目取得的效果能够延续下去,服务对象获得的改变能够持续存在。例如,2018年助兴社会工作事务所实施的"社区社会组织培育及能力提升项目",在一年的项目实施周期中,帮助某老旧小区自管会成立了环境卫生、物业维修、治安巡逻、社区文化等四支志愿服务队伍,开展志愿服务活动,并发动居民开展楼门文化建设活动,使小区环境发生了巨大的变化。项目结束后,自管会依然有续运转,每天安排志愿者值班,特别是在疫情防控期间,发挥了十分积极的作用。

5. 评审方法

1)资料分析法

资料分析法是社会服务项目评审中最常用的方法。社会服务项目从需求评估、项目策划、获得资助、服务实施到项目完成过程中形成的文字材料、声像材料等资料,都属于需要收集、整理、归档的范围,是社会服务机构的宝贵财富,也是项目绩效评审的重要资料。

项目资料大体分为三大类:第一,综合类资料。包括但不限于项目书、项目合同、项目结项绩效报告、项目实施组织机构情况、项目管理制度等。第二,绩效类资料。包括但不限于:①每场活动反映项目绩效的材料,如活动方案、活动通知、签到表、活动总结或信息、(每场总结中含活动现场照3~5幅)、志愿者招募活动需提供志愿者档案、培训/讲座活动需提供讲义或课件及主讲人信息;②项目举办活动情况反馈表,如满意度总结分析报告;③新闻宣传痕迹,如网站截图、报刊复印件、宣传品原件或缩扩印件、领导批示等。第三,财务类资料。包括但不限于:科目明细账、会计凭证及会计资料(相应发生的合同、职称及相关资质)、合同预算经费与实际使用情况对比表、银行对账单(涉及项目收入、支出的月份)、个税申报明细表以及财务管理和会计核算制度、资金使用管理制度、资金支出审批、报销制度等资料。

2)访谈法

在社会服务项目评审中访谈法通常包括焦点小组访谈法、座谈法、结构式访谈法三种访谈方法。

(1)焦点小组访谈法。焦点小组指的是该项目的评审方通过与社会服务项目的合作方代表就合作方与项目承接方共同合作的项目内容以及项目合作方对目前项目运作情况的满意程度等方面所进行有针对性的交流,从组织外部了解社会服务项目相关的执行情况。

(2)座谈法。座谈指的是该项目的评审方与项目的服务对象及开展项目服务的工作人员,就服务的满意度、服务成效以及对项目服务的具体意见开展的进一步座谈,以期可以全面把握项目的执行情况,反映出项目投入与实际产出的比重。

(3)结构式访谈法。结构式访谈指的是该项目的评审方与机构负责人、项目负责人及工作人员、项目需求方和项目出资方四方所进行的面谈。结构式访谈的具体实施过程应从以下几个方面入手:首先,向承接机构负责人重点了解机构在运作项目过程中对项目监管、资源整合等方面所采取的具体措施、运作该项目给承接机构所带来的影响、目前项目运作过程中所面临的困难等。其次,向项目负责人和工作人员重点了解该项目具体的实际运作情况,其中包括项目服务完成的情况、项目资金的使用情况、项目人力资源的情况、项目日常管理的具体措施等。再次,向项目需求方重点了解该项目的需求、需求方对项目的具体要求、需求方对项目运作情况的满意程度等。最后,向项目购买方重点了解出资标准、出资金额、项目资助方对项目资金使用和财务管理的监管措施、出资方对项目运作情况的满意程度等。

3)观察法

观察法的具体实施过程应从以下两方面入手:第一,为了解社会服务项目具体的服务过程,项目评审的工作人员应对该项目的每个日常服务或活动过程进行现场观察。观察的内容包括对服务环境、服务内容、服务方法以及服务人员与服务对象的互动等方面。第二,对于已经结束的社会服务项目,现场进行该项目评审的工作人员可通过观察该机构与评审项目同类的日常服务和活动,从侧面了解该项目的服务过程。

4)问卷调查法

在社会服务项目评审过程中,现场进行评审的工作人员可利用问卷调查收集服务对象对该项目的满意度情况以及项目服务成效等相关信息。问卷调查通常按以下要求进行抽样:若实际服务对象在100人以内的项目,对全部服务对象进行调查;若实际服务对象在100~1000人的社会服务项目,按照1∶2~1∶15的抽样比例进行简单随机抽样;若实际项目服务对象在1000人以上的社会服务项目,先按照1∶3~1∶5的抽样比例进行区域抽样,确定开展问卷调查的具体调查区域,在已经选定的调查区域按照1∶7~1∶10的抽样比例进行简单随机抽样,确定问卷调查的服务对象,并对其进行问卷调查①。

6. 评审指标体系

(1)社会服务项目评审指标体系的含义。社会服务项目评审指标体系又称为项目评估指标体系,是项目评审执行方根据评审内容而设置的层级结构的评估系统,由不同级别的评估指标和相应的分值构成,是社会服务项目评审中最重要的评估工具。项目评审执行方根据评审指标体系对项目实施的各个环节进行全面的监测,系统地考察社会服务项目的项目实施、项目成效、项目管理、项目资金等情况。

(2)社会服务项目评审指标体系的分类。从评审指标设置的层级结构看,社会服务项目评审指标体系可分为二级评审指标体系和三级评审指标体系。二级指标体系由两个层级构成,在一级指标下设若干个二级指标,三级指标则是在每个二级指标下再设若干个三级指标,相比之下,三级指标体系的观测点更多,更细。实践中,不论是二级评审指标体系还是三级评审指标体系,其评审内容是基本一致的。

从评审阶段和目的看,社会服务项目评审指标体系分为社会服务项目初评指标体系(见表7-1)、立项评审指标体系(见表7-2)、中期评审指标体系(见表7-3)和结项评审指标体系(表7-4)。不同的阶段评审指标体系评审内容的侧重点不同。

社会工作实务中,评审指标体系大多为百分制,即总分值为100分,也有

---

① 范斌.如何做好社会服务项目绩效评估[J].大社会,2018(3):51.

千分制的,具体分值由项目评审执行方结合实际情况选用。

表7-1 北京市××区政府购买服务项目初评指标体系

指标类别	序号	一级指标	指标说明	指标评审
前置指标	1	项目申报单位承接资质	1.承接政府购买服务的主体包括依法在民政部门登记成立或经国务院批准免予登记的社会组织,以及依法在工商管理或行业主管部门登记成立的企业、机构等社会力量。符合条件的事业单位也可作为承接主体,但要与社会力量公平等竞争。承接主体应具有独立承担民事责任的能力,具备提供服务所必需的设施、人员和专业技术能力,具有健全的内部治理结构、财务会计和资产管理制度,具有良好的社会和商业信誉,具有依法缴纳税收和社会保险的良好记录,并符合登记管理部门依法认定的其他条件。承接主体的具体条件由购买主体会同财政部门根据购买服务的内容确定,但不得附加与服务无关的限制条件 2.依法登记成立或经批准免予登记,且上一年度年检合格的社会组织,可以申报项目。因违法行为被相关部门依法处罚未满2年,或因涉嫌违法违规正在接受有关部门调查的社会组织,不能申报项目	是/否
	2	项目申报方向	1.项目内容应符合公共财政资金支持范围和社会建设发展方向,能起到扩大社会公共服务、填补空白的作用。属于党委、政府部门职责、已由部门预算保障的项目,仍由原经费渠道解决;通过任何途径已由市级财政资金支持的项目,不能作为购买对象 2.项目申报方向在《北京市使用市级社会建设专项资金购买社会组织服务项目申报指南》、区级政购买方案规定的项目方向内。没有明确服务对象或服务指向的项目不予立项	是/否
	3	项目预算规范合理	1.项目资金应当用于服务对象和服务活动,项目预算不得用于提高项目单位工作人员待遇和改善自身办公条件的支出(如:不得用于承接单位发放人员工资、租赁办公场所、购置固定资产和进行基础设施建设,不得用于缴纳罚款罚金、偿还债务,不得以任何形式挤占、截留、挪用。) 2.申报单位应严格按照《民间非营利组织会计制度》等本单位执行的会计制度和相关规定编制项目预算,特别是要细化科目和测算依据 3.项目预算与项目内容一致。项目预算与项目内容不一致的项目不予以立项	是/否
	4	项目书完整性	项目申报书要求填写的内容全部填写完成,能完整地反映出项目内容。项目书不完整的不予立项	是/否

续表 7-1

基础指标	序号	一级指标	分值	二级指标	分值	评分标准	分值
基础指标	1	项目对社会问题/需求把握精准性	20	对社会问题/社会需求描述及界定的精准性	8	对社会问题/社会需求描述及界定非常清晰、精准	8
						对社会问题/社会需求描述及界定比较清晰、精准	6
						对社会问题/社会需求描述及界定一般	4
						对社会问题描述/社会需求及界定较为混乱，不清晰、不精准	2
						无相关描述	0
				对受益群体把握的精准性	8	对服务对象特征描述非常清晰、精准，受益人数/人次数合理	8
						对服务对象特征描述比较清晰、精准，受益人数/人次数比较合理	6
						对服务对象特征描述比较清晰、精准或受益人数/人次数较合理	4
						对服务对象特征描述或受益人数/人次数一般	2
						对服务对象特征描述清晰、精准，受益人数/人次数不合理	0
				所描述的社会问题/需求具有紧迫性与广泛性	4	所描述的社会问题/社会需求具有紧迫性与广泛性	4
						所描述的社会问题/社会需求紧迫性与广泛性一般	2
						所描述的社会问题/社会需求不具有紧迫性与广泛性	0

续表 7-1

基础指标	序号	一级指标	分值	二级指标	分值	评分标准	分值
基础指标	2	项目设计可行性	20+5	项目目标合理、可实现	6	项目目标清晰合理，与要解决的问题或需求一致，且可实现	6
						项目目标较清晰合理，与要解决的问题或需求基本一致，基本可实现	4
						项目目标较清晰合理或与要解决的问题或需求基本一致，基本可实现	2
						项目目标不清晰、不合理或要解决的问题或需求不一致或不可实现	0
				项目具体实施方法与进度安排合理性	6	项目具体实施方法专业性强，项目进度安排合理	6
						项目具体实施方法普惠性，项目进度安排合理	4
						项目具体实施方法不清晰或项目进度安排基本合理	2
						项目具体实施方法不清晰或项目进度安排不合理	0
				服务内容合理性与针对性	8	项目服务内容与项目目标一致，针对问题或需求，合理且可实现	8
						项目服务内容与项目目标基本一致，针对问题或需求，合理且可实现	6
						项目服务内容与项目目标基本一致，基本针对问题或需求，基本可实现	4
						项目服务内容与项目目标一致或针对问题或需求或合理且可实现	2
						项目服务内容与项目目标不一致或不针对问题或需求或不合理不可实现	0
				风险预估（加分项）	5	风险预估及相应的对策清晰、恰当、合理	5
						有风险预估及基本的应对策略	3
						有风险预估	1

续表 7-1

基础指标	序号	一级指标	分值	二级指标	分值	评分标准	分值
基础指标	3	承接单位能力匹配性	20	项目已有/潜在基础	10	项目已有基础描述非常清晰且能保障项目顺利进展	10
						项目已有基础描述清晰且基本能保障项目顺利进展	8
						项目已有基础描述不清晰,但基本能保障项目顺利进行	6
						项目已有基础描述清晰但不能保障项目顺利进展	4
						项目已有基础描述不清晰,不能保障项目顺利进行	2
				同类项目经验	5	具有丰富的同类项目经验	5
						具有基本的项目经验	3
						项目经验极少	1
						无相关描述	0
				项目团队	5	项目团队架构清晰,分工明确,具有一定的专业技能	5
						项目团队架构基本清晰,分工基本明确,具有基本的专业技能	3
						项目团队架构不清晰或分工明确或不具有一定的专业技能	1
						无相关描述	0

续表 7-1

基础指标	序号	一级指标	分值	二级指标	分值	评分标准	分值
基础指标	4	项目预期成效可衡量性	20	项目产出	5	项目产出描述清晰、可量化。例如，共开展多少次活动；印刷、出版的各种书籍	5
						项目产出描述基本清晰、可量化	3
						项目产出描述不清晰或不可量化	1
						无项目产出或项目产出不可衡量	0
				社会效益	5	项目具有良好的社会效益	5
						项目产生了一般的社会效益	3
						项目社会效益极少	1
						无社会效益描述或社会效益不明确	0
				可持续性与可复制性	5	可持续性或可复制性的可能性较大	5
						可持续性或可复制性的可能性一般	3
						可持续性或可复制性的可能性较小	1
				创新性	5	项目创新性较大	5
						项目创新性一般	3
						项目创新性较小	1

续表 7-1

基础指标	序号	一级指标	分值	二级指标	分值	评分标准	分值
基础指标	5	项目经费预算合理性	20	项目经费预算规范、清晰程度	8	资金预算非常规范,科目明细非常清晰	8
						资金预算科基本规范,科目明细较清晰	6
						资金预算基本规范,预算不清晰	4
						资金预算不规范或不清晰	2
						资金预算笼统,无明细	0
				资金预算合理性	8	资金预算与项目内容一致,且资金分配非常合理	8
						资金预算与项目内容一致,且资金分配基本合理	6
						资金预算与项目内容基本一致,且资金分配基本合理	4
						资金预算与项目内容基本一致或资金分配基本合理	2
						资金预算不合理	0
				与专项资金管理相关规定符合程度	4	完全符合专项资金管理相关规定	4
						基本符合专项资金管理相关规定	2

表7-2 北京市××区政府购买服务项目立项评审指标体系

序号	一级指标	分值	二级指标	分值	备注
1	具备承接能力	20	承接组织已有/潜在资源基础非常丰富(在购买地域有项目点、有合作方、有相关资金或物资支持)	4	
			项目团队具有丰富的项目实施经验(有购买地服务经验、以往项目实施验收合格)	6	
			有专门的项目实施团队,项目团队架构清晰,项目人员分工明确,具有相关专业技能,能保障项目顺利进行	8	
			获得过市、区级及以上荣誉或媒体报道	2	
2	项目设计合理	20	对社会问题/社会需求、服务对象描述及界定非常清晰、精准,受益人数/人次数合理,有明确的服务对象来源、服务区域	4	
			所描述的社会问题/社会需求有可靠的资料数据说明,问题或需求具有紧迫性与广泛性	4	
			项目设计目标清晰、明确、合理(有明确的改变目标:如态度、价值观、行为或知识等)	4	
			项目服务内容与项目目标实现逻辑关系明确,积极回应需求/社会问题	4	
			创新性(同一区域有其他组织进行同类服务项目时,说明服务独特性。)	2	
			风险预估及相应的对策清晰、合理	2	
3	项目实施计划可行	20	项目实施计划清晰、明确,实施途径及进度安排清晰明确、合理	5	
			项目实施计划明确分工,职责清晰、明确、合理	5	
			项目实施方法清晰、明确、合理、专业性强	5	
			(延续性项目说明过去执行效果,展现具体执行能力与效益)项目实施计划能有效地推进项目目标的实现	5	

续表 7-2

序号	一级指标	分值	二级指标	分值	备注
4	具备项目预期成效性	30	项目产出描述清晰、可量化、可实现。（阐明指标验证、搜集资料方法。例如，共开展多少次活动；印刷、出版物的各种书籍）	7.5	
			说明项目成效对社区/社群在态度、价值、行为或知识等方面的影响（延续性项目展现服务对象能力提升，问题改善的程度）	7.5	
			说明衡量项目预期社会效益实现的验证方法	7.5	
			项目具备可持续性或可复制性（延续性项目说明项目经验在当地或其他地区有推广）	7.5	
5	项目经费预算合理性	10	项目经费预算规范、科目明细清晰	2.5	
			资金预算与项目内容一致，且资金分配合理	4	
			项目预算符合政府购买服务项目专项资金管理相关规定	2	
			项目有相关配比资金	1.5	

表 7-3 北京市××区政府购买服务项目中期评审指标体系

序号	一级指标	分值	二级指标	分值	备注
1	项目团队	10	项目执行团队成员在数量及专业性等方面投入的合理性	5	
			项目执行团队架构清晰，人员职责、分工明确，成员协同合作度	5	

续表 7-3

序号	一级指标	分值	二级指标	分值	备注
2	项目执行	30	项目按照原计划有序实施,服务内容与计划相符,项目实施进度管理合理	5	
			项目实施方法及途径专业性较强,项目实施过程较规范,逐步建立了相应的项目管理制度及财务管理制度	8	
			项目运作过程风险掌控程度及应变能力较强,能较好监控项目执行过程	5	
			项目在执行过程中,有效动员了辖区驻区事业单位、社会组织、其他企业单位、志愿者(非团队成员)、外部专家、社区居民等参与到项目活动,并有效寻求项目落地社区或街道在人力、物力、场地、资金等方面的支持	8	
			项目档案资料管理能力较强,项目实施过程资料(活动方案、照片、会议纪要、签到表、录音/视频等资料)较翔实、齐全,完全能够反映项目中期执行情况	9	
3	项目服务	20	项目团队运用专业的服务技能或服务方法服务服务对象,服务专业程度较高	10	
			项目服务符合服务对象需求,并具有针对性,能够缓解或满足服务对象需求,服务质量较高	10	
4	服务效果	20	项目中期产出(活动次数、受益人数/人次数)清晰、明确,按质按量完成中期目标	6	
			项目截至中期取得初步成效(从服务对象意识、行为、知识等方面分析),项目服务对象满意度	6	
			项目初步形成了规范性运行机制	4	
			项目服务推广与媒体报道能见度/项目中社区内外的知晓程度	4	
5	财务管理	20	财务支出严格按照财务管理制度执行,经费支出明细清晰、规范,相应的财务资料规范、齐全	8	
			项目经费支出(财务凭证)与经费预算及项目内容相符,经费支出进度与原计划相符	8	
			实际经费支出符合政府购买服务项目专项资金管理相关规定	4	

表7-4 北京市××区政府购买服务项目结项评审指标体系

序号	一级指标	分值	二级指标	分值	备注
1	项目实施	20	项目服务内容与原计划相符,并在规定时间内按照项目实施进度有序推进项目并按时完成全部服务内容。	5	
			项目实施过程规范程度较高,项目团队根据项目运营管理机制组织实施项目,并能较好监控项目实施过程。	5	
			项目档案管理能力较强,项目实施过程资料(活动方案、照片、会议纪要、签到表、录音/视频等资料)较翔实、齐全,完全能够反映项目实施全部过程情况,能按照评估机构要求按时提交资料,接受评估监测。	10	
2	项目服务	20	项目团队运用专业的服务技能或服务方法服务服务对象,服务专业程度较高	10	
			项目服务符合服务对象需求,并具有针对性,能够缓解或满足服务对象需求,服务质量较高	10	
3	项目绩效	30	项目在规定的周期内按质按量完成项目目标,积极回应社会需求或问题,项目产出(活动次数、受益人数/人次数)清晰、明确、可衡量。	8	
			项目实施对服务对象(从意识、行为、知识等方面分析)有较大改善,提升了服务对象生活质量	8	
			项目形成了具体的运行模式/运行机制,可持续性及可复制性较强	4	
			服务对象或项目受益相关方满意程度较高	10	
4	社会效益	10	项目实施过程中整合了丰富的社会资源(人力、物资、资金等资源),有效推动了社会环境的改善	5	
			项目获得了受益群体的高度评价/获得了相关媒体报道/获得了相关奖项或荣誉,项目实施地域内外知晓程度较高,形成了较大的社会影响力,有效推动了社会管理创新	5	

续表 7-4

序号	一级指标	分值	二级指标	分值	备注
5	财务管理	20	财务支出严格按照财务管理制度执行,经费支出明细清晰、规范,相应的财务资料规范、齐全	8	
			项目经费支出(财务凭证)与经费预算及项目内容一致,经费支出进度与原计划一致	8	
			实际经费支出符合政府购买服务项目专项资金管理相关规定	4	

二、社会服务项目评审实施

前文已述,关于政府购买社会工作服务项目评审主体,一是购买方自行组织评审小组或评审委员会行评审,一是委托第三方评估机构进行评审,为书写方便,本文统一称之为评审执行方。

（一）社会服务项目实施评审的流程

根据民政部《社会工作服务项目绩效评估指南》以及社会工作实务领域实际操作情况,一般情况下,社会服务项目评审流程主要包括以下几个步骤:

1. 组建评审团队

评审工作的第一步,组建评审团队。团队组成人员的构成应具备以下条件:第一,应由不少于5人的单数组成;第二,取得中、高级社会工作者职业水平证书或受过硕士研究生及以上社会工作专业教育,且具有3年以上相关社会工作实务经验的人员不低于30%;第三,应有不少于1名熟悉社会组织财务工作、具有中级及以上专业技术职务的财会人员。

政府部门一般会建立政府购买社会组织服务项目评审专家库,由高校社会工作专业教师、资深社会工作实务专家和有社会服务项目评估经验的财务专家组成,除参与政府购买社会工作服务的评估工作以外,还承担着政策建议、政府购买社会工作服务项目评审、社会工作理论和实务课题研究、社会工作人才培训及其他相关工作。项目评审前,从库中抽取专家组成评审小组,政府部门也可以派1~2人参与评审。

如果项目评审执行方是第三方评估机构,评估小组的成员可以完全来自机构内部,但从评审工作的公平、公正、规范方面考虑,为了使评审结论更加科学、可靠和全面,第三方评估机构应重视从机构外部寻求专家,尽量使评估小组的每一个成员都是各自领域的权威人士,或至少是有经验的专业人士。

评审组专家应熟悉社会工作和项目管理的法律法规和方针政策,在社会工作领域具有突出业绩和较高声誉,评审过程中要坚持原则,公正廉洁,忠于职守。一般情况下,评审工作开始前评审专家要签订保证书或承诺书,对工作规则和保密条款作出承诺,严格遵守评审纪律要求。

2. 制订评审方案

评审团队应根据评审组织方的要求,起草详细的评审方案。评审方案的内容应包括:目标任务、基本方法、进度安排、人员安排、经费预算、风险控制。评审方案经评估组织方确认、同意后,双方正式签订委托评审(估)协议书。

3. 发送评审通知

评审执行方要提前30个工作日左右,通过网络或书面告知项目执行单位评审的具体要求、评审标准、操作细则及安排。

发出通知之后,评审执行方会根据评审组织方的要求,针对项目开展评审培训。以北京市民政局组织的民政部"牵手计划"项目为例,在项目立项和中期评审阶段,针对预先遴选出的32家社工机构进行立项培训,对项目设计、项目评估和财务管理等方面进行培训,从项目规划和设计开始,在专业性和财务预算和执行方面严格把关,规范操作,极大地提高了项目服务的质量和绩效。

(二)组织实施评审

根据社会服务项目运作的流程,项目评审可分为申报阶段、立项阶段、执行阶段和结项阶段;根据项目评审的性质和目的,项目评审可分为项目初审、立项评审、执行监测评审和结项验收评审。

1. 申报阶段:项目初审

项目初审也叫项目初评,是政府主管部门在项目征集申报阶段对项目申报单位的资质、申报资料及其合规性等进行初步评审,以决定是否进入下一阶段。初审通不过则不能进入立项阶段。

1)项目初评审核的主要内容

(1)项目申报单位的资质审核。项目承接单位应具有独立承担民事责任的能力,具备提供服务所必需的设施、人员和专业技术能力,具有健全的内部治理结构、财务会计和资产管理制度,具有良好的社会和商业信誉,具有依法缴纳税收和社会保险的良好记录,并符合登记管理部门依法认定的其他条件。一般情况下,依法登记成立或经批准免于登记,且上一年度年检合格的社会组织,可以申报项目。因违法行为被相关部门依法处罚未满2年,或因涉嫌违法违规正在接受有关部门调查的社会组织,不能申报项目。

承接主体的具体条件由购买主体会同财政部门根据购买服务的内容确定。

(2)项目申报的方向。第一,项目内容应符合公共财政资金支持范围和社会建设发展方向,能起到扩大社会公共服务、填补空白的作用。第二,项目申报方向在政府社会建设专项资金购买社会组织服务项目申报指南、政府购买方案规定的项目内。没有明确服务对象或服务指向的项目不予立项。

(3)项目预算规范合理。第一,项目资金应当用于服务对象和服务活动,项目预算不得用于提高项目单位工作人员待遇和改善自身办公条件的支出,如:不得用于承接单位发放人员工资、租赁办公场所、购置固定资产和进行基础设施建设,不得用于缴纳罚款罚金、偿还债务,不得以任何形式挤占、截留、挪用。特殊情况下可以购买固定资产,政府购买文件中会有明确规定。第二,申报单位应严格按照《民间非营利组织会计制度》等本单位执行的会计制度和相关规定编制项目预算,特别是要细化科目和测算依据。第三,项目预算与项目内容一致,不一致的项目不予以立项。

(4)项目申报书规范、完整。项目申报书要求填写的内容全部填写完成,能完整的反映出项目内容。项目申报书不完整的不予以立项。

2)社会服务机构在此阶段的注意事项

(1)一定要进行前期调研。在设计一个项目之前,要针对将要这个项目的需求展开调查,也就是要接地气。通过对项目的实施对象和项目利益相关方进行调查,才能掌握到关于这个项目的第一手资料,才能得到评审专家的认可和支持。

(2)资金预算用途详细。这是评审专家和投资方最为看重的一个方面,因为他们要知道项目都把钱投了什么地方,为什么投在这个地方,起到了什么作用。

(3)项目设计要遵循社会性原则和经济性原则。在设计项目时,项目目标应包括社会目标、集体目标和个人目标,任何项目目标应由社会整体利益为出发点。同时,还要强调投入产出比,让有限的资源发挥更大的效益。

(4)项目设计要遵循可行性原则,即要充分考虑现有资源、技术能力、资金、人力和物力等方面的可行性以及项目方案的可操作性和目标实现的可能性。

知识拓展 7-1

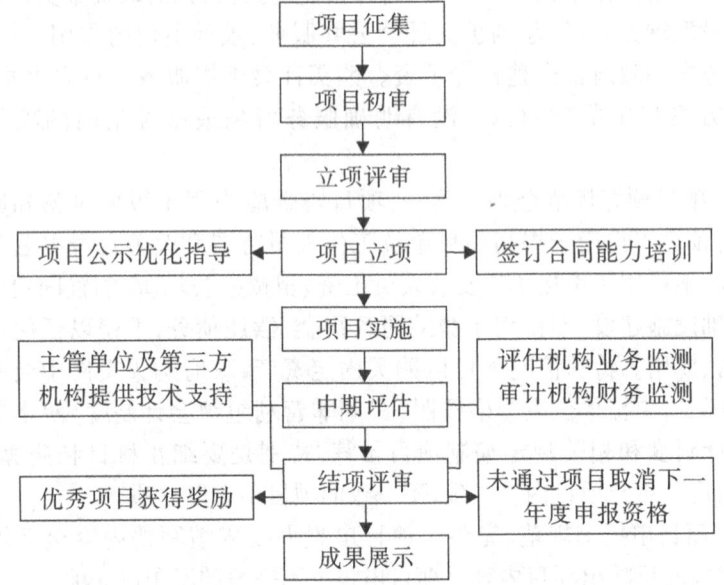

图 7-1　北京市××区政府购买服务项目申报阶段流程图

2. 项目立项阶段：立项评审

通过项目初审后，入围的项目进入立项评审环节。立项评审流程如下：

（1）评审事项发布。购买方须将立项评审会的时间、地点、内容等事宜在政府网站平台公开发布。

（2）正式方案提交。通过项目方案初审的机构，须在评审会前 4~5 个工作日内提交书面正式方案。一般情况下，书面方案一式 3~5 份。

（3）立项评审会或立项评审答辩会。政府购买项目比较多时，购买方一般会成立数个专家评审组，从项目申报单位承接能力、项目设计合理性、项目实施计划可行性、项目预期成效性及项目经费预算合理性等方面，对入围项目进行立项评审；政府购买项目比较少时，可以采取答辩会的方式进行立项评审，评审答辩会程序一般包括：项目申报机构介绍项目方案、评委质询、机构答辩、评委打分等几个环节。项目申报单位负责人首先就服务对象需求、项目设计初衷、服务计划制定、项目预期成效等方面进行论述，并就评审组专家提出的问题进行答辩；针对做得不足和尚需完善的地方，评审专家会做出点评并给出意见和建议；然后评委依据评审指标体系对每个项目进行全面、细致地量化打分，经过客观、公正地评价，最终形成最终书面评审意见。

（4）立项公示。为确保立项项目的科学性、合理性、真实性，经初审、评审答辩等程序，对遴选出的社会工作服务项目和承接机构名称要向社会公示,公示时间一般为5~7日。公示期满后,通常要召开项目发布会,通告项目的名称、经费额度和相关要求。项目发布会之后的5个工作日内,各项目承接单位须在评审单位专家的指导下,根据拟批复的经费额度,进一步调整优化项目的绩效目标、实施步骤、经费使用计划等内容,并与政府购买方签订项目合同。

知识拓展 7-2

1. 项目立项阶段流程图　　2. 项目立项管理流程指导说明

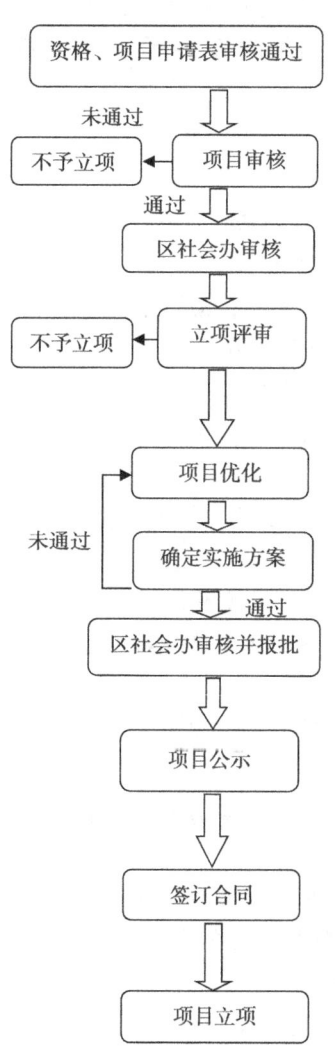

（1）项目审核

项目申报截止后,第三方评估机构根据项目初筛指标体系,对项目申报单位承接资质、项目申报方向、项目预算合规及合理性、项目书完整性等方面进行初步筛查,并出具评审意见,将初筛审查结果递交给区民政局进行审。

（2）立项评审及区民政局审核并报批

区民政局审核通过后,第三方评估机构组织社会学、社会工作、公益领域的专家、财务专家和街道社区代表分成若干组,以背靠背的方式,从项目申报单位承接能力、项目设计合理性、项目实施计划可行性、项目预期成效性及项目经费预算合理性等方面,对同一项目进行立项评审。

（3）项目优化及确定项目实施方案

对拟入围的项目,申报单位根据评审专家意见建议,对项目进行修改完善,并在规定的时间内向第三方评估机构提交修改后的《项目实施方案》,作为后期考核依据。

（4）项目公示

项目实施方案经过优化后,区民政局对项目申报书及项目实施方案进行审核和报批,报批后的入围项目将在区民政局指定政府购买社会组织服务信息平台进行为期一周的公示。

（5）签订合同

公示无异议后,区民政局正式发布文件通知,要求购买主体与承接主体签订合同。承接主体须将加盖单位公章的合同书和项目申请书（各一式三份）提交至区民政局。

图 7-2　北京市××区政府购买服务立项评审流程及指导说明

3. 项目执行阶段：监测评审

1) 监测评审的含义

监测评审也叫监测评估或项目监管，是项目执行过程中项目评审执行方对社会服务项目进行监测和管理的重要内容。为更好地推进社会组织规范化运作，提升政府购买社会服务项目服务水平，检验政府购买社会组织服务成果，保证财政资金使用效益，及时发现问题和有效监控服务过程，需要建立严谨的监测管理机制。

2) 监测评审的内容

（1）业务监测。业务监测主要是对政府购买社会服务项目进行服务活动过程监测，其目标是保证项目服务的专业性以及服务的质量和成效，监测方法主要采取审阅档案资料、查阅社会服务机构相关记录、现场考察、随机访问和服务对象抽取访问等方式进行。

案例展示7-1

北京市××区社会建设工作办公室购买
社会组织服务项目第三方监测的内容

1. 第三方机构每个月的最后1周向项目单位收集下个月活动预告，每个月的第1周收集上个月活动信息和照片。

2. 通过收集到的活动预告，安排活动现场监测。

3. 收集到的活动信息和照片及时整理后，通过相关媒体进行对外宣传。

4. 评价实际和计划的完成情况，核实项目是否按计划完成，是否有偏差等。

5. 项目进展是否与要求相一致。无论是需求变化还是其他因素引起的变更，都要求项目进展情况以及资金使用情况符合计划要求。

6. 提出项目过程中存在的问题并提供建议，听取项目单位的反馈评价。

7. 监测人员现场查看项目是否开展，查看项目实施过程中存在的不足。

××区社会建设工作办公室购买社会组织服务项目监管采取现场项目活动监测和项目执行人员汇报资料相结合的方式，现场监测的范围约覆盖所有购买服务项目的80%。

常用的项目监测表主要有：预开展活动统计表（表7-5）、活动执行情况统计表（表7-6）、活动信息反馈表（表7-7）等，由项目承接单位填写;活动监测记录表(表7-8),由评审执行方填写。

表7-5　预开展活动统计表

项目单位	项目名称	活动内容	活动人数	活动时间	活动地点	人员安排	是否需要督导	联系方式

注:此表格填写下月预开展的活动情况,于每个月的最后一周提交。

表7-6　活动执行情况统计表

项目单位	项目名称	活动名称	活动时间	活动地点	活动介绍	是否督导	督导专家	联系人联系方式

注:此表格填写上个月活动的执行情况,于每个月的第一周与附件3《活动信息反馈表》一同提交。

表7-7　活动信息反馈表

项目名称			
项目单位			
活动名称			
活动地点		活动人数	
是否督导	□是　□否	督导专家	
活动负责人		联系电话	

续表 7-7

活动内容	包含:服务对象、服务内容、服务效果等,不超过800字。
活动照片	具有代表性的活动照片2-3张。

表 7-8　活动监测记录表

项目名称			
项目单位			
活动主题			
活动时间			
服务对象		服务人数	
工作人员人数		志愿者人数	
专家人数		专家姓名	
活动负责人签字		联系电话	
监测人员签字		联系电话	
活动内容			
活动评价			

(2)财务监测。评审执行方财务监测的内容主要有:一是对项目会计核算的情况进行审计,如项目承接单位是否按照《民间非营利组织会计制度》实行并单独核算,是否做到专款专用,管理制度是否有效执行;二是会计科目设置是否规范,核算内容和财务报告信息是否真实、准确和完整;三项目资金支出是否符合国家财经制度和有关资金使用管理办法的规定;四是经费开支审批程序和手续是否完备;五是相关财务档案资料保存管理情况等。财务审查时会要求项目承接单位提交项目合同及实施方案、中期报告、科目明细账、会计凭证(原件)及会计资料包括相应发生的合同、领取劳务费的专家职称及相关资质、合同预算经费与实际使用情况对比表相关资料。

财务监测措施主要有:一是严格财政资金拨付管理。项目购买方大多通过项目资金管理实现对项目实施的监管,主要方式有二次拨付和三次拨付两种方式。二次拨付是指项目资金分两次拨付,资金比例有7∶3或6∶4,即项目合同签订后购买方向承接项目的社会组织拨付70%或60%的项目资金,待项目实施通过购买方组织的中期评审或结项评审后,购买方再向承接项目的社会组织支付剩余30%或40%的项目资金。

案例展示7-2

北京市民政局"牵手计划"项目合同约定项目支付方式

项目资金由甲方分两次支付给乙方,即甲方组织项目启动会后甲方向乙方先行支付项目总额70%的项目资金××元人民币。乙方通过甲方组织的项目中期评审后,甲方向乙方支付项目总额30%的项目资金××元人民币。乙方在收到甲方每笔款项后,应向甲方开具等额税务发票。

三次支付是指是指项目资金分三次拨付,资金比例有5∶3∶2或4∶4∶2,即项目合同签订后购买方向承接项目的社会组织拨付50%或40%的项目资金;待项目实施通过购买方组织的中期评审后,购买方再拨付30%或40%的项目资金;待项目实施通过购买方组织的结项评审后,购买方再向承接项目的社会组织支付剩余20%的项目资金。

案例展示7-3

北京市××区社会工作建设办公室购买社会组织服务合同约定支付方式

本合同签订后,甲方按照5∶3∶2的比例将资金拨付乙方,即启动资金50%,中期绩效考评及财务审计合格后拨付30%,结项检查考核合格后发放剩余20%,以确保资金使用合规,项目顺利完成。

不管是哪种资金支付方式,监管的重点在于,如果承接政府购买项目的社会组织没有很好地完成项目预定的任务或没有达成预期项目目标,即项目实施的量或质上存在比较严重的问题且经过整改仍不能达标,购买方将适当减少或不再拨付项目资金。

4. 中期评审

项目启动后的时间过半时要实施中期评审,其目的是对项目阶段性服务情况的一次检视,重在以评促建,对服务实施过程中出现的问题及时总结反思并予以解决,为以后项目的持续推进明确方向,确保项目的服务质量和效果。

项目中期评审的流程分为两个阶段:一是项目承接方自评,二是项目购买方评审。

(1)项目承接方自评。项目执行单位按照评估购买方项目管理办法,根据评估指标,结合项目计划的内容和目标,进行自评。在规定时间内向评审执行方提交自评报告,同时按照评审的材料清单提交项目服务活动相关材料。

案例展示7-4

××区政府购买社会服务项目中期评审
提交材料清单(业务评审)

中期评审所提交的材料及装订顺序总体分三部分:一是项目概述,二是项目依据,三是辅证材料。装订顺序如下:

第一部分项目概述资料包括项目承诺书、项目承接单位信息表、活动完成情况统计表、合同预算经费与实际使用情况对比表、项目中期进展报告、中期自评表、内容调整及批复表。

第二部分项目依据资料包括项目合同、项目申报书、项目实施方案。

第三部分辅证材料包括反映项目绩效的材料,含:活动方案;通知;签到表;信息;图片10~15幅(大小格式统一,一般以A4纸放置4幅为宜,图下方须配有图示说明;图片放在对应活动材料的位置,不主张集中放置;项目举办活动情况反馈表现场受众,每场活动不少于5份,并附照片,相应位置应手写签名);新闻宣传痕迹,如网站截图、报刊复印件、宣传品原件或缩扩印(A4大小)

件;领导批示等。

(关于财务评审通知):

本次考评采取现场指导的方式,请各项目单位按照要求及时准备以下财务审查相关资料:

1. 项目合同及实施方案(复印件);

2. 中期报告(复印件);

3. 科目明细账(复印件);

4. 会计凭证(原件)及会计资料(相应发生的合同、职称及先关资质);

5. 合同预算经费与实际使用情况对比表。

(2)执行方评审。①查阅自评资料。考评组首先对项目执行单位提交的材料进行集中查阅,对项目开展的总体情况包括项目人员安排、产出的数量和质量、服务成效、财务支出等情况进行全面的了解,发现项目执行中的优点和存在的薄弱环节。②召开项目中期评审会。项目中期评审会一般以会议形式进行,重点检查项目的落实进度。首先,项目执行单位汇报执行情况。一般从项目介绍、项目实施情况、项目服务成效和下一步工作计划等方面对项目进行详细汇报。其次,评审组专家提问。中期评审应对项目执行情况进行全面的考评和审核,包括项目的资源投入和产出数量、项目的管理制度及其执行情况、项目的成效及其满意度等。因评审时间问题,评审组专家一般会就项目执行中存在的问题,如项目内容的合理性、项目服务的专业性、财务支出的合规性等方面进行重点提问,对项目执行中不规范和不足的地方进行指导。③评审组提出整改意见和建议。评审执行方会以项目中期评审意见书的形式发给项目执行单位,要求在下一步项目执行中加以改进。④检查验收整改情况。项目执行单位要针对项目评审中提出的整改意见,制定整改方案,在项目下一步的实施中加以改进,规范运作,必要时还要提交整改情况报告,由评审执行方进行检查验收。

案例展示7-5

北京市××区社会工作建设办公室购买社会组织服务中期考评结果及应用

1. 根据考评综合情况,考评结果分为优秀、良好、合格、不合格四个等级。

2. 项目实施进度已过半,支撑材料齐全,财务规范,影响力大、覆盖受益人群广的项目,考评结果为优秀。

3.考评结果为良好和合格的,发放该实施项目的第二笔支持资金(总支持资金的30%)。

4.考评结果不合格的,将视情节轻重,分别给予通报批评,暂不发放第二笔支持资金,并限期完善整改,直至合格。在考评中,如发现对社会建设有恶劣影响,违反资金使用规定等行为,将在下一年度取消其申报项目资格及使用社会建设专项资金的资格。

4.设立项目不达标退出机制

因为政府购买社会服务项目的不确定性,购买方一般建立退出机制。主要包括两种情况:一是主动申请退出。例如,有的项目在立项后,由于社会组织内部人员变动导致项目无法实施或实施后可能达不到预定目标、项目服务人群或项目实施地发生变故导致项目无法落地等种种原因致使项目不能实施,这时项目承接单位可以申请退出。第二种情况是项目监测和考核达不到标准,购买方将终止对此项目的资金支持。

案例展示7-6
××区社会建设工作办公室购买社会组织服务项目采取达不到标准退出机制

一是主动申请退出。在项目立项后,项目单位主动申请退出的,需要提交退出申请,说明项目名称、单位名称、退出原因、项目实施进展情况、资金支出情况、负责人、联系方式。经第三方机构和区社会建设工作办公室进行核实、审批之后,项目方可退出(见表7-9)。

二是不合格而终止支持。在项目实施过程中,出现以下情况之一的,区社会建设工作办公室将终止对该项目的支持,包括以下几种形式:

(1)项目发生重大变更,事先未沟通和书面申请;

(2)活动执行中多次出现重大问题,如事故、严重混乱等;

(3)项目结项评审未通过,责令整改期间,第三方评估机构协助项目单位进行多次整改依旧未能通过评审;

(4)项目结项评审时,原计划任务尚未完成一半;

(5)项目资金审计时,发现严重违规;

(6)不提交评审资料,不参加中期、结项评审。

表7-9　退出申请表

申请单位			
项目名称			
单位负责人		电话	
项目联系人		电话	
退出申请理由	（若篇幅不够,可自行拉长表格或附加盖公章的详细说明）		
项目承担单位意见	单位公章： 申请日期：　年　月　日		
项目评估单位意见	单位公章： 批复日期：　年　月　日		
区社会建设工作领导小组办公室批复意见	单位公章： 批复日期：　年　月　日		

（本表用于项目退出时填写,一式三份）

（三）项目结束阶段：结项评审

结项评审一般项目执行结束的1个月内进行。在此阶段,项目执行单位要全面准备结项评审材料,其中最重要的一项内容是撰写结项总结报告。

1. 撰写结项总结报告

结项总结报告,也叫自评报告、总结报告、绩效报告等,是项目执行单位对项目开始到结束整个运作过程的全面总结,是接受购买方和第三方评估机构对其进行绩效评价的重要材料,是向购买方报告项目绩效、取得项目尾款、争取获得今后承接同类服务的重要依据。项目执行单位结项报告不仅是该项目团队管理运作水平的反映,也是其对该项目总体把控能力的体现；不仅是项目执行社会工作者的文书写作能力的反映,也是其科学分析能力的体现。因此,项目执行单位应高度重视项目结项报告的撰写工作,把报告的撰写过程,作为对项目实施和运作梳理的过程,作为项目总结和提升的过程,作为项目不断改进和完善的过程。结项报告的撰写要以"素材"说话,以"数据"说话①,善于总结、提升。

项目结项报告包含的内容主要有:

(1)基础信息。包括项目名称、机构名称、项目执行团队人员构成及分工;

(2)项目概况。包括:立项情况、实施主体、项目资金及主要内容;

(3)项目发展性状况。①项目启动至今,与项目(包含项目服务对象、项目服务领域、项目服务区域等等)相关的政治、经济、社会环境(特别是受援地区环境)等方面是否有改变或是有新的发展趋势?(例如:相关政府法规政策的改变,项目实施地合作伙伴的改变等)如果有,那么改变的程度的怎样的?②项目实施环境的改变对服务对象的数量、服务对象的需求是否有影响?若有,具体有哪些影响以及怎样影响的?③项目实施环境的改变对于项目所设计的活动、目标和达成有怎样的影响?④项目实启动至今,服务对象的需求是否有变化或服务对象是否有新的需求?若有,服务对象的需求都有哪些变化或新增了哪些需求?

(4)项目实施情况。包括:①项目目标,如项目制定的目标有哪些?制定这些目标的依据是什么?截至目前实际已经达成的目标有哪些?在项目实施过程中,项目目标是否有调整?调整的原因是什么?②项目活动(项目启动至今),项目已开展的活动有哪些?已开展的活动内容、活动形式有哪些?按原计划实施的项目活动有哪些?这些活动覆盖的人群及服务对象有哪些?活动服务人次数是多少?项目的受益人群(直接受益人、间接受益人)是如何参与这些活动的?已实施的活动对项目目标的达成有怎样的帮助?与之前的计划有较大变化的项目活动有哪些?(包括地点、形式、内容、规模等方面发生变化的活动,及新增活动或没有开展的活动)产生这些变化的原因是什么?这些变化是否会导致项目预算变动?在项目实施过程中,遇到哪些问题和困难?这些困难是怎样解决的?③项目终期完成目标与活动对照情况。以文字形式叙述并量化计划达成与计划达成。④项目绩效情况。包括:第一,项目绩效目标完成情况,如将项目实际完成情况与申报的绩效目标对比,从项目的经济性、效率性、有效性和可持续性等方面对项目绩效进行量化、具体分析。其中项目的经济性分析主要是对项目成本(预

---

① 张大明.社会组织如何写好承接公共服务项目结项报告. https://www.wendangxiazai.com/b-d77670e267ec102de3bd8904.html.

算)控制、节约等情况进行分析,项目的效率性分析主要是对项目实施(完成)的进度及质量等情况进行分析;项目的有效性分析主要是对反映项目资金使用效果的个性指标进行分析;项目的可持续性分析主要是对项目完成后,后续政策、资金、人员机构安排和管理措施等影响项目持续发展的因素进行分析;第二,项目绩效目标未完成情况及原因分析。⑤项目组织情况。包括:项目组织情况,如项目招投标情况、调整情况、完成验收等;项目管理情况,如包括项目管理制度建设、日常检查监督等情况。

(5)项目取得的成效。包括:①项目效果。项目启动至今,该项目已达到哪些成效？如:项目实施至今受益总人数是多少？与项目启动前相比,有哪些改变？(服务对象心理状况角度描述改变/行为能力角度描述改变/社会生活质量角度描述改变,参与项目后,服务对象生活质量的改善和提升程度);受益群体是如何看待本项目所开展的工作及达到的成效？项目至今,最受受益群体欢迎或喜欢的地方/最吸引受益群众的地方是什么？这些地方与其他同领域项目有何区别？受益群体满意度情况并提供服务对象满意度反馈统计结果。②项目产生的其他重要影响。如,描述项目实施过程中产生的其他重要影响(正面或是负面;预计或是未预计的)。这些影响可能是政策、经济、社会层面的。除项目已设定的项目目标外,项目是否还取得其他长远影响？如果有,是怎样的影响？并说明是怎样产生的？项目实施至今,是否获得项目计划之外的资源(如:场地资源、项目团队之外的人员、政府购买服务专项资金之外的资金支助、其他物资或设备资源等)支持等项目实施至今,是否形成某些可以推广和复制的项目理念或模式等,若有请具体描述。③媒体报道。项目启动至今,是否有媒体对项目进行报道？有哪些报道？可列出媒体名称和网页截图。

(6)对项目实施至今整体情况的总结。①项目实施至今,项目做得成功的地方;②项目实施至今,项目做得不足的地方,接下来会做些什么样的调整？

(7)项目决策及资金使用管理情况。包括:项目资金管理情况如管理制度、办法的制订及执行情况;项目财务报告如按实际支出列出明细。

2.提交结项评审材料

项目结项评审流程与项目中期评审流程一样,在此不多加赘述。与中期评审不同的是,结项评审重点检查项目实施效果和经费使用情况,其中经费使用情况应由专业的会计师事务所进行审查,此外,所要提交的材料更多、更全、更严、更细,其中最核心的材料是项目的结项报告。

三、评审结果及评审结果应用

(1)出具评审报告。评审执行方在对服务项目评审结束后应该及时出具评审报告,评审报告内容至少应该包括:①评估开展情况。如评审工作的步骤、工作重点、时间安排和人员分工等情况。②项目及执行基本情况。主要包括项目介绍、项目组织架构、项目目标、项目实施、项目成效、服务对象受益情况、服务满意率、项目财务状况、组织能力建设、人力资源配置与执行等。③评审结论及建议。评估执行方撰写完成评估报告后,应以评估报告(初稿)的形式,就初步评估结果与被评估方进行沟通,征询被评估方意见,然后出具正式评估报告并送达评估委托方。

(2)对部分社会服务项目进行抽查。购买方有时会成立一个由相关利益群体与专家组成的综合评审小组,成员要涉及不同的执行方,包括购买方、评估方、审计方、专家学者等。综合评审小组对一些重要的、所承接的项目金额较大的、承接方之前有过不良记录的、有公众举报的承接者进行现场检查,也可以采取随机抽查的方式进行重点检查。

(3)将具体的评审结果告知项目的承接方,并设立专门渠道接受承接方的申诉。

(4)正式发布评审结果,公开评审信息,撰写评审报告,做出综合评分。社会服务项目的评审结果就是评审执行方提交于委托方的书面报告并对社会服务项目进行综合评分。报告的撰写主要包括项目介绍、项目组织架构、项目目标、项目实施、项目成效、项目得分与等级、评语、财务审计报告①。综合评分是根据评审指标体系的指标进行打分,由项目评审组的专家和财务审计人员共同评分,得出项目的最终得分,并划分等级。评审等级一般设为四个等次或五个等次。四个等次分别为:优秀、良好、合格、不合格;五个等次分别为:优秀(90~100分)、良好(80~89分)、合格(71~80分)、基本合格(60~70分)、不合格(60分以下)。项目评审报告由项目评审执行方的业务专家和财务审计专家共同撰写,交由项目主管审核及再次修改后最终提交。随后,政府主管部门工作人员把单个的评审报告分别发送给各个项目承接机构,并给予项目承接机构反馈和改进的时间。

(5)项目评审结果应用。项目的最终评审结果产生后,对评选出的优秀项目给予奖励,并在以后政府购买社会工作服务及相关资助中应在同等条件下给予其优先资格;对评选基本合格的项目,要根据评审意见进行改进,形成改进方案书,限期提交改进报告,评审执行方审查合格后,支付尾款;对于不合格的项目,要进行限期整改,如果项目整改仍不合格,则会被责令退回项目支付款,有时还会取消其次年承接政府购买社会工作服务项目的

---

① 凌秀.政府购买社会工作服务项目评估研究:以2015年J省福彩项目为例[D].南昌:江西师范大学,2017.

资格。

案例展示7-7

北京市××区社会工作建设办公室购买社会组织服务考评结果及应用

1. 根据考评综合情况,考评结果分为优秀、良好、合格、不合格四个等级。

2. 项目实施进度已全部完成,支撑材料齐全,财务规范,影响力大、覆盖受益人群广的项目,考评结果为优秀。

3. 考评结果为优秀、良好、合格的,发放该实施项目的第三笔支持资金(总批复资金的20%)。

4. 考评结果不合格的,将视情节轻重,分别给予通报批评,暂不发放第三笔支持资金,并限期完善整改,直至合格。在考评中,如发现对社会建设有恶劣影响,违反资金使用规定等行为,将在下一年度取消其申报项目资格及使用社会建设专项资金的资格。

附 录

北京市委社会工委市民政局
2020年"牵手计划"服务项目申报书

申报单位：北京市大兴区助兴社会工作事务所
项目名称："赋权增能 牵手同行——2020年××旗社会工作助兴行动"
填表日期： 年 月 日

一、机构信息

项目名称	"赋权增能 牵手同行——2020年××旗社会工作助兴行动"			
申报单位	北京市大兴区助兴社会工作事务所			
申报单位类型	民办非企业单位			
登记证号		法定代表人		组织机构代码
通讯地址				邮政编码
最近一年年检结论				评估等级
全职员工人数（即受薪人数）	共（ ）人，其中持证人员（ ）人			
开户单位名称				
开户银行				
银行账号				

续表

是否能开具税务发票	□是(□有税控机 □税务代开) □否
机构愿景与使命、业务范围、市级荣誉(如获得奖项、市区级媒体报道等)(200字以内)	
政府购买服务项目经验(请填写下表,没有请写"无")	

执行过的项目名称	起止时间	资助方	资助总额（元）

二、项目信息

申请金额(万元)	7.871	项目时间	2020年5月至2020年11月
牵手机构名称	锡林郭勒盟暖心协会		
项目合作机构	□无 □有		
项目实施地域(区、街道、社区名称)	受援地锡林郭勒盟太仆寺旗第四小学及周边社区(村)		

续表

服务聚焦的人群、内容	服务聚焦人群： 　　牵手组织及培育组织成员；受援地民政部门及其相关工作人员、社区工作者等；困境儿童及其家庭 　　服务内容： 　　1. 人才培养模块：为牵手组织及培育组织成员、受援地社区工作者、民政部门及其相关工作人员提供社会工作培训及考证辅导 　　2. 社会组织培育模块：为牵手组织及培育组织成员进行督导，解决培育社会组织在注册及运作过程中存在的问题 　　3. 示范性项目模块：针对困境儿童精神关爱方面的问题，为困境儿童及其家庭提供个案辅导、小组活动等服务，改善困境儿童家庭经济及环境状况，改善亲子关系，促进困境儿童健康、快乐地成长 　　4. 制度机制建设模块：通过座谈研讨会及宣传活动，推动当地社会工作政策的改变，建立相应的社会工作发展与人才培养的相关制度与机制
本项目是否已在其他地方申请资助	□否　　□是（请注明）

	姓名	手机号	电子邮箱
项目负责人			
项目联系人			
财务联系人			

项目概述（概述项目希望解决的问题，以及计划通过何种方式达到什么目标。300字以内）

　　本项目在优势视角理论、社会学习理论等理论的指导下，运用 EPS 理论模型，从充权、参与、强项角度出发，紧紧围绕人才培养、机构培育、发挥示范作用、制度机制建设四大工作目标，针对受援地政府、牵手组织、服务对象的需求，在 2018 年、2019 年"牵手计划"项目已有成效的基础上，开展人才培养、社会组织培育孵化、示范性项目、制度机制建设四个模块的工作。首先，帮助受援地的受援组织及其工作人员树立社会工作专业价值观，掌握社会工作专业知识和方法，并能运用社会工作专业方法开展社会服务，提升其服务能力；第二，通过示范性服务，带动和指导牵手组织针对困境儿童精神关爱方面的问题实施服务项目，更好地服务困境儿童及其家庭，改善困境儿童家庭经济及环境状况；第三，通过建立促进政府部门工作发展与人才培养的制度和机制，促进受援地社会工作的发展

（一）项目背景

1. 项目需求分析（项目实施社会背景描述，尤其是具体实施区域需求的紧迫性分析，提供相应的数据论证，提出项目设计的基本依据）（400字以内）

为响应民政部《社会工作服务机构"牵手计划"实施方案》（民发〔2017〕160号）的精神，落实北京市社会工作服务机构"牵手计划"项目具体部署和工作要求，助兴社会工作事务所联合锡林郭勒盟暖心协会对受援地太仆寺旗进行了需求调研工作。经评估，确定其问题与需求如下：

（1）在2018年和2019年工作的基础上，受援地太仆寺旗已成功培育了一家社会组织，另有一家社会组织正在注册过程中，还需为其提供督导，以解决该组织在注册及运作中的问题。

（2）牵手组织锡林郭勒盟暖心协会，业务范围除志愿服务以外，还包括社会工作专业服务，非常期待能开展社会工作专业活动。

（3）据调查，太仆寺旗困境儿童非常多，其中需要重点帮扶的建档立卡困境儿童150余人，事实无人抚养儿童57人，当地一些爱心人士自发地选择一些特困儿童进行捐资助学，但仅限于经济方面的资助，缺乏精神帮扶。另外，根据在项目实施中了解到的信息，同时查阅文献资料，困境儿童大多缺乏情感关怀，需要开展相关社会工作专业活动改善其现状。

（4）受援地建档立卡贫困户的标准是经济指标，因此解决困境儿童家庭的经济问题是其最迫切的需求。为此，助兴社工链接当地政府部门、爱心企业等资源，拟在当地开办扶贫车间，2019年曾对太仆寺旗第四小学部分困境儿童家长进行了可行性调查研究，有7名家长报名愿意参加。

（5）"牵手计划"项目实施前，受援地从政府到民间，人们鲜有听说社会工作。要发挥政府在推动社会工作发展方面的作用，除提高人们对社会工作的认知以外，还需要政府部门加强制度和机制建设，为社会工作的健康、持续发展打下坚实的基础。

2. 受益对象描述（清晰界定本项目聚焦的人群、组织或社区，描述其基本特征、社会服务需求及其依据）（400字以内）

（1）牵手组织及培育组织成员。为牵手组织人员提供线上或线下社会工作者职业水平考试培训，通过专业督导和培训，解决成员在注册和组织运作中的诸多问题。

（2）民政部门及其工作人员与社区工作者。提高民政部门及工作人员、社区工作者对社会工作的认知度，帮助其了解和掌握社会工作理念和方法，为社会工作在太仆寺旗的蓬勃发展打下基础。

（3）困境儿童及其家庭。2019年开展的"家庭教育讲座"活动赢得了家长们的欢迎与高度好评,有家长反映自己非常需要学习家庭教育的相关知识,还有的家长希望与孩子一起参与家庭教育的活动。根据对困境儿童在参与活动时的观察与入户访谈可知,困境儿童比较缺乏情感关爱,而家长们往往忽略或不知道如何对孩子进行情感关爱与沟通交流。对此,项目将为困境儿童及其家庭提供家庭教育讲座、个案辅导、团体活动等服务,帮助家长更新家庭教育的观念,掌握家庭教育的方法,改进亲子沟通方式与技巧,改善亲子关系,促进困境儿童健康、快乐地成长。

(二)项目方案

1.项目目标(明确拟服务的人群和解决的问题,要求具体、可测量、可实现)(50字以内)

总目标:通过项目的实施,宣传社会工作理念,培养社会工作专业人才,培育社会工作服务组织,以专业服务的方式进行精准扶贫,提高公众对社会工作的认知度,推进社会组织的发展,开拓牵手社会组织和受援地社会工作发展新局面。

具体目标:①开展社会工作培训,参与培训人数不少于50名;开展社会工作者职业水平考试辅导,获证社工不少于2名。②培育1家社会组织。③开展示范性活动,并指导牵手组织开展一个服务项目,使至少2户困难家庭实现脱贫,使至少5个家庭提升沟通技巧,改善亲子关系。

2.项目拟执行产出指标/目标评估指标描述

产出指标(从哪些方面考察项目目标得以实现? 主要为可量化的、具体的指标)		依据/资料来源(什么样的信息或资料能证明该指标得以实现? 从哪里获得这些信息/资料?)
培养社工人才模块	培训和辅导6场	活动方案、照片、录像、满意度调查资料等
社会组织培育模块	督导活动6次	督导记录、照片、录像等
示范性服务项目模块	需求调研1次	活动简报、照片、出调研报告1份等
	宣传活动3场	宣传折页、展板等宣传材料、活动简报、照片等
	个案辅导1例10次	服务记录等档案资料、照片等
	小组活动1个系列6次	活动方案、服务记录、照片、录像、满意度调查等
	社区活动3场	活动总结、照片、录像、满意度调查资料等
	家庭教育讲座2场	项目绩效报告等结项材料
项目书面成果3套		受援地区社会工作发展政策建议及制度建设、项目绩效报告等结项材料

3. 拟投入的资源(包括机构自有资源和可以整合的各类资源,列明名称和内容)

(1)人力资源:社工团队2人,社工专家1~2人,教育专家1~2人,链接受援地政府部门、爱心企业及民间志愿者。

(2)财力资源:本项目资金7.871万元、牵手组织实施的项目资金(具体数额暂时未定)。

(3)链接资源:扶贫车间场房、缝纫机若干台、编织袋。

4. 项目实施计划(包括拟投入的服务,开展的时间和内容,包括目的、形式、地点、参与人数等)(字数不限)

	时间	内容(包括目的,形式,地点,参与人数等)	预计成效
项目实施计划	2020年5月	活动内容: 1. 规划和设计服务项目、制定实施方案 2. 制作项目横幅和旗子 3. 制作调查问卷、培训学习和考证辅导材料 目的:做好项目实施准备工作 形式:文案设计 地点:办公室和太仆寺旗 参与人数:2~3人	为牵手计划的全面展开做好准备
		活动内容: 社区宣传活动3次 目的: 1. 宣传社会工作,让人们对社会工作有所认识 2. 宣传民政部的"牵手计划"及其意义 3. 宣传社会工作与精准扶贫的关系 4. 宣传困境中的儿童服务项目 5. 社区活动宣传 形式:社区宣传 地点:太仆寺旗学校、社区 参与人数:700余人	配合项目活动进行宣传,扩大活动影响力,同时,提高人们对社会工作的认知度,让人们了解牵手计划

续表

	时间	内容(包括目的,形式,地点,参与人数等)	预计成效
项目实施计划	2020年5~9月	活动内容： 1. 培训和职业水平考试辅导6场 2. 制度机制建设座谈研讨会3场 3. 项目启动,包括需求调研、细化实施方案等 服务对象：牵手组织成员、培育组织成员；政府工作人员及社区工作者 目的：培养社工人才；保证服务项目顺利实施 形式：线上或线下培训、考证辅导、研讨会等 地点：办公室和太仆寺旗 参与人数：培训及考试辅导不少于50人	帮助服务对象树立社会工作专业理念,掌握社会工作知识和方法并运用到服务工作中,使获证社工不少于2名；加强社会工作制度机制建设,形成一套书面成果
	2020年6~9月	活动内容： 督导：社会组织培育、孵化,包括注册指导、组织建设、项目运作等 服务对象：牵手组织及培育组织成员 目的：①培育社会组织；②增进其专业技巧,促进其成长,确保其服务质量。③解决组织在注册及运作中存在的问题 形式：个别督导、团体督导 地点：办公室和太仆寺旗 参与人数：两个组织10人左右	完善社会组织内部治理结构,加强制度建设,增强队伍的凝聚力；促使服务对象学会运用专业方法开展服务；培育1个社会组织
	2020年5~9月	活动内容： 1. 个案辅导1例10次； 2. 小组活动1个(组)6次 3. 社区活动3场 4. 家庭教育讲座2场 利用EPSS理论模型,从充权、参与、强项角度开展示范性服务活动,指导、协同牵手组织实施社会服务项目。如亲子小组活动和社区活动,从优势视角理论的角度设计、组织、开展各种服务活动,充分挖掘服务对象的潜能,注重服务对象的参与,促进亲子关系的改善。在需求评估、项目设计、社会服务、绩效评估等各个环节,让牵手机构成员参与其中 服务对象：困境儿童及其家庭 目的：帮助困境儿童及其家庭解决问题；帮助和指导牵手组织成员运用专业方法开展服务,保证服务质量 形式：小组、个案、社区等活动 地点：办公室和太仆寺旗 参与人数：小组活动1个系列10人、个案服务1人、社区活动人数若干(视疫情而定)	为困境儿童及其家庭提供服务,改善家庭功能,满足困境儿童成长需要,使至少5个家庭提升沟通技巧,改善亲子关系；牵手组织骨干成员加深对社会工作服务的认识和理解

续表

2020年8月、10月	活动内容:项目中期、结项工作 目的:评估社会服务效果、服务对象进步情况及项目目标的实现程度 形式:工作总结 地点:事务所 参与人数:2~3人	总结工作经验,改善工作技巧,提升服务水平

5. 风险分析及应对预案(可能遇到的问题、风险及如何应对)(400字以内)

(1)技术风险:需要组织有资质且有责任心的社工团队。

应对措施:事务所主任亲自参与制订项目方案、指导社工制订具体活动方案,并及时跟进督导,以保证服务的专业性、质量和效果。

(2)队伍风险:牵手组织锡林郭勒盟暖心协会所在地距离受援地太仆寺旗260余公里,目前没有专职工作人员,到受援地服务的时间难以保证。

应对措施:指导、督促暖心协会重视项目工作,在受援地招募工作人员和志愿者。

(3)资金风险:牵手组织在当地开展服务项目,前提是要有项目资金。2018年牵手项目刚开始时,大家干劲很足,决心很大,机构有两名专职工作人员,但由于项目资金迟迟不能到位,专职工作人员不得不另谋生路,受援地项目实施受到严重影响。

应对措施:建议政府间加强沟通,争取早日拨款;同时,帮助其向受援地政府争取。

(4)环境风险:受疫情影响,2020年项目具有很大的不确定性,直接影响社工到达受援地的时间、实施地点和服务对象的招募,进而直接影响本项目预算,因此请民政局工作人员对此进行充分考虑。

应对措施:原计划项目的实施地在太仆寺旗第四小学,但受疫情影响,不确定四小在项目实施阶段是否允许开展密集型活动,如无法开展,项目组将针对5个困境儿童及其家庭开展服务,示范性项目模块的直接受益人数预计在20人左右,如果无法去受援地,培训活动可以以线上培训的形式进行,但这样会影响到社工到受援地的工作日,需要提前与政府沟通。

6. 项目预期成效

(1)预计的直接受益人数及单个服务对象的服务成本、间接受益人数量。

a. 直接受益:80多人;牵手组织及培育组织成员、参加培训的民政口工作人员、社区工作者50余人,使获证社工不少于2名。

b. 间接受益：困境儿童的家庭成员、学校师生、参与项目活动的志愿者等，培训、社区活动覆盖的社区居民 600～700 人。

(2) 预计对受益对象经济状况/行为能力/心理状况等方面可能带来的改变。

a. 困境儿童及其家庭：通过扶贫车间的建立，预计 2 户的困境儿童家庭实现脱贫；通过个案辅导、小组活动、搭建社会支持网络等方式，使至少 5 户家庭改善亲子交流方式，提升沟通技巧，改善亲子关系，满足困境儿童的情感需要。

b. 牵手组织及培育组织成员：通过培训帮助受训对象树立社会工作专业理念，掌握社会工作知识和方法并运用到服务工作中，同时帮助参训人员取得社工师职业资格证书；通过督导活动，为牵手组织及培育组织成员提供帮助，解决组织在注册及运作中的问题。

c. 民政部门工作人员：通过座谈会及培训宣传等社区活动加强民政口工作人员对社会工作的认识，提升当地政府对社会工作的重视程度，解决社会组织业务主管单位认识问题。

(3) 预计对社会带来的影响。通过本项目的实施，助力政府部门建立社会工作相关制度和机制，推动社会工作发展；帮助人们认识社会工作，接受专业服务，改善困境儿童家庭经济及教育状况，满足困境儿童的情感需求，促进其健康快乐地成长。

7. 项目创新性和推广性（项目的特点，及与其他同类社会服务项目的独创与区别及项目的手法、模式，可复制推广的地区、领域）（200 字以内）

1）项目特点

(1) 参与组织多。京蒙两地政府部门和社会组织频繁沟通，民间多家组织深度合作，链接当地政府部门、爱心企业、民间志愿者组织，撬动更多资源投入。

(2) 实施难度大。社工与项目实施地、牵手组织及其成员与项目实施地距离遥远，服务对象居住分散，并受到疫情的影响，增加了项目实施的不确定性和难度。

(3) 项目的连续性。

一是项目内容的连续性。2018 年、2019 年与今年的项目实施地均在太仆寺旗第四小学，且每年的项目内容环环相扣，确保了三年项目的连续性。

二是服务对象的连续性。项目组在新增服务对象的前提下都对往年的服务对象进行跟踪回访或跟进服务，保证了社会工作的专业性与服务质量。

三是连接资源的持续性。第一，项目组连续两年链接北京的爱心家庭与 16 名困境儿童建立一对一持续帮扶关系；第二，链接项目资金 20 万元的

"心灵守护——内蒙古太仆寺旗儿童心理援助服务试点项目",持续地为当地中小学培育理论与实务兼具的专业社工人才队伍,并由"腾讯公益"持续募集资金,确保项目长期、持续开展下去。

2)项目的创新之处

(1)合作方式创新。以专业社工机构为主导,整合京蒙两地政府部门、专业社工组织和志愿者组织,多方通力合作,专业互补,形成合力。

(2)服务模式创新。采取直接服务方法,通过对牵手组织及培育组织的直接服务活动,现场示范教学,为自我感悟、自我体验提供空间,使其所学内容在思考中融会贯通,促使其整体服务能力得到提升;采取间接服务方法,通过指导牵手组织及培育组织实施以困境儿童为服务对象的服务项目,改善困境儿童的家庭环境与经济状况,促使其健康成长。

(3)服务形式创新。通过腾讯会议 APP、微信语音及视频等远程交流软件,开展考证辅导、培训及督导服务、个案辅导等线上活动。

3)项目的可复制性和可推广性

该项目秉持社会工作助人自助的专业理念,回应服务对象的需求,通过对受援地组织及人才培养,打造服务品牌,形成示范效应,促进政府相关部门建立相应的体制机制,有利于形成困境儿童服务与脱贫工作模式,便于复制推广到其他贫困地区,实现精准扶贫。

(三)项目团队

项目负责人信息			
姓名	刘春霞	职务	主任
专业资质	副教授,中级社会工作师	手机号	
相关经验描述 (200字以内)	机构拥有教师团队及社工团队和志愿者团队三支队伍。在工作中能够秉持社会工作专业平等、尊重、诚信以及助人自助等专业价值理念,运用社会工作专业的技术和方法,追求专业、优质、高效,努力打造服务品牌。在个案服务中曾帮助2名案主成功走出抑郁困境,也曾帮助一名精神分裂症患者恢复正常生活并成为村里的治安巡逻员;在团体辅导中,率先开设萨提亚亲子关系工作坊,运用专业技术,让服务对象在体验中获得改变。在长期的理论和实务工作中积累了丰富的经验,取得了良好的社会效益,赢得了服务对象和政府部门的肯定和赞扬。机构执行的项目多次获得北京市政府优秀项目		
项目团队成员信息			

续表

外部支持团队信息		
姓名	单位及职务	项目中承担的工作内容

(四) 项目预算

项目预算			
资金来源	资金种类		金额(万元)
资金来源	申报资金		7.871
资金来源	配套资金	自有资金	0
资金来源	配套资金	社会募集资金	0
资金来源	配套资金	合计	0
资金预算支出明细			
项目			金额(万元)
申报资金支出			
1. 专业服务支出(按服务/活动种类归类列出)			1.85
(1) 调研活动			0.01
(2) 社会工作专业培训及辅导6场			0.35
(3) 困境儿童小组活动6次			0.09
(4) 宣传活动3场			0.83
(5) 社区活动3次			0.33
(6) 督导活动			0.08
(7) 家庭教育讲座2场			0.16
2. 项目执行人员的人工成本			3.54
3. 执行项目的交通费			0.54
4. 执行项目的通讯费			0.174
5. 执行项目的住宿费			0.20
6. 执行项目的印刷费			0.16
7. 执行项目的误餐费			0.75

续表

8.执行项目的管理费	0.393
9.税费	0.264
申报资金支出合计	7.871
配套资金支出	
1.社会服务支出(以受益对象为单位的服务活动支出)	0
2.执行项目的交通费	0
3.执行项目的通讯费	0
4.执行项目的会议费	0
5.执行项目的印刷费	0
6.执行项目的其他费用	0
配套资金支出合计	0
资金支出合计	7.871

预算编制要求：

1.社会服务支出(以受益对象为单位的服务活动支出)：社会服务支出应当用于受益对象和社会服务活动，以受益对象和社会服务活动为基础编列预算，预算须列明受益人数和资助标准，预算的人数和标准应符合实际，并接受社会监督。具体服务类项目应列出被服务对象性质、人数、次数、每人接受服务金额

2.项目活动确需专家费用的，专家费的开支一般参照高级专业技术职称人员500元/人天、其他专业技术一般人员300元/人天的标准执行。超过两天的，第三天及以后的费用标准按200元/人天执行

3.项目活动确需培训的，应当列出培训天数、人数，培训所有经费控制在每人每天350元以内

4.项目活动确需召开会议的，应当列出会议天数、人数，会议所有经费控制在每人每天400元以内

5.对于开展项目活动所必需的差旅费和市内交通费，差旅费应参照国家有关规定执行，立项单位应参照各地相关部门制定差旅费管理办法执行；市内交通费应符合经济节约原则，并与执行项目相关

6.项目活动确需印刷费、宣传费的，应列明费用的种类、标准和金额

7.立项单位不得购买或修建楼堂馆所、缴纳罚款罚金、偿还债务、对外投资、购买汽车等；不得列支与项目无关的捐赠、赞助支出等，不得以任何名义从项目资金中提取管理费

8.申报资金预算支出应当做好调查研究、科学设计、充分预计项目可能发生的各项费用，未申报的费用，项目资金不得列支。配套资金应当据实申报

9.项目预算是否合理、节约，将作为项目评审的重要指标之一

三、申报单位承诺

　　我单位具有法人资格,拥有独立银行账户并可以开具正式服务性发票,我们保证项目申报材料真实、合法、有效,已制定项目实施计划、方案,确保项目如期完成。将按法律、法规有关规定,接受项目监管、审计和评估,并承担相应责任

法定代表人签字:(单位盖章)

年　月　日

社会工作介入精神残疾青年个案服务

一、个案背景介绍

（一）个案来源

L系××村村民，该村是2014年、2015年北京市社会工作人才队伍建设的试点村，通过2年服务项目的开展，社会工作者逐渐获得了村民的信任。2015年10月初，村支部书记见到社会工作者，说起村里有L这样一个人，看社会工作者能否为他提供帮助。

（二）基本情况

服务对象L，男，30岁，无业，身体状况良好，2013年因谈朋友被女方家人告强奸而入狱一年，出狱后精神恍惚，不愿与人接触。母亲一年前在L服刑期间过世；父亲因重症心脏病导致气短，经常住院，身体状况欠佳；家庭成员还有一个比L小1岁的妹妹，已出嫁到邻村，女儿现在快两岁了，家庭重担均由其妹妹一人承担。目前家里有4亩地的果树，但无人照管，无收入来源。

L父亲之前经常在县城打工，不常回家，家中只有L独自一人生活。L不与任何人接触，社会融入情况很差，且精神愈加不正常，把家里的被褥和沙发等用火烧掉，近几个月来L的情况越发严重。

二、分析预估

社会工作者接案后第一时间对L的基本情况进行全面的汇总整理，分别从村支部书记、父亲、妹妹、邻居和村民等多方面进行资料收集工作，尽量全面、细致地掌握其情况。

社会工作者根据收集到的资料绘制了服务对象的家庭结构图（见附图1），这样可以迅速、直观地了解和掌握L的家庭成员结构、成员关系等情况。

接下来，社会工作者对L的困扰和问题进行了分析和评估，找出影响服务对象问题和困扰的关键点，确定服务对象的真正需求如下：

(1)个人身体状况问题。通过对收集资料的评估发现，L精神状况很成问题，且有愈加不正常的趋势，把家里的被褥和沙发等用火烧掉的行为，急需专业机构确认L的精神状况。

(2)心理认知问题。服务对象在主观认识上存在偏差，生活态度相对消极、悲观。

(3)家庭系统问题。服务对象母亲去世，父亲身体欠佳，且之前常年在

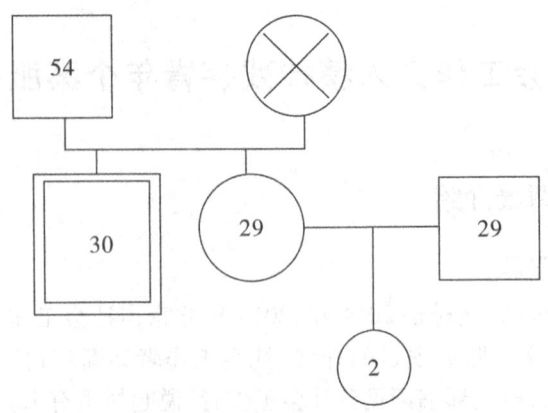

附图1 服务对象家庭结构图

外打工,妹妹已出嫁,家中只留有L一人,家庭缺乏沟通交流,且互相关爱不够、关系疏远。

(4)社会支持网络问题。服务对象几乎没有人际交往,沟通交流能力欠缺,村委会无法提供有效帮助。

三、服务计划

社会工作者根据服务对象的实际情况,运用相关理论,制定了服务计划,具体内容如下:

(一)阶段性目标和服务策略

(1)建立专业关系:通过社会工作者与服务对象的多次接触,构建良好的合作关系,为开展服务奠定良好基础。

(2)生理方面:链接资源,陪同服务对象到医院诊断,确诊是否精神存在疾病。

(3)心理方面:帮助L解决自我认知问题,通过个案会谈的方式了解L内心的真实想法,帮助L宣泄内心的负面情绪,正确认识自己,形成正确的人生观、价值观。

(4)社会方面:①增强L的职业技能,对其进行生活辅导,掌握学习基本的生活技能;②改善家庭关系,社会工作者通过与其家人的会谈,让双方充分沟通、理解,增进L的亲情关系;③改善社区环境,增强L与周围人的沟通能力,构建属于自己的朋友圈,恢复其正常的人际关系;④为L链接资源,如办理残疾证、争取政府资金帮扶等;⑤充分利用社区系统资源,争取村委会的支持,鼓励L积极参与社会活动,重新找回自尊,发现自身价值,重塑积极健康形象。

(二)涉及的基础理论

1. 充分运用优势视角理论

优势视角是以优势为核心,这就要求社会工作者在对服务对象进行帮助时强调将关注点聚焦在服务对象身上,尽可能地发挥服务对象自身的能力和优势,并利用这些优势来进行自我的帮助和发展。本案中,虽然L被诊断为精神分裂症,但社会工作者并没有对其采取自暴自弃的做法,而是充分发掘L的个人优势,耐心交流,从而了解L的真实想法,并通过小组活动增强L的人际沟通能力,逐渐恢复其自信,改变了L的精神状态。

2. 充分运用人在情境中理论

要求社会工作者要重视服务对象情绪和认知的变化,努力引导服务对象自己去发现问题,并帮助其忘记自己不愉快的经历,同时还采用了间接治疗,如与服务对象的家人进行沟通,请他们协助社会工作者给予服务对象更多的关爱,促进亲情关系的改善。本案中社会工作者就是通过与L父亲、妹妹的沟通交流,争取到了他们的支持,这一点对L的个案工作效果的取得至关重要。

3. 认知疗法理论

这是通过认知和行为技术来改变服务对象的不良认知的一类心理治疗方法的总称。本案中服务对象精神存在精神问题:根据人在情境中理论分析,服务对象入狱一年,压抑的一年,自觉冤枉的一年,委屈的一年,受尽煎熬的一年。从一个清清白白的、家境还算不错的青年,转眼间成为一名强奸犯,在监狱可能受到狱友的嘲笑与欺负。身心备受打击。出狱后,自己心里过不去这个坎,自责难受。别人也戴着有色眼镜来看待自己,故不愿与人交往。因此,一定要逐步排解其心中的不良情绪,通过正确认知的引导,才有助于其行为上的相应改变。

四、服务计划实施过程

(一)第一阶段:赢得家人支持,建立良好专业关系

制订好服务计划后,社会工作者马上采取服务行动,但在实际服务中,社会工作者并没有与服务对象取得接触,又联系不到L的家人,故个案服务开始时一个多月都没有任何进展,这也为社会工作服务带来了很大困难。2015年12月9日社会工作者、村委会书记等在L家门前初次见面,通过简单沟通,社会工作者发现L表现出强烈的阻抗,不想说话,不想透露过多地信息。说话时往往都是笑着的,可说完了有时表现出开心,有时表现出忧伤。

经过多方努力,社会工作者终于与服务对象的家人取得联系。因L父

亲住院,2015年12月26日社会工作者特地来到区仁和医院418室与L父亲第一次见面,征得L父亲同意,决定第二天由其妹妹陪同L去北京市大兴区精心康复托养中心看病。26日下午,社会工作者再次来到医院,在病房中第一次见到L的妹妹,商讨为其看病的事。L妹妹十分感谢大家的帮助,答应全力配合,同意带L随社会工作者去医院检查病情。

经过本次服务,取得了L家人及L对社会工作者的信任,建立了良好的专业关系,这为以后的服务奠定了很好的基础。

(二)第二阶段:整合社会资源,构建社会支持网络

社会工作者与L所在村委会与区精心托养康复中心取得联系,争取获得相应支持。村支部书记兼村委会主任李书记表示,若L确诊为精神病,可以向政府申请补助资金,进行临时救助,部分医疗费可以由镇政府负担。2015年11月29日社会工作者联系区精心康复托养中心张院长,说明服务对象情况,询问是否可以接受,随后社会工作者介绍了L家庭情况比较特殊,希望张院长在费用方面能否减免一些,请酌情考虑。张院长表示先看看L情况再定夺。本次服务为服务对象争取到诊断与住院机会的目标达成。

12月27日,社会工作者2人驱车带领L及其妹妹,来到精心托养康复中心,院长为L进行了诊断,鉴于L家庭情况,表示愿意接收其留院,并减免相应的费用(每月需要1000~2000元费用),并建议办理残疾证。12月28日社会工作者电话回访张院长,了解到L所患病情为精神分裂症。

(三)第三阶段:深化专业关系,舒缓服务对象情绪

2015年12月31日社会工作者再次来到L家中,与之前大门紧锁的情况相反,本次大门一直敞开着,可以看出L对我们的信任与欢迎。走进L家中,L已在门口等候。社会工作者与L亲切交谈,并教L做饭等一些生活技能,使L感受到更多的温暖。2016年1月2日接到L妹妹电话,告知决定让L到精心托养康复中心住院。1月6日社会工作者与院长联系得知,3号早上,L再次翻墙出逃,幸好院长与同事费力找回,为其做思想工作,L情绪才平稳很多,病情也有稍许好转。于是当天晚上,社会工作者就与L妹妹联系,约定第二天一起去看望L。1月7日L妹妹准备一些L的日常用品及换洗衣物等,与L父亲、社会工作者共同来到精心康复托养中心,院长向大家介绍了L这一周来的情况,表示L表现很不错,就是刚来时有些不愿意,通过做思想工作,L及其家人都同意留院观察。通过本次接触,社会工作者感觉L说话明显比上次见面多了很多,情绪也平稳了很多。

(四)第四阶段:开展小组互动,增强服务对象沟通能力

2016年1月20日,是社会工作者为L提供的第11次服务,社会工作者

从院长口中了解到,L最近状况非常好,非常配合张院长以及其他精心托养康复中心员工的安排与治疗。1月27日,社会工作者带领L通过小组活动的方式帮助其融入集体生活,并与同伴建立良好的关系。L积极参与,表现出努力改变的信念为帮助L尽快融入新环境(区精心托养康复中心),尽早恢复正常的社会功能。2月3日社会工作者再次举办主题为"心灵花园"的小组活动,希望L早日重获健康身心,回归正常、幸福的生活。

（五）第五阶段:基本恢复健康,服务对象走上工作岗位

2月21日,春节假期结束后,社会工作者联系L父亲得知,L因想念父亲于春节前两天翻墙跑回家,康复中心与家人协商后同意L在家休养,同时叮嘱家属一定要监督L按时服药。

3月13日,社会工作者再次看望L。一进村,就发现L左胳膊上戴着一个"治安巡逻志愿者"的红袖标,在对门四大妈家门口与四大妈下棋。看见我们,四大妈高兴地说,每次都是L赢。随后,我们从四大妈等村民处得知,L现在是该村正式治安巡逻员,且最近找了一份去草药地里拔草的工作,每个月3000元左右。大家都为服务对象感到高兴,并对社会工作者表达了由衷的感谢。

看到L对社会工作者从无情拒绝—将信将疑—热情欢迎这个过程,一路走来,我们经历很多,但留下的感动与欣喜远远大于困难。L的精神状态转变从量变逐渐走向质变,希望L能够一步步走向幸福美满的明天。

五、总结评估

（一）目标评估

服务基本达到预期目标。从L个案来看,通过观察L的生活状态、精神面貌,以及周围人对于L的对比评价,我们发现L改观巨大,本次个案服务成效显著。

（二）过程评估

社会工作者在介入服务过程中,共进行访谈19次,同时还有多次电话访谈,邀请服务对象参与村委会活动和小组活动2次。期间社会工作者基本能够恰当地运用社会工作方法和理论,具体如下：

（1）采用支持性技巧。在与服务对象交流时,社会工作者始终保持微笑,眼睛注视着对方,当服务对象说话时,则专心地倾听,借助友好的视线接触,表达关注,让服务对象及其家人感受到温暖,感受到被尊重,并没有因L有前科而区别对待；在服务过程中,社会工作者一方面进行资源链接,带L到医院看病,另一方面对其进行生活辅导,教其学习基本的生活技能,同时

对其家庭进行关爱活动,使服务对象有了很大的改变;当服务对象从康复中心翻墙跑回家时,适时地表达同理心使服务对象感到被理解、被接纳,从而保证了专业关系的逐步深化。

(2)采用引导性技巧。当社会工作者辗转联系到L父亲并向其说明来意,面对服务对象父亲及其如妹妹"以为能够帮助解决医疗费用"的期望时,采用澄清的工作技巧,明确了社会工作者能够提供的服务内容,尽最大努力帮助其解决困难,但不给服务对象过高的承诺。

(3)采用影响性技巧。在介入过程中,社会工作者多次借助自己的专业知识和工作经验,为服务对象提供建议和信息,如建议服务对象及时就医,提供办理残疾证的政策和办理单位及流程的信息。

(4)运用"优势视角"理论。发现服务对象的自身优势,运用引导、理解、支持的方法促使L重新回归正常人的生活,成为村正式治安巡逻员对其重新融入社会意义重大。

(5)充分构建社会支持网络。挖掘社会资源,取得L所在村委会及托养康复中心的支持。

六、专业反思

整个个案服务过程是对专业知识真正应用到社会实践中的一次检验,关于个案服务特别是精神残疾领域的个案服务,社会工作者感触颇多。

1.要与服务对象建立信任的专业关系

这是开展社会工作服务的第一步,也是所有工作中最关键的一步。在该阶段,尤其是针对非自愿和被强制接受服务的服务对象,建立良好的专业关系相对比较困难。因此在这个阶段,一定要有足够的耐心,且要有足够的心理承受能力、抗挫折能力。

2.需要将侧重点放在家属以及整个家庭

患有精神残疾的人是不幸的,但更不幸、更痛苦的是其家属,因此社会工作者的慰问、探访,不仅对家属的情绪支持和树立生活信心很重要,同时对与服务对象建立专业关系及取得服务成效也至关重要。

3.要注意社会工作者的人身安全

精神残疾服务对象由于在认知、情感和行为方面存在障碍,有时可能会出现过激行为,因此,社会工作者在提供个案服务时,一定要注意自身安全,切忌与服务对象独处,以免发生不测。

4.结案后的跟踪同样重要

结案后,服务对象是否会出现反复,能否继续保持现有状态?家属能否监督服务对象按时服药?争取到的外界资源能否继续提供持续性帮助?社会工作者要做好跟踪服务。

附件：

1. 个案接案记录表
2. 服务对象问题评估量表
3. 个案辅导服务须知
4. 个案评估及服务计划
5. 个案问题分析及对策
6. 服务记录(15次)
7. 个案结案评估表
8. 个案结案报告
9. 个案录音录像同意书
10. 活动存档记录清单

"安全之旅"——困境儿童小组活动

一、背景介绍

党的十九大报告对坚决打赢脱贫攻坚战提出明确部署,要求动员全党全国全社会力量,坚持精准扶贫、精准脱贫,确保如期完成脱贫攻坚任务。社会工作参与脱贫攻坚,是社会扶贫的重要内容,是政府扶贫的有效补充,在确保精准扶贫、增强内生动力、推进可持续发展等方面有着它特有的作用。

针对贫困地区在社会工作培训、机构、人才和服务方面的需求,民政部决定实施社会工作服务机构"牵手计划",从2017年至2020年,从社会工作先发地区遴选300家社会工作服务机构一对一牵手帮扶贫困地区,培育发展300家社会工作服务机构,培养1000名社会工作专业人才,支持贫困地区为特殊、困难群众提供300个社会工作服务项目。

根据《民政部办公厅关于做好首批社会工作服务机构"牵手计划"实施工作的通知》精神,北京市制定了关于援派社会工作服务机构实施"牵手计划"的工作方案。2017至2020年,每年选派32家社会工作服务机构支援河北省和内蒙古自治区,帮助受援地孵化社会工作服务机构,培养社会工作专业人才,开展社会工作服务,推动受援地社会工作发展,发挥社会工作专业力量在打赢脱贫攻坚战中的积极作用,助力决胜全面实现小康社会。××社工事务所有幸成立其中之一,受援地为某国家级贫困县,针对当地困境儿童多的突出问题,开展以困境儿童不服务对象的示范性服务项目,实施地为在S小学。2018年"牵手计划"实施过程中,项目执行团队成功地在S小学建立了社会工作服务站,工作过程中与校方建立了良好的合作关系。此外,社工发现年级较低的特困儿童非常缺乏安全意识的问题。

二、分析预估

(一)需求调研

作为国家级贫困县,当地政府非常重视义务教育,花巨资在旗政府所在地建起两所小学,对农村学龄儿童进行集中教育,S小学是其中之一。社会工作者重点针对低年级学生安全意识和安全知识薄弱的问题,采取两种调查方法开展前期需求调研,深入了解困境儿童的情况,进行需求评估。

第一,查阅资料法。社会工作者从政府相关部门查阅了"T旗义务教育阶段建档立卡学生花名册"和"T旗需要重点帮扶的建档立卡贫困学生花名册",掌握了受援地困境儿童的总体情况。调查数据显示,T旗S小学共有建档立卡困境儿童96名,其中需要重点帮扶的特困儿童20名,其年级分布如下:一年级1名,二年级1名,三年级5名,四年级4名,五年级5名,六年级4名。

第二,访谈法。社会工作者选择三至四年级的困境儿童进行重点访谈,提问一些基本的安全知识问题,但学生们回答的正确率极低,例如,社会工作者问Z:"你知道当被开水烫伤后应该如何处理吗?"他的回答是"我记得好像可以涂抹紫药水";也曾向H提问有关"接种疫苗"方面的问题,从他们的回答中可以明显地发现大家对于"水""人身侵害"等安全方面的知识掌握较差,同时也缺乏正确处理紧急情况的方法。社工发现,学生们对于安全知识的掌握程度也较差,有些同学掌握的急救方法甚至是错误且危险的。当社会工作者询问大家是否愿意参与"安全之旅"小组活动、共同学习安全知识时,大家的反响热烈,表示特别想学,想把这些安全问题都搞清楚。

(2)分析预估

根据S小学需要重点帮扶的困境儿童年级分布情况,社会工作者决定针对3~4年级的困境儿童开展安全知识教育小组,9名特困儿童中,困难情况属于"父母或家人重病或残疾"的5名,其中1名是"本人残疾";留守儿童4名,其中1名还是单亲;单亲2名,其中1名同时是留守儿童;孤儿1人(见附表1)。

附表1 "安全之旅小组"活动服务对象信息表

序	组员	年龄	年级	困难情况
1	G	9	三年级	父母或家人重病或残疾
2	M	10	四年级	父母双残
3	Z	10	三年级	母女残疾、单亲
4	W	9	三年级	留守
5	W	10	四年级	留守
6	Z	10	四年级	留守
7	X	10	四年级	本人残疾
8	W	10	四年级	留守
9	H	10	四年级	母亲残疾

社会上由于监护人不能尽到教育和照顾困境儿童的职责而发生的悲剧

比比皆是:2012年11月16日,贵州毕节市5名留守儿童因取暖而死于七星关区街头垃圾箱内;2013年10月8日,安徽临泉一名2岁留守女童妞妞不慎跌入正在燃烧的秸秆堆内,不幸造成特重度烧伤……据"女童保护"统计,2013年至2017年,每年全年媒体公开报道的14岁以下儿童被性侵的案例分别是125起、503起、340起、433起、378起,2018年全年媒体公开报道的性侵儿童(18岁以下)案例317起,受害儿童超过750人。以上困境中的儿童不仅需要家庭监护,更需要自护!

三、服务计划

根据服务对象的情况与社会工作者曾经开展"安全主题"小组活动的经验,社会工作者选择了服务对象掌握较差的五个安全方面的知识作为小组活动的主要内容,确定介入策略和小组活动的总目标与可测量的具体目标,运用相关理论,制作小组工作计划书。

小组名称:"安全之旅"困境儿童教育小组。

小组性质:教育小组。

(一)介入理论

1. 马斯洛需求层次理论

根据马斯洛的需求层次理论,在最基本的需要——生理需要满足之后,第二层次的需要便是对安全的需要,其中包括对人身安全、生活稳定以及免遭痛苦、威胁或疾病等。一旦人们缺乏安全感便会感到自己受到了威胁,觉得这世界是不公平或是危险的,认为一切事物都是"恶"的。例如:一个孩子,在学校被同学欺负、受到老师不公平的对待,从而开始变得不相信这社会,变得不敢表现自己、不敢拥有社交生活(因为他认为社交是危险的),并借此来保护自身安全。久而久之,孩子的身心健康都会受到巨大的影响。

此外,在校园内尤其是寄宿制学校内,校园暴力、语言暴力等情况时有发生,如果一个孩子在遭受了类似的事情,但不知如何正确地保护自己,那么久而久之,他的身心健康都会受到巨大的影响。

因此,社会工作者在设计"安全之旅小组"活动时,加上了有关"人身侵害"方面的安全知识,包括校园暴力、家庭暴力、防性侵、接种疫苗等安全知识,以保证服务对象的健康成长。

2. 社会学习理论

班杜拉的社会学习理论认为,学习者不是通过直接的刺激—反应模式来学习的,学习者不直接介入行动过程本身,不亲自接收强化,不直接作出反应,只是通过观察别人的行为即可学习和获得这个新的行为和反应方式。

每个人都有自己的榜样,在无形中人们都会去模仿榜样所做的事情。

在分析服务对象的资料后社会工作者发现,Z、H的学习成绩在班里均名列前茅,她们可以在小组中为其他服务对象树立一个好榜样,社工也会树立榜样形象,为服务对象提供更多学习和模仿机会。

(二)小组目标

1. 总目标

通过开展"安全之旅小组"活动,使服务对象掌握更多的安全知识与自救方法,安全意识得到提高。

2. 具体目标

(1)使服务对象掌握各类安全知识自评情况的平均分均达到3.5分及以上。(共6道自评题,每题满分均5分)

(2)使服务对象的"安全知识检测"后测的平均成绩达到25分及以上。(满分30分)

(3)使服务对象本身从一个学习者转变为一个教授者,将所学的知识分享给身边的人们。

(三)小组成员

需要重点帮扶的建档立卡的9名困境儿童,年龄在9~10岁,3~4年级的学生。

聚会时间及次数:每周一次,共6次。

(四)服务策略

9~10岁的孩子们正处于爱玩的年龄,为了使"安全之旅小组"活动变得好玩有趣,更吸引人,社会工作者将各类安全知识制作成不同的任务书,巧妙地融入航海冒险收集徽章的旅程中;为了使活动更加具有代入感,社会工作者要提前制作《安全之旅小组活动》配套用书,设计对应每个主题的徽章,并为每次小组活动精心制作PPT,使服务对象可以边听、边看、边学、边实践,更好地掌握安全知识。

(五)"安全之旅小组活动"服务计划

见附表2。

附表2 "安全之旅小组活动"服务计划

序号	活动主题	目标	社工角色	所需资源
1	安全之旅，起航！	共同建立小组契约，制定小组规范，塑造一个相互信任的小组氛围，与组员们建立初步的信任关系，并提高大家对小组目标的认识，进行"安全知识问卷"前测	领导者、组织者、鼓励者	活动场地、多媒体及PPT、横幅、胶带、签到表、笔、大白纸、椅子、彩笔、记号笔、配套用书、卡纸、小礼品等
2	水之国	打破组员与社工、组员与组员之间的隔阂，消除陌生感，使组员们可以相互了解、熟悉彼此，学习关于水方面的安全知识	领导者、组织者、鼓励者	
3	电之国	学习关于电方面的安全知识	信息、资源提供者、小组及组员能力的促进者、引导与支持者	
4	危险国度	学习关于交通方面的安全知识		
5	火之国	处理组员们的离别情绪，协助组员们回顾小组活动的经验。学习关于用火方面的安全知识		
6	最后的岛屿	学习关于人身侵害方面的安全知识。处理组员们的离别情绪，协助组员们回顾小组活动的经验	引导者、领导者	

四、服务计划实施过程

（一）第一阶段：准备阶段（2019年5月）

目标：遴选组员，编辑"安全之旅小组"活动配套用书，做好小组活动的前期准备工作。

1. 编写配套用书,设计评估问卷

依据前期调研结果,社会工作者还提前编写了一本《安全之旅》小组活动配套用书,为了更好地了解组员对安全知识的掌握程度,同时为小组活动的具体目标完成情况提供评估依据,社会工作者特别在书中设计了"安全知识"前、中、后测问卷,问卷分为自评题、判断题和选择题三大类,全面检测组员对安全知识的掌握情况,在每个主题内容结束后也配有相应的知识检测和满意度调查问卷,方便社会工作者更好地检测小组活动的效果,及时弥补不足。

2. 明确职责分工,进行模拟演练

在制定好小组工作服务方案后,社会工作者进行了分工,苏社工的职责是主持社工,负责主持整个小组活动,准备每次小组活动的内容,协助徐社工一起布置与还原活动现场;徐社工的职责是辅助社工,在小组活动开始前需要确认小组活动用品是否准备齐全,与苏社工一起布置与还原活动现场,在小组活动过程中,负责观察小组活动的情况,包括社工与组员的表现情况,组员与社工的配合情况等,填写"小组活动记录表",做好工作留痕,在小组活动结束后,负责将自己观察到的信息与苏社工进行探讨与反思。

在明确了自己的职责后,社会工作者们进行了模拟演练并计时,确保在开展小组活动时,社会工作者可以熟悉地掌握每一个小节的活动内容与花费时间,避免出现忘记活动流程、冷场及活动超时等情况。

3. 进行问卷前测,强化小组期望

小组活动开始前,社会工作者向组员们发放了《安全之旅》小组活动配套用书,邀请组员们填写"安全知识"前测问卷,在看到题目后组员们眉头紧锁,表示不会做,还有的组员说到,有些安全问题自己也遇到过,但不知道如何正确处理,不敢下笔。社会工作者问道:"大家是不是觉得这些问题很难呢?"组员们纷纷点头,"这些问题在未来的小组活动中,我们都会学习到,大家有没有信心学会呢?""有!想把这些问题全部答对。"组员回答。"非常好!把这些问题全部答对,就是我们的目标,我们要向着目标努力前进,大家有没有信心?""有!"组员们异口同声地回答道。社会工作者在组员们最迷茫的时候,引出了小组目标,同时也是大家共同认同的小组目标,强化了组员对小组的期望,提高了大家对小组目标的认识。

4. 分析前测问卷,准备后续内容

社会工作者运用SPSS统计软件分析出了组员答题错误率较高的题目,并将这些问题进行了分类,形成了每次小组活动最贴切的主要内容,随后根据得到的主要内容改进服务计划内容。

(二)第二阶段:开始阶段(2019年6月中旬)

目标:与服务对象建立良好的关系,制定小组活动规范

社会工作者角色及责任:领导者,社会工作者目前处于核心位置,具有统筹小组活动具体流程和小组发展的责任;鼓励者,鼓励组员主动表达自己对小组和其他组员的各种期望;组织者,多多组织有助于组员间相互了解的活动。

过程如下:

1.趣味破冰游戏,消除陌生感

在小组活动的初期,组员们十分拘谨,几乎不会与社会工作者进行任何互动,没有人回答社会工作者提出的问题,常见的名字接龙等破冰游戏,无法顺利进行,社会工作者通过自我表露的沟通技巧,成功赢得了组员的信任,组员开始了互动,社会工作者趁热打铁带着组员们进行了"姓名拼图"的破冰游戏,惹得组员开怀大笑,相互结交了好搭档,打破了组员与组员,组员与社会工作者之间的隔阂,迅速消除了陌生感。在此过程中,社会工作者还指导牵手组织成员参与到带领小组活动中来,体会破冰小组带领技巧(附图2)。

附图2 组员们正在制定船名和航海口号

2.制定航海契约,塑造信任氛围

在介绍了"安全之旅小组"活动后,社会工作者引导着组员们制定属于自己的航海契约,鼓励组员们踊跃发言,为了增加组员们的发言动力,社会工作者表示,组员们自己制定的航海契约未来都会显示在PPT最好看的这

页"航海之旅"上,每次活动我们都可以看见,大家是否希望自己的发言可以永远显示在这里呢?话音未落,组员们纷纷举手发表自己的想法,在制定航海契约中,社会工作者也引导着组员懂得尊重他人,不要嘲笑他人,慢慢塑造一个相互信任的小组氛围。在制定海航口号时,组员们无拘无束,大胆发言,制作了"安全一号,扬帆起航!"的霸气口号。

(三)第三阶段:中期阶段(2019年6月下旬)

目标:统计分析每次小组活动后服务对象的反馈问卷,根据服务对象的意见与建议,及时做出调整;促进小组内部的良性竞争与和谐,推动小组关系走向紧密化。

社会工作者角色及责任:在处理冲突过程中,社会工作者的角色不仅是工作者与辅导者,而且是调解者与支持者。

过程如下:

1. 澄清冲突本质,化解组员冲突

在"危险!危险的国度"这一节小组活动中,社会工作者设计了一个模拟过红绿灯的情景模拟,在第一环节基本的模拟"红灯停,绿灯行,黄灯等一下"中,组员们没有异议,顺利通过,进行到第三环节中,组员们遇到了一个这样的问题"如果在过马路时,绿灯突然变成了红灯,你该怎么办?"这道题让组员们立刻分成了三大阵营,冲突也由此展开,第一阵营认为应该迅速跑过去;第二阵营认为应该停留在原地不动;第三阵营认为应该往回跑过去,不然就闯红灯了。各自阵营的组员们坚持自己的看法,都认为自己是正确的,有的组员甚至争吵了起来,要求立刻公布正确答案。社会工作者始终站在了一个中立的角度,并没有公布谁对谁错,而是帮助组员们澄清了冲突的本质,"这只是一道小问题而已,大家踊跃发言,热烈讨论是非常好的现象,但是大家觉得有没有必要为了一道题目而像刚刚那么互相争吵呢?"社工问道,组员们纷纷摇头,"我们的小组目标并不是公布谁对谁错,而是把那些安全知识全部学会,不是吗?"组员们异口同声地回答道:"是!"冲突的硝烟立刻云散,随后社会工作者引导组员们增加了一条航海契约:"要尊重他人的发言,不对他人的发言随意评价。"

2. 促进良性竞争,小组关系紧密

在小组活动的过程中,社会工作者设计了许多的小游戏和情景模拟,虽然部分活动存在着竞争性,但社会工作者并没有刻意地大力表扬优胜者。

而是邀请优胜者将自己获胜的技巧与知识进行分享,使其他组员因为学到知识而为优胜者给予掌声与感谢;使优胜者感受到帮助他人的快乐。促进小组内部的良性竞争与和谐,推动小组关系走向紧密化,减少冲突的产生(附图3)。

附图3　组员们踊跃举手回答问题

3.及时分析问卷,满足组员需求

每次小组活动结束后,社会工作者都会邀请组员们填写此次小组活动的反馈问卷,并利用空闲时间进行分析,了解服务对象的收获与满意情况,及时进行调整,以便更好、更专业、更贴切地满足组员的需求。

(四)第四阶段:后期阶段(7月上旬)

目标:提前处理组员们的离别情绪,协助组员们回顾小组活动的经验,巩固习得的知识的技能。

社会工作者角色及责任:提供者与连接者,根据小组活动及组员的需要,做好信息的提供、资源的提供及链接工作;促进者,促使组员发挥自身的能力;引导者与支持者,在组员可以自己选择、运作或解决问题的过程中,应给予关注和必要的指导。

过程如下:

1.提前告知组员们活动即将进入尾声,处理好组员们的离别情绪

在小组活动的后期,服务对象与社会工作者已经成为好朋友。在闲暇之余,服务对象会和同学一起来到活动室与社会工作者谈心,一直聊到上课铃响,大家都舍不得离去。正因大家的关系过于亲密,在处理离别情绪时才更有难度。为了使服务对象可以提前做好心理准备,社会工作者在第五次活动时便告知小组活动即将进入尾声,并立刻通过欢快的小组游戏帮助服务对象处理离别情绪所带来的负面能量,迅速调整状态(附图4)。

附图4　组员们正在观看视频材料

2.帮助组员回顾小组活动的经验,巩固学到的安全知识

在小组活动的尾声,社会工作者引导着服务对象完成了一张"安全知识思维导图",从"水之国"到"最后的岛屿"完整的巩固了一遍小组活动中所学的所有安全知识。距第一次小组活动到现在已经过去了1个月的时间,但服务对象依旧可以清楚地记得学到的安全知识,整张思维导图仅用了10分钟的时间就全部完成。

3.激发组员潜能,学习者变教授者

在小组活动的后期阶段,社会工作者为组员们布置了一项特殊的任务,将自己学到的安全知识分享给自己的亲人、同学及朋友们。部分组员都表示自己与他人曾经分享过这些安全知识,"上次我妈妈一直在打嗝,打个不停,我便告诉妈妈如何快速的缓解,妈妈的打嗝立马就好了,还夸我聪明,我可开心了!""我的同桌手上有一个小水泡,我告诉他不要挤破,否则会感染,他感谢了我,我感受到了帮助他人的快乐"组员讲道,社会工作者及时进行了表扬,强化组员的信心,鼓励其他组员多多尝试将自己学到的知识分享给他人。

(五)第五阶段:结束阶段(7月中旬—9月下旬)

目标:进行"安全知识问卷"后测,处理服务对象的离别情绪,帮助有需要的服务对象解决问题,进行跟进服务。

社会工作者角色及责任:引导者,帮助组员处理好离开小组的各种感受;领导者,协助组员完成目标的结束过程。

过程如下:

1. 制作思维导图,回顾小组经验

在小组活动的尾声,社会工作者引导着组员完成了一张"安全知识思维导图",从"第一次冒险!水之国"到"最后的岛屿"完整的回顾了一遍小组活动中所学到的所有安全知识。距第一次小组活动到现在已经过去了1个月的时间,但服务对象依旧可以清楚地记得学到的安全知识,整张思维导图仅用了10分钟的时间就全部完成,社会工作者给予了高度的赞扬与肯定,用热烈的掌声奖励各位组员。

2. 告知活动结束,处理组员情绪

社会工作者在倒数第二节小组活动中,提前告知组员们小组活动即将进入尾声,为了使每位服务对象都可以开心的结束小组活动,除了邀请服务对象参与欢快的小游戏外,社会工作者还准备了精致的礼物,在最后一次小组活动结束时同真挚的祝福一同送给了组员们,进行了合影留念。

3. 进行问卷后测,实现组员目标

在最后一次小组活动的尾声,社会工作者邀请组员们填写"安全知识"后测问卷,虽然前测问卷与后测问卷题目相同,但组员们不再眉头紧锁,个个胸有成竹,下笔如飞,有的组员不到5分钟就完成了将近40道问题的问卷,并且拥有极高的正确率,组员们表示当初那个"把这些问题全部答对"的目标实现了!社会工作者及时给予了肯定与鼓励(附图5)。

附图5　组员们正在填写后测问卷

第一,处理服务对象的离别情绪,使每位服务对象都开心地结束小组活动。除了邀请服务对象参与欢快的小游戏外,社会工作者还准备了精致的礼物,在小组活动结束时同真挚的祝福一同送给了服务对象,并进行了合影。

第二,帮助有需要的服务对象解决问题,进行跟进服务。最后一次小组活动的主题为"人身侵害",其中涉及"家庭暴力"的相关内容。因为服务对象非常信任社会工作者,在小组活动的过程中,有3位服务对象反映自己有家庭暴力的问题。在小组活动结束后,社会工作者为3位服务对象开展了个案辅导,帮助服务对象解决问题,个案一直持续到9月份。

五、总结评估

小组活动持续开展了一个月的时间,小组工作的有效性和效率、组员改变的情况、小组目标的达成情况究竟如何?社会工作者通过收集评估资料、运用测量工具等多种方法进行总结评估。

(一)社工自评

在每次小组活动的过程中,主持社会工作者会比较忙无法顾及全部服务对象,辅助社会工作者便会观察并填写"小组活动记录表",在小组活动结束后,社会工作者们会聚在一起分享讨论发现的问题,并进行自我评估,好的地方日后继续保持,不足的地方争取下次改正,特殊服务对象提醒下次关注,将更好的小组活动带给服务对象(附表3)。

附表3 小组活动记录表

小组名称	"安全之旅小组"活动		小组性质	教育小组
活动节数	第三节	活动主题	看不见的危险,电之国	
活动对象	S小三、四学生	活动地点	S小三层活动室	
活动时间	2019年6月27日星期四 17:20—18:20			
参与社工	主持社工,苏社工;辅助社工,徐社工			
参与组员	赵W、王ZH、王JB、赵JT、赵JQ、魏JY、郭JL、贺M			
出席人员	8人	缺席人数	1人	缺席组员	苗CH

续附表3

主要内容(环节)
1. 社会工作者引导组员们回顾"航海契约" 船名:安全一号 口号:安全一号,扬帆起航! ①不可以打闹 ②不可以随意说话,回答问题要举手 ③不可以在活动中随意下座位乱走 ④小组活动的时间是每周四17:20—18:20,不要迟到 2. 社会工作者引导组员们回顾上一节小组活动"第一次冒险!水之国"的知识内容 ①不能一个人到湖边或水边玩耍 ②如果有人溺水,不能盲目地跳下去救人,要喊人或报警 ③不小心被烫伤了,要立刻用凉水冲洗十分钟以上 ④烫伤后不能涂抹牙膏、酱油、醋等奇奇怪怪的东西 ⑤大水泡要从侧面挑破,小水泡不要挑破 ⑥久置水、自来水、千滚水、蒸锅水、隔夜茶不能喝 3. 社会工作者通过PPT让组员们思考了许多生活中常见的安全隐患,并运用活动室内的资源,现场模拟了多种意外事故,邀请组员们进行参与和互动 4. 社会工作者将"跨步电压"的安全知识巧妙地与跳跃游戏结合在了一起,带领组员们一起完成了小游戏"轻功秘籍" 5. 社会工作者引导组员进行分享 ①干木头是绝缘体,湿木头是导电体 ②当他人触电后,千万不要用手去摸触电者,这样自己也会触电 ③不可以用湿木头去挑开电线 ④当家电着火后不要用水灭火,要先切断电源,再用灭火毯灭火 ⑤不要在高压电线下玩耍 ⑥当高压电线损坏掉落地上后,要远离 6. 社会工作者邀请组员填写知识小问卷及满意度问卷 7. 社会工作者介绍下一节小组活动,预定下周四再见

辅助社工观察记录

活动整体情况	该节小组活动流程顺畅,主持社工每小节内容的时间把握很好,没有出现超时现象,在小组活动过程中没有出现组员冲突现象,整体活动效果较好
组员参与情况	1. 当主持社工提出问题时,郭JL最为活跃,每次都第一个举手,但回答的正确率较低,且每次回答的时间较长。 2. 赵W、贺M、赵JT、王JB、王ZH参与互动较为积极,回答问题的正确率较高 3. 魏JY在回答问题时声音不够洪亮,分享时比较紧张;赵JQ相比之下较为沉默,本节小组活动只举过一次手

续附表3

社工主持情况	1. 时间掌握情况良好，严格按照小组计划把控时间 2. 语速稍微有些快 3. 主持社工对活动流程非常熟悉，没有出现冷场的情况，活动安排的逻辑关系较为科学，整个活动比较顺畅、平滑
社工反思	
优点	1. 小组活动时间把控很好，整个小组流程较为顺畅 2. 主持社工与组员的眼神交流较多，在尽可能多的照顾到全部组员 3. 主持社工的体态语言丰富且较有礼貌 4. 小游戏充分调动了组员的积极性，小组气氛较为活跃
缺点	1. 主持社工的语速有些快 2. 有个别组员与社工的配合度不高，与社工的互动较少 3. 苗CH缺席，但由于时间关系，无法去询问其缺席原因
应对策略	1. 主持社工需要稍微减缓自己的语速 2. 下一次小组活动中，主持社工需要多多关注魏JY与赵JQ 3. 建议郭JL在主持社工问完问题后多多思考，不要立刻就举手或直接说出答案，给其他的组员一些思考时间，加一条"航海契约"，每位组员的发言不要超过30秒 4. 提前1个小时抵达活动现场，当组员缺席后，要有空余时间去询问缺席原因
需要督导情况	无
记录社工　徐社工	记录时间　2019年6月27日

（二）量表测量

为了更好地了解组员对安全知识的掌握程度，同时为小组活动的具体目标完成情况提供评估依据，社会工作者在小组活动的开始与结束时分别为服务对象进行了"安全知识问卷"的前测与后测。经分析，服务对象的自评情况与安全知识检测成绩均有了显著的提升，尤其是安全知识检测成绩，前测平均分为17.17分，后测的成绩为29.33分（满分为30分），安全知识掌握程度由57.2%提升到97.8%！（表8-4和图8-6）。

附表4　组员自评题前后测情况汇总表

自评情况	前测平均分情况	后测平均分情况	目标情况
对电方面安全知识自评	1.83	3.83	使服务对象的"各类安全知识自评题"的平均分均达到3.5分及以上
对水方面安全知识自评	1.17	3.67	
对火方面安全知识自评	2.5	3.67	
对交通安全知识自评	2.17	3.67	
对人身侵害知识自评	1.33	3.83	
对其他常见知识自评	2	3.67	

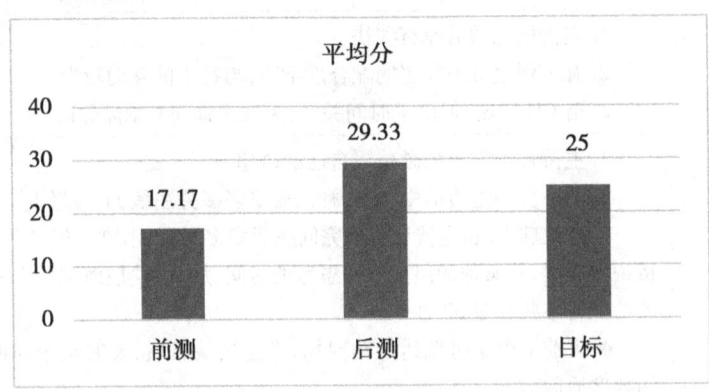

附图6　组员"安全知识问卷"前后测情况

由图可知,前测平均分为17.17分,后测的成绩为29.33分(满分为30分),安全知识掌握程度由57.2%提升到97.8%!超过目标平均分4.33分。

(三)问卷测量

每一次小组活动结束后社会工作者正在都会邀请服务对象填写小组活动满意度问卷调查,并进行统计分析(附图7)。

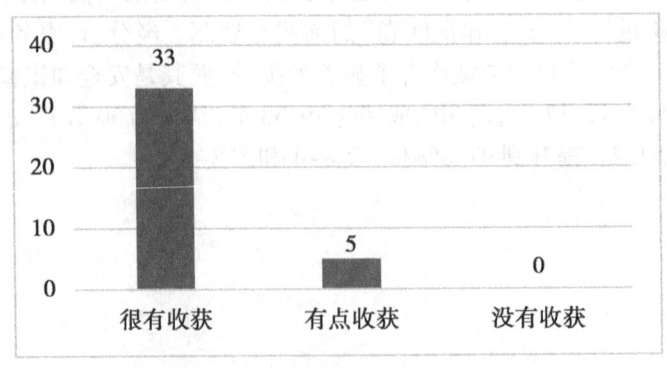

附图7　组员收获情况汇总柱状图

由图可知,100%的组员都有所收获,其中,86.8%的组员选择了很有收获,13.2%的组员选择了有点收获。

(四)行为计量统计

在小组活动的后期,社会工作者为组员们布置了"将所学的安全知识分享给其他人"的作业,并进行了记录(附表5)。

附表5 "组员知识分享他人"行为计量统计表

时间 组员	6.13	6.20	6.27	7.4	7.9	7.10
郭JL					1	1
苗CH					-	-
赵JT					1	1
王JB					1	-
魏JY						
赵W					1	1
赵JQ					-	-
王ZH						1
贺M					1	1

由表可知,有6位组员将所学的知识分享给了他人,由学习者转变为教授者,占总人数的67%,达到了预期目标的60%,其中,还有4位组员连续两次小组,都分享了自己教授给他人哪些安全知识。

(五)相关方评语

组员Z在最后一次小组活动时向社工反映,说他的父亲老打他。社工及时向督导老师反馈了这一情况,督导老师通过班主任约见其父亲。班主任老师当着其父亲的面对督导老师高兴地说:"你们的活动效果太好了!我们班有三个孩子参加你们的活动,其中Z的变化特别大,从一年级入学开始,三年来他从来没有认真完成过一篇作业,参加你们的活动后,现在不仅能完成了,而且得了90多分!"

(六)满意度调查

每一次小组活动结束后社会工作者正在都会为服务对象进行小组活动反馈问卷调查,经对满意度调查问卷进行统计和分析,结果显示,100%的组员都对"安全之旅小组"活动持满意态度,其中,86.8%的组员选择了非常满意,13.2%的组员选择了满意(附图8)。

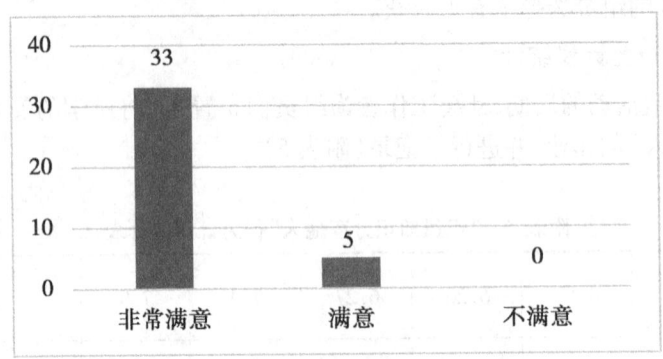

附图8　整体满意度情况统计柱状图

综上可见,"安全之旅"困境儿童系列小组活动不仅提升了服务对象的安全意识,增加了安全知识,且全方面提高了服务对象的综合素质,效果显著,达到了小组活动的预期目标。

六、专业反思

(一)优点与经验

1. 需求评估注重服务对象参与

在前期需求调研时,社会工作者运用了访谈法及查阅资料法了解服务对象的需求。在进行访谈时,社会工作者先与服务对象建立了信任关系,随后询问服务对象有关安全方面的问题,在得知大部分人都不会,但又对这些问题保持好奇想学的态度后,社会工作者又征求了大家的意见:"大家是不是特别想学习这些安全知识呢?",服务对象均回答道:"特别想学,想把这些问题都搞清楚",这便是服务对象最真实,最贴切的需求。社会工作者在此基础上制定了介入计划,确保了需求评估过程中组员的参与度。

2. 小组活动效果显著

社会工作者不仅超额完成了小组活动的预期目标,而且也使组员们的整体素质得到了提高。最为明显的便是组员赵某。据班主任老师介绍,赵某在参与小组活动前,自从一年级来到这个学校到现在的三年级,从来没有完成过一次作业,学习成绩更是很少及格,本学期开学时的考试仅仅得了17分。但是自从赵某参与小组活动后,开始渐渐懂得了如何完成作业,如何认真学习,现在不仅可以完成每次的作业,而且在刚结束的期末考试中,取得了90多分的优异成绩,班主任老师为之惊喜。

3. 小组活动评估全面

"安全之旅小组"活动拥有较为全面的评估手段,运用了小组记录、量表测量、问卷测量、行为量表测量等测量工具,更有社会工作者现场观察、自评和班主任老师评语等材料支撑,对小组活动的效果进行了全面的总结评估。

4. 同工配合默契

在小组活动开始前,社会工作者们就进行了详细的分工与认真的演练。在小组活动的过程中,主持社工与辅助社工也配合默契,在主持社工带小组的过程中,辅助社工进行观察、记录的工作;在小组游戏环节时,一个眼神可以让社工的角色发生转变,辅助社工负责带游戏,主持社工负责观察和协助。尽管只有两位社会工作者参与小组活动,在社工们的默契配合下,仍然保质保量地完成了小组活动。

5. 沟通技巧运用熟练

在小组活动的过程中,社会工作者几乎运用了小组工作的所有沟通与互动技巧,营造轻松氛围、专注与倾听、积极回应、自我表露、信息磋商、帮助梳理、及时小节,这些技巧在每次小组活动中几乎都有运用。例如,在参与小组活动的服务对象中,有学习成绩优异的,也有理解能力较弱的,总是无法掌握知识,但社会工作者从来没有表现出急躁、无奈的神情,总是微笑着帮助服务对象巩固知识,用爱心进行鼓励。这也使得每当社会工作者发起提问时,无论自己的答案是否正确,服务对象总是愿意举手分享自己的看法,因为大家知道在这个小组活动中,不会被批评,不会被嘲笑,整个小组活动的氛围是轻松、愉悦、安全的。

6. 社工树立榜样作用

在开展小组活动前,社会工作者进行了反复的演练,常见的安全知识,早已铭记在心,在小组活动的过程中,服务对象经常会对社会工作者发起提问,由于充足的演练与知识的累积,社会工作者应答自如,帮助服务对象解决问题。在听完社会工作者的讲解后,服务对象纷纷表示好厉害,自己也希望像社会工作者一样掌握这么多的安全知识,将社会工作者当成了自己学习的榜样,更加认真的学习安全知识。

(二)不足与反思

1. 小组前期服务对象有迟到的现象

在小组活动的前期,有的服务对象可能忘记了活动时间,有的可能忘记了活动地点,有迟到的现象出现,导致第一次小组活动不能准时开始。辅助社会工作者拿着名单前往各个班级找未到的服务对象,可是又对学校的班级排序不了解,找不到三年级与四年级的班级,耽误了许多的时间,严重影响了第一次小组活动的进程。

反思:在小组活动开始的前两天,要确保服务对象清楚地知道活动的时间与地点,在小组活动的过程中,及时制定小组契约,确保小组活动的顺利进行。

2. 服务对象由学习者到教授者目标的有效措施较少

使服务对象本身从一个学习者转变为一个教授者,将所学的知识分享给身边的人们,这是小组活动的具体目标。在小组活动的过程中,虽然有一部分组员进行了分享,但是社会工作者并没有进行具体的记录,而且还有部分服务对象未进行分享,这也使得这一项目标仅超过预期目标的60%。

反思:在日后的小组活动中,可以为服务对象布置纸质版的习作。一方面可以让服务对象们撰写一些自己的收获,另一方面可以让服务对象将收获分享给自己的同学或家人,并分别由同学或家人签字。这样既让服务对象巩固了学习的知识,又保证了目标的实现。

政府购买服务管理办法

第一章 总则

第一条 为规范政府购买服务行为,促进转变政府职能,改善公共服务供给,根据《中华人民共和国预算法》《中华人民共和国政府采购法》《中华人民共和国合同法》等法律、行政法规的规定,制定本办法。

第二条 本办法所称政府购买服务,是指各级国家机关将属于自身职责范围且适合通过市场化方式提供的服务事项,按照政府采购方式和程序,交由符合条件的服务供应商承担,并根据服务数量和质量等因素向其支付费用的行为。

第三条 政府购买服务应当遵循预算约束、以事定费、公开择优、诚实信用、讲求绩效原则。

第四条 财政部负责制定全国性政府购买服务制度,指导和监督各地区、各部门政府购买服务工作。

县级以上地方人民政府财政部门负责本行政区域政府购买服务管理。

第二章 购买主体和承接主体

第五条 各级国家机关是政府购买服务的购买主体。

第六条 依法成立的企业、社会组织(不含由财政拨款保障的群团组织),公益二类和从事生产经营活动的事业单位,农村集体经济组织,基层群众性自治组织,以及具备条件的个人可以作为政府购买服务的承接主体。

第七条 政府购买服务的承接主体应当符合政府采购法律、行政法规规定的条件。

购买主体可以结合购买服务项目的特点规定承接主体的具体条件,但不得违反政府采购法律、行政法规,以不合理的条件对承接主体实行差别待遇或者歧视待遇。

第八条 公益一类事业单位、使用事业编制且由财政拨款保障的群团组织,不作为政府购买服务的购买主体和承接主体。

第三章 购买内容和目录

第九条 政府购买服务的内容包括政府向社会公众提供的公共服务,以及政府履职所需辅助性服务。

第十条 以下各项不得纳入政府购买服务范围:

(一)不属于政府职责范围的服务事项;

(二)应当由政府直接履职的事项;

（三）政府采购法律、行政法规规定的货物和工程，以及将工程和服务打包的项目；

（四）融资行为；

（五）购买主体的人员招、聘用，以劳务派遣方式用工，以及设置公益性岗位等事项；

（六）法律、行政法规以及国务院规定的其他不得作为政府购买服务内容的事项。

第十一条　政府购买服务的具体范围和内容实行指导性目录管理，指导性目录依法予以公开。

第十二条　政府购买服务指导性目录在中央和省两级实行分级管理，财政部和省级财政部门分别制定本级政府购买服务指导性目录，各部门在本级指导性目录范围内编制本部门政府购买服务指导性目录。

省级财政部门根据本地区情况确定省以下政府购买服务指导性目录的编制方式和程序。

第十三条　有关部门应当根据经济社会发展实际、政府职能转变和基本公共服务均等化、标准化的要求，编制、调整指导性目录。

编制、调整指导性目录应当充分征求相关部门意见，根据实际需要进行专家论证。

第十四条　纳入政府购买服务指导性目录的服务事项，已安排预算的，可以实施政府购买服务。

第四章　购买活动的实施

第十五条　政府购买服务应当突出公共性和公益性，重点考虑、优先安排与改善民生密切相关，有利于转变政府职能、提高财政资金绩效的项目。

政府购买的基本公共服务项目的服务内容、水平、流程等标准要素，应当符合国家基本公共服务标准相关要求。

第十六条　政府购买服务项目所需资金应当在相关部门预算中统筹安排，并与中期财政规划相衔接，未列入预算的项目不得实施。

购买主体在编报年度部门预算时，应当反映政府购买服务支出情况。政府购买服务支出应当符合预算管理有关规定。

第十七条　购买主体应当根据购买内容及市场状况、相关供应商服务能力和信用状况等因素，通过公平竞争择优确定承接主体。

第十八条　购买主体向个人购买服务，应当限于确实适宜实施政府购买服务并且由个人承接的情形，不得以政府购买服务名义变相用工。

第十九条　政府购买服务项目采购环节的执行和监督管理，包括集中采购目录及标准、采购政策、采购方式和程序、信息公开、质疑投诉、失信惩戒等,按照政府采购法律、行政法规和相关制度执行。

第二十条　购买主体实施政府购买服务项目绩效管理,应当开展事前绩效评估,定期对所购服务实施情况开展绩效评价,具备条件的项目可以运用第三方评价评估。

财政部门可以根据需要,对部门政府购买服务整体工作开展绩效评价,或者对部门实施的资金金额和社会影响大的政府购买服务项目开展重点绩效评价。

第二十一条　购买主体及财政部门应当将绩效评价结果作为承接主体选择、预算安排和政策调整的重要依据。

第五章　合同及履行

第二十二条　政府购买服务合同的签订、履行、变更,应当遵循《中华人民共和国合同法》的相关规定。

第二十三条　购买主体应当与确定的承接主体签订书面合同,合同约定的服务内容应当符合本办法第九条、第十条的规定。

政府购买服务合同应当明确服务的内容、期限、数量、质量、价格,资金结算方式,各方权利义务事项和违约责任等内容。

政府购买服务合同应当依法予以公告。

第二十四条　政府购买服务合同履行期限一般不超过1年;在预算保障的前提下,对于购买内容相对固定、连续性强、经费来源稳定、价格变化幅度小的政府购买服务项目,可以签订履行期限不超过3年的政府购买服务合同。

第二十五条　购买主体应当加强政府购买服务项目履约管理,开展绩效执行监控,及时掌握项目实施进度和绩效目标实现情况,督促承接主体严格履行合同,按照合同约定向承接主体支付款项。

第二十六条　承接主体应当按照合同约定提供服务,不得将服务项目转包给其他主体。

第二十七条　承接主体应当建立政府购买服务项目台账,依照有关规定或合同约定记录保存并向购买主体提供项目实施相关重要资料信息。

第二十八条　承接主体应当严格遵守相关财务规定,规范管理和使用政府购买服务项目资金。

承接主体应当配合相关部门对资金使用情况进行监督检查与绩效评价。

第二十九条　承接主体可以依法依规使用政府购买服务合同向金融机构融资。

购买主体不得以任何形式为承接主体的融资行为提供担保。

第六章　监督管理和法律责任

第三十条　有关部门应当建立健全政府购买服务监督管理机制。购买主体和承接主体应当自觉接受财政监督、审计监督、社会监督以及服务对象的监督。

第三十一条　购买主体、承接主体及其他政府购买服务参与方在政府购买服务活动中,存在违反政府采购法律法规行为的,依照政府采购法律法规予以处理处罚;存在截留、挪用和滞留资金等财政违法行为的,依照《中华人民共和国预算法》《财政违法行为处罚处分条例》等法律法规追究法律责任;涉嫌犯罪的,移送司法机关处理。

第三十二条　财政部门、购买主体及其工作人员,存在违反本办法规定的行为,以及滥用职权、玩忽职守、徇私舞弊等违法违纪行为的,按照《中华人民共和国预算法》《中华人民共和国公务员法》《中华人民共和国监察法》《财政违法行为处罚处分条例》等国家有关规定追究相应责任;涉嫌犯罪的,移送司法机关处理。

第七章　附则

第三十三条　党的机关、政协机关、民主党派机关、承担行政职能的事业单位和使用行政编制的群团组织机关使用财政性资金购买服务的,参照本办法执行。

第三十四条　涉密政府购买服务项目的实施,按照国家有关规定执行。

第三十五条　本办法自 2020 年 3 月 1 日起施行。财政部、民政部、工商总局 2014 年 12 月 15 日颁布的《政府购买服务管理办法(暂行)》(财综〔2014〕96 号)同时废止。

后 记

十年前的金秋,我们学院开设一个新专业——社会工作专业,从此,我便与社会工作结下了不解之缘,从最初的一知半解,到了解、熟悉,再到喜欢、热爱,一路尝试,一路探索,这是一个学习、实践的过程,也是一个教学研究、服务社会的过程。社会工作专业作为实践性极强的新兴专业,其课程设置必须紧扣行业发展节拍,适应社会需要,而开设针对性强、实操性突出的实务类课程正是该专业人才培养的迫切需要,也是此类专业教育特点的集中体现。要上好实务类课程,只能投身社会工作实务当中,舍此别无他法。因此,踏入社工门槛十个年头,从事社工实务就有八年之久。而做实务,在北京,就是做政府购买社会服务项目。时间久了,便积累了一些经验,于是萌生了一个念头,把自己十年的经验进行小结,也算是对自己的一个交代吧,这样便有了这本《政府购买社会服务项目的设计与执行》。

本书注重实务操作,提供了大量的政府购买社会服务项目运作的案例和实用表格,具有实务性强和专业度高的特点,希望能为社会工作和社区管理与服务专业学生以及相关领域的社会工作者提供具有实用性、可操作性的项目运作指导,其中第五章所用的个案工作记录表是北京市大兴区助兴社会工作事务所在借鉴其他同行经验的基础上结合本机构社会工作实务经验编制而成的,小组工作记录表、社区工作记录表则是本机构长期使用的原创表格,在此愿与各位社工同人和社会工作相关专业师生共享。

本书在撰写过程中除参考相关专业著作之外,还参考了民政部和北京市政府购买社会服务的有关文件,如《2019年中央财政支持社会组织参与社会服务项目实施方案》以及北京市民政局和北京市各区政府购买社会服务项目的管理文件。由于时间仓促,加之作者水平有限,书中难免会存在疏漏和偏颇之处,在此表示歉意!

感谢陈洪涛老师对本书撰写的大力指导和帮助;感谢雷鸣老师对本书项目评审流程和指标体系方面的无私奉献;感谢郑州大学出版社戚鹏老师和张卫明编辑为本书付出的辛苦和努力!感谢我的工作单位北京政法职业学院对本书出版的资助!同时,也向多年来在北京市大兴区助兴社会工作事务所工作过的社工和实习生以及志愿者表示衷心的感谢!向参与书中所选案例的社工和服务对象表示衷心的感谢!

十年社工历程,传播社会工作理念,树立社工形象,展示社工魅力,弘扬社工情怀,彰显社工精神。一路走来,曾经苦恼过,彷徨过,犹豫过,倦怠过,但每每念及服务对象的处境可能会因为我们的工作而有所好转,社会环境因为我们的努力而变得更加和谐,便又忙碌着,充实着,快乐着,幸福着。

希望更多的人加入社工队伍,共同开创阳光、灿烂、美好的明天!

刘春霞
2020 年 9 月 10 日